粤港澳大湾区建设研究丛书

- 广东省委宣传部 2020 年主题出版重点出版物
- 本书获国家自然科学基金面上项目"中国三大城市群创新机制与空间组织模式的比较研究"（41971201）资助

粤港澳大湾区
全球科技创新中心建设的理论与实践

YUEGANG'AO DAWANQU
QUANQIU KEJI CHUANGXIN ZHONGXIN JIANSHE DE
LILUN YU SHIJIAN

吕拉昌　李志坚　著

华南理工大学出版社
SOUTH CHINA UNIVERSITY OF TECHNOLOGY PRESS
·广州·

图书在版编目（CIP）数据

粤港澳大湾区全球科技创新中心建设的理论与实践/吕拉昌，李志坚著. — 广州：华南理工大学出版社，2021.9
　ISBN 978-7-5623-6514-3

Ⅰ. ①粤… Ⅱ. ①吕… ②李… Ⅲ. ①科技中心-建设-研究-广东、香港、澳门 Ⅳ. ①G322.76

中国版本图书馆 CIP 数据核字（2020）第 209638 号

粤港澳大湾区全球科技创新中心建设的理论与实践
吕拉昌　李志坚　著

出 版 人：卢家明
出版发行：华南理工大学出版社
　　　　　（广州五山华南理工大学 17 号楼　邮编：510640）
　　　　　http://hg.cb.scut.edu.cn　E-mail: scutc13@scut.edu.cn
　　　　　营销部电话：020-87113487　87111048（传真）
策划编辑：王　磊　王　倩
责任编辑：李秋云　庄　严
责任校对：刘惠林
印 刷 者：广州市人杰彩印厂
开　　本：787mm×960mm　1/16　印张：16.75　字数：290 千
版　　次：2021 年 9 月第 1 版　2021 年 9 月第 1 次印刷
定　　价：88.00 元

版权所有　盗版必究　印装差错　负责调换

前 言
PREFACE

"湾区"本是一个地理概念,指由一个海湾或者相连的若干个海湾、港湾、邻近岛屿共同组成的区域。然而,基于这一地理区位的港口包括海运的便利与优势,加上企业集聚、人口集聚,逐渐造就了经济集群优势,形成了一种经济形态:滨海经济形态,这就是"湾区经济"。全球超过70%的人口、工业资本、大型城市都集中在海滨地区。国际知名湾区如纽约湾区、旧金山湾区、东京湾区等,以开放性、创新性、国际化和宜居性为特征,具有高度开放的经济结构、高效的资源配置能力、强大的集聚外溢功能和发达的国际交往网络,发挥着引领创新、聚集辐射的核心功能,已成为带动全球经济发展的重要引擎和中枢,成为引领技术变革的领头羊。从历史发展的演进角度来看,湾区经济的发展经历了港口经济、工业经济、服务经济、创新经济的发展阶段。湾区经济始于港口经济,成就于工业经济,随着湾区产业的转型升级和功能提升,全球创新要素加速集聚,湾区逐步成为全球知名的科技创新中心,对世界经济与科技发展产生了深远的影响。

粤港澳大湾区是指由香港、澳门两个特别行政区和广东省的广州、深圳、珠海、佛山、中山、东莞、肇庆、江门、惠州九市组成的城市群,是国家建设世界级城市群和参与全球竞争的重要空间载体,是与美国纽约湾区、旧金山湾区和日本东京湾区比肩的世界四大湾区之一。粤港澳大湾区面积达5.6万km^2,2020年人口达7801.43万人。粤港澳大湾区具有良好的发展基础,经济规模大,开放程度较高,具有互补互动的产业体系,科技创新活跃,交通网络发达,生活环境优良,整体实力愈来愈接近全球一流湾区，已具备成为全球科技创新中心的基础与条件。

建设粤港澳大湾区，是习近平总书记亲自谋划、亲自部署、亲自推动的国家战略，是新时代推动全面开放新格局的新举措，也是推动"一国两制"事业发展的新实践。2019年2月18日，中共中央、国务院印发了《粤港澳大湾区发展规划纲要》，这份纲领性文件对粤港澳大湾区的战略定位、发展目标、空间布局等方面做出了全面规划，对建设国际科技创新中心作了明确的定位：要求瞄准世界科技和产业发展前沿，加强创新平台建设，大力发展新技术、新产业、新业态、新模式，加快形成以创新为主要动力和支撑的经济体系；扎实推进全面创新改革试验，充分发挥粤港澳科技研发与产业创新优势，破除影响创新要素自由流动的瓶颈和制约，进一步激发各类创新主体活力，建成全球科技创新高地和新兴产业重要策源地。粤港澳大湾区如何建设国际科技创新中心？这是一个需要回答的问题。世界上各大湾区建设科技中心都具有一定的经验，科技中心建设有共同的规律，但每个湾区建设国际科技中心也有其特殊性。因此，粤港澳大湾区的科技中心建设需要在参考世界上大湾区科技中心建设经验的基础上，研究其科技中心建设的目标、任务、建设条件、建设路径。从较大的理论框架着眼，粤港澳大湾区可以从区域创新系统的理论角度进行分析；注重建设与成长的过程，更需要从区域创新生态系统的视角进行分析。本书正是从这一视角，尝试性回答粤港澳大湾区科技中心建设这一科学问题。

全书从世界科技中心的发展历程开始，分析了世界知名湾区科技中心建设的经验；对粤港澳大湾区的创新基础设施进行了评价；分析了粤港澳大湾区创新能力形成的时空特征与影响因素；探讨了大湾区的创新网络与联系；结合《粤港澳大湾区发展规划纲要》，提出了粤港澳大湾区科技中心建设的目标体系；分析了科技中心建设中的产业发展、空间体系、区域协同与政策体系。本书由首都师范大学吕拉昌教授和亚太经济发展研究院李志坚理事长共同策划与设计，以首都师范大学北京城市创新与发展研究中心团队为主，与中国科学院资源与地理研究所、亚太经济发展研究院共同合作完成。各章分工如下：第一章、第二章由吕拉昌、杨俊博撰写；第三章由陈东霞撰写；第四章由辛晓华、孙飞翔撰写；第五章由马海涛撰写；第六章、第八章由孙飞翔博士撰写；第七章由栾惠、吕拉昌撰写；第九章由吕拉昌、陈东霞撰写；第十章由刘冉撰写。本书获国家自然科学基金面上项目"中国三大城市群创新机制与空间组织模式的比较研究"（41971201）资助。黄茹、余建清、韩丽、王建军、李勇、杜志威、赵彩云、胡海鹏、吴兰波、廖倩、贾晓鹏、孙莉、何爱、辛星、何博群、林康籽、陈少存、潘建海、赵珍梅、张敏、荣景辉、梁政骥、赵雅兰、于英杰、苗潇艺、许诺、马铭晨等参与了资料收集等工作。

粤港澳大湾区的建设正如火如荼地展开，其是国家发展战略，对广东省未来的发展更是具有决定性的意义。但是，粤港澳大湾区国际科技创新中心的建设仍面临诸多困难与问题。学术界近年来对其高度关注。粤港澳大湾区科技创新中心的建设是一个复杂的科学问题，也是一个实践性课题。我们仅提供了一管之见，也参考了不少同行学者的观点与文献，我们尽可能地标明重要文献的来源，但对浩瀚的文献，难免会有遗漏。本书可能还有很多不足之处，期待同仁及读者提出批评与建议。

吕拉昌
2020 年 2 月 1 日

目 录
CONTENTS

第一章 全球科技中心与粤港澳大湾区的科技中心建设 ············ 1
  第一节 全球科技发展及全球科技中心 ············ 1
  第二节 创新驱动发展战略与中国主要科技中心建设 ············ 12
  第三节 粤港澳大湾区科技中心建设的定位与意义 ············ 20
  本章小结 ············ 22

第二章 世界三大湾区的科技创新及启示 ············ 24
  第一节 美国旧金山湾区的科技创新 ············ 24
  第二节 日本东京湾区的科技创新 ············ 27
  第三节 美国纽约湾区的科技创新 ············ 29
  第四节 世界三大湾区科技创新对粤港澳大湾区发展的启示 ············ 31
  本章小结 ············ 34

第三章 粤港澳大湾区的创新基础设施及评价 ············ 35
  第一节 创新基础设施与区域发展 ············ 35
  第二节 中国创新基础设施的建设实践 ············ 40
  第三节 粤港澳大湾区创新基础设施建设的特征 ············ 43
  第四节 创新基础设施评价指标体系 ············ 46
  第五节 粤港澳大湾区创新基础设施评价 ············ 51
  本章小结 ············ 54

第四章 粤港澳大湾区创新能力评价 ············ 56
  第一节 区域创新能力与城市群创新能力 ············ 56

第二节　大湾区创新能力评价的指标体系 …………………………………… 68
　第三节　大湾区各发展时期创新能力的表现及特征 …………………………… 71
　第四节　大湾区不同经济发展阶段城市创新能力的比较 ……………………… 85
　第五节　粤港澳大湾区城市创新能力影响因素实证分析 ……………………… 90
　本章小结 ………………………………………………………………………… 100

第五章　粤港澳大湾区创新网络与联系 …………………………………… 101
　第一节　创新网络研究综述及研究方法 ………………………………………… 101
　第二节　粤港澳大湾区创新网络的演化特征 …………………………………… 105
　第三节　粤港澳大湾区创新网络的结构特征 …………………………………… 114
　第四节　粤港澳大湾区创新网络的主体联系特征 ……………………………… 117
　本章小结 ………………………………………………………………………… 120

第六章　粤港澳大湾区科技建设的目标体系 ……………………………… 122
　第一节　目标体系确立的依据 …………………………………………………… 122
　第二节　总体目标 ………………………………………………………………… 138
　第三节　科技创新目标定位 ……………………………………………………… 140
　本章小结 ………………………………………………………………………… 142

第七章　粤港澳大湾区科技中心建设与产业发展 ………………………… 143
　第一节　产业发展的现状分析 …………………………………………………… 143
　第二节　产业创新的优势与问题 ………………………………………………… 150
　第三节　产业创新效率评价 ……………………………………………………… 159
　第四节　产业创新发展的战略路径 ……………………………………………… 165
　本章小结 ………………………………………………………………………… 169

第八章　粤港澳大湾区科技中心建设的空间体系与格局 ………………… 170
　第一节　科技中心建设的空间支撑体系 ………………………………………… 170
　第二节　科技中心建设的城市定位与分工 ……………………………………… 187
　第三节　粤港澳大湾区城市创新互动模式 ……………………………………… 189

  第四节 粤港澳大湾区科技创新走廊建设 ················· 197
  第五节 粤港澳大湾区科技创新中心建设的空间体系策略 ······· 206
  本章小结 ································· 208

第九章 粤港澳大湾区科技中心建设的区域协同 ············· 209
  第一节 粤港澳大湾区科技发展区域协同的基础与条件 ······· 209
  第二节 区域科技协同创新发展历程 ··············· 213
  第三节 粤港澳大湾区科技协同的目标与原则 ··········· 218
  第四节 区域创新协同的问题与对策 ··············· 220
  本章小结 ································· 226

第十章 粤港澳大湾区科技中心建设的政策与对策 ············ 227
  第一节 粤港澳大湾区科技中心建设的政策背景和成效 ······· 227
  第二节 科技政策的优化方向 ·················· 234
  第三节 完善科技政策的关键环节与主要内容 ··········· 238
  第四节 粤港澳大湾区科技中心建设在空间上的重大举措 ····· 241
  本章小结 ································· 245

参考文献 ····································· 246

第一章　全球科技中心与粤港澳大湾区的科技中心建设

建设粤港澳大湾区，是习近平总书记亲自谋划、亲自部署、亲自推动的国家战略，是新时代推动形成全面开放新格局的新举措，也是推动"一国两制"事业发展的新实践。粤港澳大湾区建设有利于提升这一地区的整合力，深化内地和港澳交流合作，对港澳参与国家发展战略、全面提升竞争力、保持长期繁荣稳定具有重要意义。

粤港澳大湾区是继美国纽约湾区、美国旧金山湾区、日本东京湾区之后的世界第四大湾区，是国家建设世界级城市群和参与全球竞争的重要空间载体。对于如何提升粤港澳大湾区的创新与发展，推动科技创新和打造国际科技创新中心是必然的选择。

第一节　全球科技发展及全球科技中心

人类社会发展到今天，科技创新所扮演的角色日益重要，并逐渐成为推动经济社会发展的重要力量，且已经成为国际社会的广泛共识。本节主要梳理科技创新的概念，分析科技创新的重要意义，归纳总结全球科技中心转移的轨迹，介绍亚太经济崛起与科技发展的现状。

一、科技创新的概念及其意义

科技创新是原创性科学研究和技术创新的总称，是指创造和应用新知识、新技术、新工艺，采用新的生产方式和经营管理模式，开发新产品和提高产品质量、提供新服务的过程。科技创新分为三种类型：知识创新、技术创新和管理创新（王锐，2011）。

知识创新的概念最早是由美国学者艾米顿（Amidon，1997）提出的，是指创新主体创造、交换和应用新思想，并将其转化为市场化的产品和服务的过程。知识技术创新是创新的核心，其创新、传播和应用推动了生产模式和生产方式的变革，促进了产业结构的转型升级，刺激了经济的持续增长，是技术创新、管理创新、制度创新等各种形式创新的基础与保证（梁立，2009）。技术创新是以创造新技术为目的的创新，或是以科学技术知识及其创造的资源为基础的创新，在一定的社会经济条件下，通过研究开发或应用新技术形成现实生产力从而获得经济效益的过程（许庆瑞，1993）。管理创新则是在知识创新和技术创新的基础上进行各种资源再优化配置，达到良好的效益和结果最优的过程。

科技创新是一个城市、区域发展的关键，也事关国家的命运与发展。一直以来，党和国家领导人都特别关注我国科技发展，一直把科技创新摆在国家发展全局的核心位置，高度重视科技创新。党的十七大报告明确指出，要提高自主创新能力，建设创新型国家，坚持走中国特色自主创新道路，把增强自主创新能力贯彻到现代化建设的各个方面。党的十八大报告指出，科技创新是提高社会生产力和综合国力的战略支撑，必须摆在国家发展全局的核心位置，要坚持走有中国特色的自主创新道路，深化科技体制改革，加快建设国家创新体系，实施知识产权战略，把全社会的智慧和力量凝聚到创新发展上来。党的十九大报告指出，创新是引领发展的第一动力，是建设现代化经济体系的战略支撑，要瞄准世界科技前沿，强化基础研究，实现前瞻性基础研究、引领性原创成果的重大突破，深化科技体制改革，建立以企业为主体、市场为导向、产学研深度融合的技术创新体系。习近平总书记在2018年5月中国科学院第十九次院士大会上强调，中国要强盛、要复兴，就一定要大力发展科学技术，努力成为世界主要科学中心和创新高地。我们比历史上任何时期都更接近中华民族伟大复兴的目标，我们比历史上任何时期都更需要建设世界科技强国，在新时期大力推动科技发展具有深远的意义。

（一）有利于促进产业提升与升级

在知识经济飞速发展的今天，经济社会对科学技术的要求已经从简单的科技支撑转变为科技支撑和科技引领相互结合，科技对经济的贡献愈来愈大。科技创新推动传统产业的改造，开发新的产品，促进新兴产业的形成，开辟新的就业市场，加速经济的循环发展，形成新的社会经济发展动能，实现产业结构的升级。

第一，信息技术全方位地丰富了传统产业的形式与内容。随着信息网络技术的发展，传统产业与互联网的融合实现了研发设计信息化、生产制造信息化、营销服务信息化、经营管理信息化，还实现了产业的数字化、网络化、智能化。第二，提高了传统产业的技术含量。对生产工艺流程进行了改造，提升了生产效率和产品附加值，提高了传统产业的技术含量，驱动传统产业由劳动密集型向技术密集型转变。第三，拓展了传统产业的发展方向与路径。通过科技创新，开发出了新型的原材料和设备，制造了新产品，涌现出了一批知识技术密集、成长潜力大、综合效益好的战略型新兴产业，实现了传统产业向战略型新兴产业的转型。

（二）有利于提高企业与区域的经济效益

科技创新不仅可以提高单个商品的附加值，增加商品利润，而且能创造出新商品，抢占潜在市场，获得良好的经济效益（庄志彬，2014）。科技创新可以降低能耗，节省企业与区域的生产成本；科技创新通过工艺改进、资源节约技术及综合利用技术，可以提高资源的利用效率；科技创新可以实现生产过程的自动化、管理的现代化，节省人力成本和各种资源，从而更好地提高经济效益。同样，在区域层面，技术创新通过优化产品及产业结构，综合利用资源，应用节能技术，可以提高区域效益。

（三）有利于改善生态环境

科技创新是可持续发展及生态文明建设的推动力量，能促进以物质及能量的高消耗、低产出、高污染为特征的物质生产方式向以低消耗、高产出、低污染及废物循环再利用为特征的生态化生产方式转变，推进社会的生产方式从资源攫取破坏型向资源再生利用型转变，高效、循环地利用生态系统的物质、能量，提高经济增长的质量，促进产业结构调整与优化，有效地保障社会—经济—生态系统和谐稳定发展，推进生态效益可持续发展。

二、全球的科技革命

科技革命是科学技术全面的、根本性的变革。人类历史上经历了数次科技革命，它们对社会生产力的发展起到极大的推动作用。中国古代的科技发展曾经在世界科技发展中处于领先地位，具有特殊的贡献。对现代人类社会发展影响较大的近代全球科技革命，主要发生、发展在西方国家，对人类社会经济发展产生了重大的影响。

(一) 第一次科技革命

第一次科技革命起源于18世纪60年代的英国,是近代人类科技发展史上的第一次巨大的科技革命,开创了以大机器代替手工劳动的时代,也带来了一场深刻的社会变革,推动人类社会进入工业化时代。

该次科技革命首先发生于当时手工业最为发达的棉纺织业。1733年,机械师约翰·凯伊发明了"飞梭",大大提高了织布的速度。1765年,纺织工詹姆斯·哈格里夫斯发明了"珍妮纺织机",引发了棉纺织业的革命性变化。由于棉纺织业技术革新的连锁反应,引起了人类在采矿、新机器等领域一系列的发明,揭开了科技革命的序幕。之后棉纺织业出现了螺机、水力织布机等先进机器,采煤、冶金等许多工业部门陆续进入大机器生产。随着机器生产越来越多,原有的动力如畜力、水力和风力等已经无法满足生产发展的需要。1785年,詹姆斯·瓦特发明的改良型蒸汽机的投入使用,为机器生产提供了更加便利的动力,并迅速得到了推广,大大推动了机器的普及和发展,人类社会由此进入了"蒸汽机时代"。

第一次科技革命使得社会生产从工场手工业生产向大机器工业生产转变,新机器的出现提出了新的动力要求,蒸汽机的发明和广泛使用把第一次科技革命推向高潮,实现了英国的工业革命,大大促进了人类社会生产力发展的重大飞跃。这次科技革命及其在世界的传播与扩散,改变了整个人类社会的经济结构,使人类社会由传统的农业社会走向以工业化、技术化和城市化为核心的工业社会。

(二) 第二次科技革命

19世纪,随着资本主义经济的迅速发展,自然科学研究取得重大进展,1870年以后各种新技术、新发明层出不穷,这些技术与发明被应用于工业生产领域,促进了经济的进一步发展,引发了第二次科技革命。第二次科技革命不是直接起源于工场或其他生产实践领域,而是以科学理论为先导,起源于科学实验室。以电力为中心的第二次科技革命的发生,适应了机器工业和生产发展对新能源和动力的要求,电力在这一时期逐步取代蒸汽动力而占据统治地位,为近代工业的迅速发展提供了大量廉价的新动力。

第二次科技革命以电器的广泛应用为标志。19世纪60—70年代,出现了一系列的重大发明。1866年,德国人西门子发明了发电机,电器开始代替机器,电力成为补充和取代以蒸汽机为动力的新能源。随后，电灯、电车、电话、电报、电影放映机等相继问世，人类进入了"电气时代"。电气时代的到来，进一步推动了工业化的加速发展，到 20 世纪初，主要资本主义国家实现了工业化，完成了由农业社会到工业社会的转型，引发了人类历史上社会转型的巨变，促进了资本主义体系的最终形成。在第二次科技革命的推动下，各主要资本主义国家的经济结构完成从农业到轻工业再到重工业的重大转变，并实现了经济的腾飞（张代洪，2008）。

（三）第三次科技革命

第三次科技革命是人类文明史上继蒸汽技术革命和电力技术革命之后科技领域里的又一次重大飞跃。第三次科技革命以原子能、电子计算机、空间技术和生物工程的发明和应用为主要标志，涉及信息技术、新能源技术、新材料技术、生物技术、空间技术和海洋技术等诸多领域，是一场信息控制技术的革命，使人类社会进入了"信息时代"。计算机的发明使人类摆脱了思维器官和手工劳动在计算速度、信息收集和信息存储等诸多方面不可逾越的生理局限性，不仅使人类从繁重的简单脑力劳动中解放出来，而且也极大提高了智力劳动的效率。

第三次科技革命极大地推动了人类社会在经济、政治、文化领域的变革，也影响了人类的生活方式和思维方式，随着科技的不断进步，人类的衣、食、住、行、用等日常生活的各个方面也发生了重大的变化。

（四）第四次科技革命

目前，人类正经历第四次科技革命。第四次科技革命是以人工智能、机器人技术、虚拟现实、量子信息技术、可控核聚变、清洁能源以及生物技术为突破口的科技革命，它将使人类社会进入"人工智能时代"。

第四次科技革命将是全新的绿色科技革命，将会大幅度地提高资源生产率和利用率，经济增长将与不可再生资源要素、二氧化碳等温室气体排放脱钩，促进人类与自然建立和谐的、新的人地关系。

三、全球科技中心及其转移

纵观人类科技创新发展的历史进程，每一次重大的科技革命都会对人类的经济社会发展产生重大影响，也在全球形成了相应的科技中心。全球影响最大的科技转移和扩散有两次，都促进了全球科技的创新与发展。

（一）古代中国曾经是世界科技创新中心

中国是世界四大文明古国之一，是较早地建立了统一的中央集权的国家，且人口众多，经济保持平稳快速发展，以农业为中心的科学技术在世界占据领先地位，主要科技成就体现在冶陶、冶铁、丝织、农耕、水利工程、天文、医学、建筑等领域，大多与农业生产及生活联系紧密，并且着眼于解决现实问题（沈步珍，2011）；在"农、医、天、算"四大实用科学方面成就突出，涌现了一批优秀的科学家，为古代人类社会和中华民族的繁荣发挥了巨大作用。如研究预报地震、发明地动仪的张衡；研究历法和圆周率的祖冲之；著有《梦溪笔谈》，对天文、律历和医药都有很多研究的北宋科学家沈括；著有《水经注》，研究治水的郦道元等。火药、造纸术、印刷术、指南针更是作为四大发明为世界所称道，中国为人类的科技发展做出了巨大贡献。

（二）意大利成为世界近代科技创新的第一个中心

从公元5世纪到15世纪是整个欧洲比较黑暗的一个历史阶段，教会和骑士横行，人们愚昧无知、思想禁锢，社会停滞不前，科学家的创新发现被认为是反对教皇的统治，会受到教会的严厉批判，历史上把这漫长的近1000年的历史阶段称为中世纪。从13世纪开始，中国四大发明陆续传入欧洲，对欧洲的文艺复兴运动乃至资本主义社会的发展起到了催化作用。这一时期，资本主义在欧洲地中海沿岸开始萌芽，西方以意大利为代表，新兴资产阶级掀起文艺复兴运动，反封建、反神学，出现思想解放高潮，强调通过实验和观察来认识自然、认识世界，反对片面地依靠逻辑推理来认识事物，例如，出现了反对把地球看成是宇宙中心的哥白尼和开创实验科学的伽利略。近代科技的第一个中心在意大利形成。

（三）英国成为世界近代科技创新的第二个中心

第一次世界科技中心的转移发生在17世纪初到19世纪30年代，世界科技中心从意大利转移到英国。这一时期相当于中国明朝末年到清朝道光年间。在这一时期，英国在思想上受文艺复兴运动的影响，开始重视知识与教育，在经济上受新航路开辟的影响出现了新兴资产阶级，这为英国科技的发展提供了有利条件。16世纪末，英国思想家、哲学家弗兰西斯·培根在《伟大的复兴》中重点论述了知识的价值，提倡科学实验和研究自然科学，这在英国乃至欧洲产生了深远的影响。当时的英国政府重视科学技术，批准成立了英国皇家学会等学术活动中心。17世纪，出现了著名科学家牛顿，作为一个科学巨匠，他发表了对后世影响深远的著作《自然哲学的数学原理》，强调以科学实验和观察事实作为科学研究的基础。牛顿的科学思想成为英国科学革命的重要理论支撑。牛顿发现的三大定律，使天体和地上物体的运动规律被统一在一个经典力学的框架中。另外，英国政府鼓励从事发明与创造，这一时期出现了许多重大的发明，特别是瓦特在前人发明的基础上改良完善了高效蒸汽机，解决了一系列工艺问题和配套设备问题，将蒸汽机推向市场。纺织机械技术和蒸汽机技术引发了第一次工业革命，改变了整个生产和社会生活的面貌。

科学上的最新成就成为技术革命的先导，推动了专业化和大机器生产，纺织业的快速发展要求纺织业实行机械化，纺织业的机械化也带动了所有工业部门的机械化。英国的资本主义得到了极大的发展，英国的经济进入了极度繁荣的时期，科学技术的发展也为英国的海外扩张创造了条件，开始了所谓的大英帝国"日不落"的历史。然而从19世纪末开始，英国的工业优势不断衰退，英国在科研开发方面的投入相对下降，再加上英国的学术界过分重视理论而轻视应用，重视科学而轻视技术的传统使英国在国际贸易、科技等方面的地位不断下滑，导致英国世界科技中心的地位下降。

（四）法国成为世界近代科技创新的第三个中心

18—19世纪，英国的经济仍然处于繁荣的状态，法国则正处于大革命时期。一方面，以狄德罗为首的一批启蒙运动哲学家，宣传自由平等和人道主义，提倡民主和科学，有力地促进了思想大解放。另一方面，在牛顿学说的影响下，法国出现了一批科学家和科研成果，例如著名数学家及力学家拉格朗日，数学家和天文学家拉普拉斯，开创定量分析、创立燃烧氧化学说、推翻支配化学发展长达百年之久的"燃素说"的现代化学之父拉瓦锡，在这一时期还产生了公制度量衡、科学教学制度和公立中学。但是，这种良好的开端并没有维系很长时间，再加上社会过于动荡，严重影响了法国的科技发展。

（五）德国成为世界近代科技创新的第四个中心

19世纪后期，世界科技中心转移到德国。1830年英国工业革命达到高潮时，德国仍然是个落后的农业国。德国人不甘落后，大批德国人去英国和法国留学并且学成回国。德国政府重视知识，整顿教育制度，创办专科学院和大学，科教结合，建立起了教学、科研相统一的高教体系。1839年后，德国涌现出了一大批著名的科学家，如世界著名的数学家雅可比、高斯，发现电学中的欧姆定律的物理学家欧姆，发展了肥料技术和有机化学的化学家李比希。德国特别注意科学技术和工业的结合，出现了一批善于将科技成果应用于生产的企业家，如克虏伯将英国的炼钢法用于发展德国的钢铁和武器工业，而西门子既是发明家又是企业家。德国的煤和煤化学工业、钢铁工业、化学工业，特别是有机合成工业方面的科技水平在世界上遥遥领先。德国还特别注意综合利用，出现了联合企业，成立了康采恩式的生产体制。在科技的推动下，德国很快完成了工业化过程，经济迅速发展。但是，两次世界大战使德国的经济和科技受到重创，人才、资金、技术也损失严重，综合国力迅速衰落。

（六）美国成为世界科技创新的第五个中心

美国在独立战争后，以法律的形式确定了大力发展科技的总方针，加上一系列的政策支持，为美国的科技腾飞奠定了基础。20世纪初爱迪生发明了电灯，美国建立了世界上第一个发电厂，引起了世界性的电力技术革命。第二次世界大战期间，美国科技发展获得了一个良好的机遇，出台的优惠移民政策吸纳了大批人才，一批知名科学家加入美国，如提出相对论的爱因斯坦，著名物理学家费米，美籍华裔科技人才杨振宁、李政道，还有钱学森等。美国政府重视科技投入，研究开发经费投入每四年翻一番，第二次世界大战期间，该经费从1939年的1亿多美元增长到1944年的15亿美元。这一系列的措施推动美国进一步完善了欧洲的钢铁、化工和电力三大技术；发展了汽车、飞机和无线电三大技术；并在原子能、计算机、空间技术、微电子技术等方面获得了迅速发展，形成了高新技术产业群。美国从1929年至1969年40年间技术的进步对经济增长的贡献率在60%以上。自20世纪70年代以来，美国以微电子技术和基因重组技术为特征，形成了一个以信息技术为先导、生产技术为主导的包括新材料、新能源技术、航天技术和海洋技术等内容的高技术体系，并在20世纪80年代后期迅速地商业化和产业化，掀起了一场世界范围的新技术革命。20世纪70年代以来，美国尽管经济地位相对日本、西欧有所下降，但20世纪80年代以来，信息技术进一步推动了其经济的复苏，至今美国仍是世界科技与经济强国，并且这种状况还将维持一段时期。但是，应该看到新兴发展中国家的科技正在迅速发展，有可能在未来形成新的世界科技中心。

四、亚太经济崛起与科技发展

亚太经济地区广义是指亚洲和环太平洋的国家和地区，是当前世界经济发展最有活力的地区。依据相关资料，截至2016年，亚太地区经济总量占世界经济总量的60%以上，贸易总量约占世界贸易总量的46%，区内贸易比重高达67%。

世界经济发展重心在空间上曾发生过几次重大的转移，近年来，亚太地区经济强势增长，成为世界经济的亮点。亚太地区经济发展经历了一个曲折的过程。第二次世界大战以后，亚太地区的经济发展主要是以美国、日本为代表的资本主义国家经济的迅速发展。20世纪60—70年代，东亚地区由于新的劳动地域分工，韩国、中国香港、中国台湾以及新加坡经济迅速增长。20世纪80年代，中国内地实行改革开放政策，经济也持续快速增长，成为世界第二大经济体，中国经济成为世界经济的新亮点。

（一）韩国

随着经济的发展，韩国的科技也获得了快速发展。从20世纪80年代开始，韩国调整了国家发展战略，由"工业立国"向"科技立国"转变，将提升国家自主创新能力作为主要发展目标。同时，围绕新的科技发展战略和目标，韩国政府制定了包括人才开发、产学研合作、科技管理体制改革、财政与税收优惠等一系列政策措施。进入20世纪90年代之后，韩国科技发展战略开始由以引进与消化为主向自主创新与消化吸收并举转变，开始强调产学研相结合，建立了以民间研究开发体系为主导的科技创新体系，同时促进了产业结构由劳动密集型向技术密集型转变（李丹，2018）。2017年韩国政府发布《第四期科学技术基本计划（2018—2022）》，强调要更加注重中小企业在科技创新中的作用，逐步建立创新活跃的科技创新生态系统，大力激发建立以民间创新力量为主导的创新体系（郭滕达，2018）。

20世纪90年代中后期，韩国就把发展以宽带为代表的信息技术提升为国家战略。经过多年发展，韩国已经成为世界上网络通信发达的国家之一，网速全球最快，宽带普及率世界第一。韩国是经济合作与发展组织（Organization for Economic Co-operation and Development，OECD）成员中首个无线宽带普及率达到100%的国家。2013年5月12日，三星电子宣布已率先开发出基于5G核心技术的移动传输网络，使韩国5G技术也占得先机。2013年，韩国政府宣布实施"吉咖韩国"战略，该战略计划到2020年韩国无线宽带传输速度达到每秒1吉咖字节以上。

经过多年的发展，韩国科技成就突出。据韩国科学技术企划评价院（KISTEP）的资料，韩国政府研发预算投入占GDP比重居OECD国家榜首，预算规模排名第六。韩国的资讯科技产业多年来一直执业界之牛耳，制造业与科技产业发达，除高速互联网服务闻名世界外，机器人制造和生物科技都在世界市场中具有领导地位。

韩国政府计划到2020年前机器人的普及情况在韩国达到一户一个。在韩国政府的大力扶植下，机器人飞行员、机器人狱警、机器人教师等纷纷问世。韩国工业机器人的保有量居世界第三位，韩国制造业机器人出厂台数居世界第四位，韩国在纳米级搬运机器人系统和高密度革新制造工程用机器人领域已经掌握了世界领先的核心技术。

生物医药是韩国生物技术领域最重要的构成，早在1983年，韩国就颁布实施了具有里程碑意义的《生物技术促进法案》。在过去的几十年内，韩国先后出台和启动了"国家研究实验室（NAL）计划"（1999年）、"21世纪前沿研发项目"（2000年）、"Bio-Star计划"（2003年）、"促进生物产业、新药研发、器官工程和生物芯片发展项目"（2003年）等支持生物科技发展的计划和项目。据统计，自1994年以来韩国政府对生物技术的投资每年以20%以上的速度递增，在生物制药方面取得了较大进展。

（二）日本

第二次世界大战后，日本结合本国实际，制定了严密的科技计划与发展规划，形成了消化吸收再创新的发展模式，为日本的经济复苏发挥了积极作用。同时，随着日本科技实力的不断增强，逐渐由学习、引进、模仿向原始创新阶段过渡，形成了具有日本特色的科技创新体系（张晋，2018）。经过第二次世界大战后几十年的科技创新发展，日本研发经费占GDP的比例居世界第一，由企业主导的研发经费占总研发经费的比例居世界第一，日本核心科技专利占世界第一，日本的专利授权率高达80%。日本的科学研发能力居世界第二，应用科学、机械及医学等领域尤为突出，每年的科研经费达1300亿美元，高居全球第二。日本在电子、手机通信、低耗能环保车、机械、工业机器人、光学、化学、半导体和金属等多个领域具有世界领先的技术，且屡获殊荣。日本的工业用机器人产量占世界50%以上。

依据2015年国际权威研究机构"汤森路透"发表的新的一年全球企业创新排名TOP 100数据，全球创新企业TOP 100中，日本40家、美国35家、法国10家、德国4家、瑞士3家，在2014年之前一直是美国为第一名，2014年之后被日本超越。日本其实早就抛弃已经沦为低端制造业的家电之类的产业，转变为全力投入BtoB、新材料、人工智能、医疗、生物、新能源、物联网、机器人、高科技硬件、环境保护、资源再利用等新兴领域，关注移动互联网、人工智能、物联网、云计算、机器人、次世代基因组技术、自动化交通、能源存储技术、3D打印、次世代材料技术、非常规油气勘采、资源再利用等12大新兴技术的创新。在一些领域，如大数据、云计算、新材料、资源再利用、能源存储、机器人等处于世界领先水平。第二次世界大战后，日本科学技术在短短的几十年中得到了飞速发展，在战败的废墟上，从一个科技落后的国家一跃成为世界科技强国，取得了举世瞩目的成就。

（三）中国

进入21世纪以来，中国高度重视科技创新事业的发展，中国科技创新发展日新月异，自主创新能力不断提高。2006年中国发布的《国家中长期科学和技术发展规划纲要（2006—2020年）》中，提出建设创新型国家。党的十七大报告把提高自主创新能力、建设创新型国家作为国家发展战略的核心，并明确提出到2020年，中国的自主创新能力显著增强，科技进步对经济增长的贡献率大幅上升，进入创新型国家行列的发展目标。2012年党的十八大进一步提高了创新的战略地位，明确提出："科技创新是提高社会生产力和综合国力的战略支撑，必须摆在国家发展全局的核心位置，要坚持走中国特色自主创新道路、实施创新驱动发展战略。"近些年来，中国在实施创新驱动发展战略上取得了显著成就，科技进步对经济增长的贡献率从2012年的52.2%提高到2016年的56.2%，有力推动了产业转型升级，为经济社会发展提供了有力支撑。与此同时，中国在科技领域不断取得令世人震惊的成就，正在成为掌握诸多前沿科技的全球引领者。中国在太空探索、深海探索、超级计算机等领域取得了许多重大突破，企业创新活力十足，在移动支付、共享经济等方面居世界领先地位。

第二节 创新驱动发展战略与中国主要科技中心建设

实施创新驱动发展战略是中国的核心战略,对加速中国的科技发展和促进生产力的提升有重大的意义。

一、创新驱动发展战略的内涵

创新驱动发展战略是一种新的经济增长方式,是以科学发展观为指导,以科技创新为动力,加快产业结构调整和经济发展方式的转变,推动经济社会长期协调可持续发展的总体谋略。实施创新驱动发展战略是国家综合分析国内外大势、立足中国发展全局做出的重大战略抉择,是应对新科技革命和产业变革深远改变、全球化内涵深刻变化、国际经济深度调整,并适应和引领经济发展新常态的客观要求。

实施创新驱动发展战略,对中国形成国际竞争新优势、增强发展的长期动力具有战略意义:有利于加快实现由低成本优势向创新优势的转换,提高经济增长的质量和效益,加快转变经济发展方式,全面提升中国经济增长的质量和效益;更有利于加快产业技术创新与进步,改变过度消耗资源、污染环境的发展模式,全面提升产业竞争力,为中国的可持续发展提供强大动力。

二、加快推进实施创新驱动发展战略

党的十八大报告提出,到2020年中国要进入创新型国家行列。党的十九大报告提出,从2020年到2035年,中国科技实力将大幅跃升,跻身创新型国家前列。按照《"十三五"国家科技创新规划》,"十三五"的总体目标是:国家科技实力和创新能力大幅跃升,创新驱动发展成效显著,国家综合创新能力世界排名进入前15位,迈进创新型国家行列,有力支撑全面建成小康社会目标的实现。实施创新驱动发展战略,需要有明确的目标、科学合理的组织科技资源,并建立相应的体制机制,形成合力,推动创新战略的有效实施。

(一)提高自主创新能力,增强科技实力

目前,中国很多产业处于国际产业链的中低端,消耗大、利润低,受制于人。只有拥有强大的自主创新能力,才能在激烈的国际竞争中把握先机、赢得

主动。提高自主创新能力，一是要瞄准国际创新趋势、特点进行自主创新，使中国的自主创新站在国际技术发展前沿；二是要将优势资源整合聚集到战略目标上，力求在重点领域、关键技术上取得重大突破；三是要进行多种模式的创新，既可以在优势领域进行原始创新，也可以对现有技术进行集成创新，还应加强引进技术的消化吸收再创新。还需要围绕增强原始创新能力，培育重要战略创新力量，持续加强基础研究，全面布局、前瞻部署，聚焦重大科学问题，提出并组织国际大科学计划和大科学工程，力争在更多基础前沿领域引领世界科学方向，在更多战略性领域实现率先突破。

（二）构建"政—产—学—研—金—介"创新体系

以企业为主体，集政府主导、学研输出、金融助力、中介服务为一体，深化产学研合作，构建新型的产学研相结合的创新体系。

第一，健全政策扶持体系，激发产学研各方活力。一是政府需要制定产学研有效合作的政策；二是提高企业对创新主体地位的认识，制定税收金融扶持政策，设立产学研专项资金，激励企业与国内外高校和科研院所合作；三是充分释放高校和科研院所的创新活力，制定高校和科研院所人员到企业兼职或挂职的办法，支持科技人才走进产业一线，开展面向市场和科研的应用性研究，并完善高校和科研院所科研评价体系和人才评价体系；四是鼓励高校和科研院所设置组织管理机构，设立产学研合作工作专门机构，指导组织科技成果转化；五是大力支持新型的研发机构，加强学研与产业的结合。

第二，构建多元合作模式，发挥产学研各方优势。一是共建联营经济实体，依法成立风险共担、利益共享的命运共同体；二是建立"校企、校地联盟"，建立各类科技基地和产业园；三是建立产业创新联盟，围绕重点产业，以市场为导向、以企业为主体、以高校和科研院所为主要技术依托，组建产业技术创新联盟，推动产学研合作向全产业链上、中、下游贯通。

第三，建设技术转化基地，缩短产学研合作距离。一是继续建设好大学科技园，使其成为科技成果的转化中心和人才创业、企业孵化的基地；二是建设产业研究院，集聚高端人才和核心技术；三是建设企业研发平台，进一步促进高校和科研院所创新要素向企业集聚；四是建设大学生创业基地，鼓励企业建设面向省内外高校和科研院所大学生的创业实践基地。

第四，完善科技金融体系，助力产学研合作产出。加快建立以政策投入为导向、企业投入为主体、金融借贷为支撑、风投担保为补充的多层次、多渠道的资金投入体系，发挥科技金融在产学研结合中的作用。

第五，打造科技中介平台，服务产学研合作发展。产学研合作需要外部提供政策、资本、技术评估、成果转化和产业化等方面的服务。需要研究制定政策措施推进科技中介服务发展，培育本地骨干科技中介企业、集聚省外优秀科技中介企业，为产学研合作提供专业化的服务。

（三）加快科技体制机制改革创新

围绕破除束缚创新和成果转化的制度障碍，全面深化科技体制改革。建立科技创新资源合理流动的体制机制，促进创新资源高效配置和综合集成；建立政府作用与市场机制有机结合的体制机制，让市场充分发挥基础性调节作用，政府充分发挥引导、调控、支持等作用；建立科技创新的协同机制，解决科技资源配置过度行政化、封闭低效、研发和成果转化效率不高等问题；建立科学的创新评价机制，使科技人员的积极性、主动性、创造性充分发挥出来。深入实施国家技术创新工程，建设国家技术创新中心，提高企业创新能力；推动健全现代大学制度和科研院所制度，培育面向市场的新型研发机构，构建更加高效的科研组织体系；实施促进科技成果转移转化行动，完善科技成果转移转化机制，大力推进军民融合科技创新。

三、中国主要科技中心的建设

随着中国实施创新驱动发展战略，一些城市和地区相继开始规划建设具有全球影响力的科技创新中心，如北京、上海、粤港澳大湾区等。中国的科技中心建设，一方面需要吸收国内城市科技建设经验，另一方面也需要与国外的科技中心进行有效的链接和合作，形成各具特色的发展模式。

（一）北京科技中心建设

2014年2月，习近平总书记视察北京并发表重要讲话，明确了北京为全国政治中心、文化中心、国际交往中心、科技创新中心的城市战略定位。其中，全国科技创新中心是首次提出，努力打造全球科技创新中心，这也是在新时期对北京城市发展的最新定位（鹿春江，2019）。

北京科技中心建设离不开中关村的龙头带动作用。中关村是中国第一个国家级高新技术产业开发区、第一个国家自主创新示范区、第一个国家级人才特区，是中国科技体制机制创新的试验田，被誉为"中国的硅谷"。在国家创新浪潮的推动下，中关村凭借着自身独特的科技创新优势，高新技术产业发展迅猛，对北京市经济发展的贡献率不断提高。2018年，中关村国家自主创新示范区高新技术企业实现总收入58 841.9亿元，同比增长11.0%；其中实现技术收入10 629.4亿元，同比增长13.4%，这是2008年建设国家自主创新示范区时的5.7倍。与此同时，作为北京科技创新发展的核心区域，中关村对北京经济增长的贡献率超过了34%。截至2018年底，北京上市公司总数336家，独角兽企业80多家，占全国的43%左右。四通打字机、联想电脑、用友软件、新东方英语培训、汉王电纸书、新浪网、百度搜索、神舟飞船、京东网购、美团点评、小米手机、滴滴出行等中关村的企业和产品，早已成为中国科技创新的闪亮名片。

据中关村创新指数2018年发布的数据，中关村国家自主创新示范区全球顶尖科学家和高校智力资源的数量领跑全国，2017年拥有全球自然指数500强的高校和科研院所21所，占全国的26.3%；入选科睿唯安"高被引科学家"达69人，占全国的近三成。2017年，企业科技活动经费支出2 448.3亿元，同比增长24.1%。2017年，中关村国家自主示范区有48家企业入选欧盟"全球企业研发投入2500强"，约占全国的1/8，另上海有36家、深圳有32家。该示范区成为创新型领军企业最为密集的区域。该示范区拥有企业国家重点实验室37个、国家企业技术中心77个。2017年，企业专利申请量和授权量分别为7.4万件和4.3万件，同比分别增长6.7%和19.4%。2017年，企业万人发明专利授权量为72件，近五年内翻了一番。2017年，企业发明专利授权量为1.9万件，企业PCT专利申请量为3 652件，同比增长14.6%。截至2017年底，该示范区企业和产业联盟主导创制的国际标准达330项，是2013年的2.5倍。近三年来，该示范区获得国家科学技术进步奖和技术发明奖120余项，约占获奖项目总数的1/5。2018年《麻省理工科技评论》发布全球十大突破性技术，该示范区多家企业的人工智能技术、对抗式神经网络技术纷纷入选。该示范区在计算机视觉、无人驾驶等领域领先全球。2017年，该示范区技术合同成交额超3 500亿元，同比增长15.7%，约占全国的1/4。

根据《北京加强全国科技创新中心建设总体方案》，北京将按照"三步走"方针，通过不断努力建设，使北京成为全球科技创新引领者、高端经济增长极、创新人才首选地、文化创新先行区和生态建设示范城。现已走完了第一步，初步实现了科技创新动力、活力和能力的明显增强，科技创新质量提升，开放创新、创新创业生态引领全国，北京全国科技创新中心建设初具规模。第二步，到2020年北京全国科技创新中心的核心功能进一步强化，科技创新体系更加完善，科技创新能力引领全国，形成全国高端引领型产业研发集聚区、创新驱动发展示范区和京津冀协同创新共同体的核心支撑区，成为具有全球影响力的科技创新中心，支撑中国进入创新型国家行列。第三步，到2030年，北京全国科技创新中心的核心功能更加优化，成为全球创新网络的重要力量，成为引领世界创新的新引擎，为中国跻身创新型国家前列提供有力支撑。

近年来，北京为打造全球科技创新高地，积极推进科技创新中心建设。一是健全国际上通用的以知识价值为导向的分配制度，赋予科研机构和人员更大的自主权；二是拓展国际创新合作渠道，引进国际顶尖专业服务机构、孵化器、跨国公司的研发中心，打造国际人才高地，抓好顶尖国际人才和青年人才的引进培养，推进中关村国家人才管理改革试验区建设，打造国际人才港；三是抓好"三城一区"，也就是中关村科学城、怀柔科学城、未来科学城、北京经济技术开发区的建设；四是大力发展高精尖产业，设立先进制造业与信息产业发展基金，人工智能、5G技术、物联网、光电子、基础材料、无人机小镇等是重点发展目标。

在以上举措的推动下，北京的原始创新和自主创新能力进一步增强，创新发展新动能正在加快成长。2018年，全年实现新经济增加值10 057.4亿元，按现价计算，比2017年增长9.3%；占全市地区生产总值的比重为33.2%，比2017年提高0.4个百分点；每万人口发明专利拥有量为111.2件。全年高技术产业实现增加值6 976.8亿元，按现价计算，比2017年增长9.4%；占地区生产总值的比重为23.0%，比2017年提高0.2个百分点。战略性新兴产业实现增加值4893.4亿元，按现价计算，比2017年增长9.2%；占地区生产总值的比重为16.1%，比2017年提高0.1个百分点。信息产业实现增加值4 940.7亿元，按现价计算，比2017年增长14.3%，占地区生产总值的比重为16.3%，比2017年提高0.9个百分点（高技术产业、战略性新兴产业、信息产业三者有交叉）。全市高技术服务业固定资产投资增长18.9%，增速比2017年提高1.5个百分点；服务性消费占市场总消费的比重为53.8%，比2017年提高2.5个百分点。

（二）上海科技中心建设

2014年5月，习近平总书记在上海考察时强调，上海要加快向具有全球影响力的科技创新中心进军。2015年1月，上海市委、市政府启动了一号课题。经过5个月的调研，在习近平总书记上海讲话一周年的时候，上海市委、市政府推出了《关于加快建设具有全球影响力的科技创新中心的意见》，开启了全面推进全球科技创新中心建设的伟大征程。

依据国务院印发的《上海系统推进全面创新改革试验 加快建设具有全球影响力的科技创新中心方案》，到2020年前，上海形成具有全球影响力的科技创新中心的基本框架体系；R&D经费支出占全市地区生产总值比例超过3.8%；战略性新兴产业增加值占全市地区生产总值的比重提高到20%左右；基本形成适应创新驱动发展要求的制度环境，基本形成科技创新支撑体系，基本形成大众创业、万众创新的发展格局，基本形成科技创新中心城市的经济辐射力，带动长江三角洲区域、长江经济带创新发展，为中国进入创新型国家行列提供有力支撑；到2030年，着力形成具有全球影响力的科技创新中心的核心功能，在服务国家参与全球经济科技合作与竞争中发挥枢纽作用，为中国经济提质增效升级做出更大贡献，创新驱动发展走在全国前头、走到世界前列。

依据上海市统计局公布的数据，2018年，上海全年专利申请量150 233件，比2017年增长14.0%。其中，发明专利申请62 755件，增长14.9%；实用新型专利申请69 564件，增长14.2%；外观设计专利申请17 914件，增长10.7%。全年专利授权量92 460件，比2017年增长27.0%。其中，发明专利授权量21 331件，增长3.1%；实用新型专利授权量55 581件，增长39.2%；外观设计专利授权量15 548件，增长27.6%。全年PCT国际专利申请量2 500件，比2017年增长19.1%。至2018年末，全市有效发明专利达114 966件，比2017年末增长14.5%，有效发明专利五年以上维持率为78.6%；每万人发明专利拥有量达47.5件，比2017年增长14.5%。全年经认定登记的各类技术交易合同21 630件，比2017年增长0.3%；合同金额1 303.20亿元，增长50.2%。

近些年来，上海市在创新政府管理模式、提高科技人员创新积极性、支持企业创新发展、吸纳创新人才等方面进行了积极探索，以促进科技创新中心的建设。

（1）建立符合创新规律的政府管理制度。坚持市场导向，以互联网思维创新政府管理和服务模式，减少政府对企业创新活动的行政干预，改革政府创新投入管理方式，充分发挥市场配置资源的决定性作用，加强需求侧政策对创新的引导和支持，释放全社会创新活力和潜能，最大限度减少政府对企业创新创业活动的干预，改革政府扶持创新活动的机制。

（2）构建市场导向的科技成果转移转化机制。建立科技成果转化、技术产权交易、知识产权运用和保护协同的制度，确立企业、高校、科研机构在技术市场中的主体地位，强化市场在创新要素配置中的决定性作用。

（3）实施激发市场创新动力的收益分配制度。充分发挥利益导向作用，建立尊重知识、尊重创新、让创新主体获益的创新收益分配制度，完善创新业绩考核、长期激励和职务晋升制度，激发市场主体的创新动力。

（4）健全以企业为主体的创新投入制度。建立有利于激发市场创新投入动力的制度环境，发挥金融财税政策对科技创新投入的放大作用，形成创业投资基金和天使投资人群集聚活跃、科技金融支撑有力、企业投入动力得到充分激发的创新投融资体系。

（5）建立积极灵活的创新人才发展制度。建设一支富有创新精神、勇于承担风险的创新型人才队伍，充分发挥市场在人才资源配置中的决定性作用，建立健全集聚人才、培养人才的体制机制，创造人尽其才、才尽其用的政策环境。

（6）推动形成跨境融合的开放合作新局面。坚持扩大对内对外开放与全面增强自主创新能力相结合，发挥自贸试验区制度创新优势，营造更加适于创新要素跨境流动的便利环境，集聚全球创新资源，全面提高上海科技创新的国际合作水平。

（7）授权推进的先行先试改革举措。全面贯彻落实国家关于深化体制机制改革、加快实施创新驱动发展战略的有关要求，加快实施普惠性财税、创新产品采购、成果转化激励等政策，加强知识产权运用和保护，改革行业准入和市场监管、科研院所和高校科研管理等制度，完善产业技术创新、人才发展等机制，推进开放合作创新。

（三）深圳卓著的全球标杆城市建设

深圳经济特区作为中国改革开放的重要窗口，各项事业都取得了显著成绩，已成为一座充满魅力、动力、活力、创新力的国际化创新型城市。为引领全国的中国特色社会主义建设，中共中央支持深圳高举新时代改革开放旗帜、建设中国特色社会主义先行示范区。深圳市积极践行习近平总书记"抓创新就是抓发展，谋创新就是谋未来"的要求，积极践行新发展理念，旗帜鲜明地把创新作为城市发展的主导战略，改革科技创新工作取得新成效，创新能力显著增强。2018年，全市科技财政专项资金增至95亿元，其中基础研究资金翻番，增至28亿元；预计全社会研发投入超1 000亿，占GDP的比重为4.2%。创新型经济加快发展，高新技术企业新增3 185家，总量14 415家，居全省第一、全国大中城市第二。2018年，高新技术产业产值23 871.71亿元，同比增长11.66%；高新技术产业增加值8 296.63亿元，同比增长12.73%。

建设中国特色社会主义先行示范区是一个综合发展的理念，其中对科技发展与创新具有明确的要求与定位，要求深圳践行高质量发展要求，深入实施创新驱动发展战略，抓住粤港澳大湾区建设重要机遇，增强核心引擎功能，建设现代化经济体系，在构建高质量发展的体制机制上走在全国前列。到2025年，深圳经济实力、发展质量将跻身全球城市前列，研发投入强度、产业创新能力世界一流，文化软实力大幅提升，公共服务水平和生态环境质量达到国际先进水平，建成现代化、国际化创新型城市。到2035年，深圳高质量发展将成为全国典范，城市综合经济竞争力世界领先，建成具有全球影响力的创新创业创意之都，成为中国建设社会主义现代化强国的城市范例。到21世纪中叶，深圳将以更加昂扬的姿态屹立于世界先进城市之林，成为竞争力、创新力、影响力卓著的全球标杆城市。

深圳在科技创新的机制与体制、载体与环境方面将取得突破性进展，具体体现在以下几个方面。

（1）强化产学研深度融合的创新优势，以深圳为主阵地建设综合性国家科学中心，在粤港澳大湾区国际科技创新中心建设中发挥关键作用。继续推进国家超算深圳中心二期扩容改造，启动建设科研数据库。坚持高标准、高起点推进鹏城实验室和深圳湾实验室建设。

（2）支持深圳建设5G、人工智能、网络空间科学与技术、生命信息与生物医药实验室等重大创新载体，探索建设国际科技信息中心和全新机制的医学科学院。充分发挥企业创新主体作用和政府导向作用，发挥市场对技术研发方向、路线选择、要素价格、各种创新要素配置的决定性作用。

（3）加强基础研究和应用基础研究，实施关键核心技术攻坚行动，夯实产业安全基础。以关键共性技术、前沿引领技术、现代工程技术、颠覆性技术创新为突破口，在人工智能、第三代半导体、智能装备、生命健康、高端医学诊疗器械、基因检测等领域，开展一批技术攻关项目，撬动高校、科研机构、企业、社会资本多方发力，在关键领域、"卡脖子"的地方下大功夫，尽早取得突破。

（4）探索知识产权证券化，规范有序建设知识产权和科技成果产权交易中心。推动建立全球创新领先城市科技合作组织和平台，支持深圳具备条件的各类单位、机构和企业在境外设立科研机构。加快布局和建设基础研究机构，完善新设基础研究机构体制机制，做实诺贝尔奖科学家实验室，推动各类载体平台协同创新、集群发展，汇集全球创新资源，吸引造就具有世界影响力的科学家，以国际化的标准和方式助力培养深圳市尖端科技队伍。

（5）实行更加开放便利的境外人才引进和出入境管理制度，允许取得永久居留资格的国际人才在深圳创办科技型企业、担任科研机构法人代表。作为国际化的高科技城市，充分发挥经济特区作为对外开放窗口、桥头堡的优势，努力在全球范围集聚配置创新资源，在更高层次上参与全球科技合作竞争。充分发挥毗邻香港优势，深化深港科技创新合作。继续拓展和深化深港创新圈联合研发项目，允许项目资金跨境流通，支持香港科研主体承担深圳科研项目。

第三节 粤港澳大湾区科技中心建设的定位与意义

粤港澳大湾区是国家建设世界级城市群和参与全球竞争的重要空间载体。《粤港澳大湾区发展规划纲要》指出，要加强粤港澳大湾区科技中心建设，建设全球科技创新中心，需要深入实施创新驱动发展战略，深化粤港澳创新合作，构建开放型融合发展的区域协同创新共同体，集聚国际创新资源，优化创新制度和政策环境，着力提升科技成果转化能力，建设全球科技创新高地和新兴产业重要策源地。

一、建设背景与定位

随着经济全球化的发展进程不断深入，国际竞争越来越表现为区域与区域之间的竞争，而创新作为提高区域竞争力的重要手段，在区域发展中的作用至关重要，已经成为各国制定区域发展战略的首要选择。2008年以后，在金融危机中受到冲击的西方发达国家开始推行贸易保护主义模式，以维护自身利益。

这一举措对外向型经济比重较高的中国造成了很大的影响，为了应对这一局面，中国提出建立全面对外开放的新格局。

改革开放以后，粤港澳三地基于地理优势和政策优势，在市场机制的作用下，港澳传统制造业大量向广东省转移，将广东省作为生产基地，既带动了广东省的经济腾飞，也推动了港澳自身的经济发展。但是，进入21世纪以来，粤港澳三地纷纷进入经济结构转型发展阶段，三地间低层次的合作已无法适应经济的发展形势，提升合作层次尤其是高端科技创新方面已成为必然趋势。

2018年，粤港澳大湾区人口达6956.93万，GDP突破10万亿元，约占全国经济总量的12.17%，GDP总量规模在世界国家排行中名列第11位，与韩国持平，是全国经济最活跃的地区和重要增长极；在四大湾区中经济总量居第二位，人口、土地面积、港口和机场吞吐量均居四大湾区之首，它的定位与发展代表了一个新兴湾区经济体的崛起，是中国为适应经济发展的新形势做出的战略抉择。

粤港澳大湾区一直将创新驱动列为重大的经济发展战略。推动科技创新，打造国际科技创新中心是必然的选择。国家"十三五"规划中提出"创新、协调、绿色、开放、共享"的发展理念，党的十八大之后，中央提出要发展全面开放的新格局以及推动"一带一路"和粤港澳大湾区建设的倡议，党的十九大更是明确提出推进粤港澳大湾区建设和粤港澳合作。2015年9月发布的《关于在部分区域系统推进全面创新改革试验的总体方案》提出将广东作为改革试验区，在粤港澳合作国际科技创新中心的战略定位下，香港和澳门近年来也把加强与广东的合作、发展创新产业作为未来的发展重点。这些都要求正确认识粤港澳大湾区的创新能力，对该地区的发展进行更深层次的统筹协同，充分发挥粤港澳大湾区在创新研发中的优势，进行协同发展的结构调整；分析影响粤港澳大湾区创新能力的各类要素，进一步促进各类创新要素的自由流动，激发各类创新主体活力；发挥科技创新的重要引擎作用，强化创新分工，形成创新链，促进产业链的优势互补，加快形成以创新为主要动力和支撑的经济体系。

粤港澳大湾区未来的发展定位是建设全球科技创新中心。其核心内容是：瞄准世界科技和产业发展前沿，加强创新平台建设，大力发展新技术、新产业、新业态、新模式，加快形成以创新为主要动力和支撑的经济体系；扎实推进全面创新改革试验，充分发挥粤港澳科技研发与产业创新优势，破除影响创新要素自由流动的瓶颈和制约，进一步激发各类创新主体活力，建成全球科技创新高地和新兴产业重要策源地。

二、建设举措

粤港澳大湾区科技创新发展的研究，对于深化港澳地区与内地地区的交流合作，推动粤港澳地区参与国家发展战略、提升竞争力、促进合作共赢、保持长期繁荣稳定具有重要意义。

首先，要服务于大国发展的战略目标。中国正处在大国和平发展和民族复兴的历史阶段，科技创新能力是核心支撑和主要标志。一个真正的大国，必然也是科技强国。粤港澳大湾区建设具有全球影响力的科技创新中心，首先要服务和围绕国家战略，着眼于全球视野，发挥中心城市的综合优势，定位于前沿窗口和国际化平台，代表国家参与全球创新枢纽竞争，抢占科技创新制高点，为根本改变中国关键领域核心技术受制于人的局面做出全面而独特的贡献。

其次，要在构建国家创新体系中发挥支撑、带动和示范作用。过去依靠政府支持下的少数科研机构承担创新主力军的模式，已经难以适应今天更加快速、更加复杂、更加融合的创新态势，因此必须建立系统化的创新体系，在激烈的国际创新竞争中形成整体优势。粤港澳大湾区科技创新中心是国家创新体系的重要组成部分，是全球创新网络的重要节点，应依托现代化国际大都市雄厚的经济和科技实力、综合服务功能和国际影响力，着力发挥人才优势。

最后，要在新一轮科技革命和产业变革中迈向世界前列，培育和树立具有全球影响力的标杆。新一轮科技革命和产业变革正在孕育兴起，基础科学领域正在或有望取得重大突破性进展。"互联网+"快速催生了新科技革命和产业变革，使创新创业呈现大众化、低门槛、高活跃度特征。粤港澳大湾区建设科技创新中心要牢牢把握这场千载难逢的世界科技革命和产业变革的重大机遇，瞄准全球影响力标杆。

本章小结

科技创新是知识经济时代城市与区域发展的关键。科技创新是创造和应用新知识、新技术、新工艺，采用新的生产方式和经营管理模式，开发新产品和提高产品质量、提供新服务的过程,包括知识创新、技术创新和管理创新。建设粤港澳大湾区是习近平总书记亲自谋划、亲自部署、亲自推动的国家战略,是新时代推动形成全面开放新格局的新举措,也是推动"一国两制"事业发展的新实践,科技创新中心建设是粤港澳大湾区发展重要的支撑。

人类历史上经历了数次科技革命,对社会生产力的发展起到极大的推动作用。中国古代科技发展曾经在世界科技发展中处于领先地位,具有特殊的贡献。对现代人类社会发展影响较大的近代全球科技革命,主要发生发展在西方国家,对人类的社会经济发展产生了重大的影响。第一次科技革命起源于18世纪60年代的英国,开创了以大机器代替手工劳动的时代,也带来了一场深刻的社会变革,推动人类社会进入工业化时代。第二次科技革命出现于19世纪,并以电器的广泛应用为标志。电力在这一时期逐步取代蒸汽动力占据统治地位,为近代工业的迅速发展提供了大量廉价的新动力。第三次科技革命以原子能、电子计算机、空间技术和生物工程的发明和应用为主要标志,涉及信息技术、新能源技术、新材料技术、生物技术、空间技术和海洋技术等诸多领域,是一场信息控制技术的革命,使人类社会进入"信息时代"。第四次科技革命是以人工智能、机器人技术、虚拟现实、量子信息技术、可控核聚变、清洁能源以及生物技术为技术突破口的科技革命,将使人类社会进入"人工智能"时代。每一次重大的科技革命,都会对人类的经济社会发展产生重大影响,也在全球形成了相应的科技中心。历史上中国、英国、法国、德国、美国都曾作为科技创新中心,美国仍然是当今世界上的科技创新中心。

尽管西方国家在近代以来兴起了较多的科技创新中心,但20世纪60年代以来亚太地区经济迅速增长,尤其伴随中国的改革开放,东亚地区经济的世界地位越来越重要,亚太地区科技发展也异军突起。进入21世纪以来,中国提出建设创新型国家,实施创新驱动发展战略,一些城市和地区相继开始规划建设具有全球影响力的科技创新中心:北京提出建设全国的科技中心和全球具有影响力的科技中心;上海提出要加快建设具有全球影响力的科技创新中心;深圳提出建设卓著的全球标杆城市目标;《粤港澳大湾区发展规划纲要》指出,大湾区要建设全球科技创新中心;等等。粤港澳大湾区科技创新中心的建设,对于全面提升大湾区的竞争力、推动经济发展、促进粤港澳大湾区国家发展战略的实施具有重要的意义。

第二章 世界三大湾区的科技创新及启示

"湾区"指围绕沿海口岸分布的众多海港和城镇所构成的港口群和城镇群,湾区由于独特的地理区位、港口与集聚经济,形成了一种独特的经济形态,在世界经济发展中发挥着重要作用。国际上知名的湾区,如纽约湾区、旧金山湾区、东京湾区等三大湾区不仅经济发展处在全球领先地位,而且在科技创新方面也位于全球的前沿位置。科技创新是"湾区经济"发展的核心动力。国外三大湾区的科技创新发展对于粤港澳大湾区的建设发展具有重大的借鉴意义。本章将分析世界知名湾区的科技创新状况,探讨其对粤港澳大湾区的启示及意义。

第一节 美国旧金山湾区的科技创新

旧金山湾区地处美国西部太平洋沿岸的加利福尼亚州,包含9个县、百余个大小城镇,总人口约768万,陆地面积1.8万km^2,分为北湾、东湾、南湾和半岛几个区域。旧金山湾区有数个独特的城郊中心和3个中心城市,分别是位于半岛北端的旧金山、位于南湾的圣何塞以及位于东湾的奥克兰,形成了各具特色、优势互补的三大区域中心。

旧金山湾区是全球创新圣地和最重要的高科技研发中心之一,科技经济占据湾区半壁江山,拥有全美第二多的世界500强企业(仅次于纽约,如果把湾区视为一个经济体,它在全球排名第21位),是谷歌、苹果、脸书等互联网巨头和特斯拉等企业的全球总部所在地。

一、经济发展概况

2018年,旧金山湾区GDP达0.85万亿美元,人均GDP为11.6万美元。旧金山湾区按照地理属性可分为北湾、东湾(以奥克兰为代表)以及南湾(以圣何塞为代表)等地区。北湾是美国著名的酒乡和美食之都,全美90%的葡萄酒都产于此。旧金山市以旅游业、服务业、金融业为主,工商业发达,是美国西部最大的金融中心、互联网初创公司和新兴社交媒体的一个大本营,总部设在旧金山的知名技术公司包括优步(Uber)、爱彼迎(Airbnb)、推特(Twitter)等。依托医学和生物技术出类拔萃的加利福尼亚大学旧金山分校,大量尖端生物医药公司也选址旧金山。东湾拥有湾区最大的海港——奥克兰港,它是美国第五大集装箱货运港口。奥克兰市主要以港口经济为主,其港口是世界上最早使用集装箱运输的港口之一。南湾以硅谷地区为主,云集了成千上万家高新科技企业,涉及计算机、通信、互联网、新能源等多个产业,拥有众多的科技公司,如全球市值最大的两家公司——苹果和谷歌,以及老牌科技巨头惠普、思科、英特尔等。圣何塞市坐落于硅谷,电子工业发达,集中了电子计算机、电子仪表以及宇航设备等制造业。

二、科技创新发展经验

作为举世知名的"世界大脑",旧金山湾区并非一开始就如此耀眼。在第二次世界大战后新技术革命背景下,通过引进新兴产业和不断调整发展策略,旧金山湾区才迅速崛起(韩忠,2008)。目前,旧金山湾区高新科技企业的集聚效应凸显,脸书、eBay、英特尔、惠普、VISA等上千家高科技公司汇聚于此,将圣何塞打造成全球科技金字塔。旧金山湾区的崛起之路表明:科技创新才是湾区经济发展的最大动力。

自19世纪后半期以来,旧金山湾区已发展成为享誉全球的科技创新经济型世界级湾区,汇聚了大量全球领先的高科技企业。其成功发展是"硬环境"和"软环境"相辅相成的结果,创新产业、政策制度、城市群结构、生态环境、产学研因子等都共同促成了旧金山湾区的崛起和长盛不衰。

(1)高等院校及科研机构的集聚与人才的培养。旧金山湾区经济的繁荣并成为全球科技创新中心,教育和人才资源发挥了巨大作用,为科技创新的发展和经济增长提供了关键动力。在湾区内部25岁以上的成年人拥有学士学位的比重为46%,高于全美31%的平均水平(王萌迪,2019)。湾区有五所世界级的研究型大学,分别是斯坦福大学、加州大学伯克利分校、加州大学戴维斯分校、加州大学旧金山分校以及加州大学圣克鲁兹分校。湾区内有五个国家级研究实验室,分别是劳伦斯伯克利国家实验室、劳伦斯利弗莫尔国家实验室、航空航天局艾姆斯研究中心、农业部西部地区研究中心和斯坦福直线加速器中心。这些高等院校和科研机构的集聚为湾区科技创新的发展提供了源源不断的创新人才。

（2）科创产业提供湾区发展的原始动力。科技创新产业是旧金山湾区屹立于世界三大湾区的源竞争力，独特而卓有成效的科技金融体系保证了湾区高新技术产业的持续发展和壮大（樊明捷，2019）。在旧金山湾区除了众多的中小型研发公司，还有集聚了大量的大公司，如谷歌、脸书、惠普、英特尔、苹果、思科、特斯拉、甲骨文、英伟等，101家独角兽公司的总部位于加州。大中小企业的聚合，持续不断的创新，使旧金山湾区产业创新不断，湾区内孵化科创企业的巨大潜能与推动力促进了产业的创新。世界经合组织（OECD）1996年年度报告《以知识为基础的经济》指出，创新需要使不同行为者（包括实验室、科学机构与企业、消费者）之间进行交流，并且在科学研究、工程实施、产品开发、生产制造和市场销售之间进行反馈。旧金山湾区来自全球的新知识、新发明和新技术在本地产业化，融科学、技术、生产为一体，实现产品开发、产学研用一体化的科创产业发展也带动了科技金融业及各种类型金融、管理等科技中介的发展，形成了完善的服务体系，促进了湾区创新要素的整合，提高了创新产出的效率。

（3）良好的风险投资资源与投资机制。旧金山湾区是美国风险投资的发源地，如今风险投资规模巨大。科睿唯安（原汤森路透知识产权与科技事业部）的数据（2016）显示，旧金山湾区有1 000多家风险投资公司和2 000多家金融中介服务机构，风险投资规模占美国风险投资总额的1/3；80%以上的风险基金来源于私人的独立基金，包括个人资本、机构投资者资金、大公司资本、私募证券基金、共同基金等；2015年，旧金山湾区获得135亿美元的风险投资，成为全球风险投资最活跃的地区。2015年，旧金山湾区研发投入高达1 251亿美元，位居全美第一；其中，企业研发投入为1 080亿美元，占湾区研发总投入的86.3%。更为重要的是，硅谷具有世界上最完备的风险投资机制（李楠等，2019），创新企业的导入期和成长期是大多数风险投资集中关注的阶段，充足的资金来源满足了处于这两个时期的创新型中小企业的融资需求，风险投资的孵化器功能得到了充分体现；在退出机制上，美国纳斯达克市场的建立为风险投资提供了畅通的退出机制，为资本的顺利退出保驾护航。

（4）开放的政策与包容的文化氛围。20世纪中后期美国良好的国家政策吸纳了众多的移民人才，成为旧金山湾区创新型经济发展的巨大竞争优势。在旧金山湾区，初创企业中约1/4的创始人是在中国或印度出生的，约1/3的科学家与工程师非美国本土出生。硅谷的核心地带圣何塞1950—1970年总人口翻了两番，约2/3的新增人口是移民，绝大部分受过高等教育且青年人占比高，包括电子工程师、数学家、电子技术人员等。近年来，人才的迁移情况也是如此。同时，湾区企业十分重视吸引全世界的科研人力资源，优惠政策、允许试错、优厚待遇和良好研究环境吸引了大批科学家落户。开放包容的文化和市场环境造就了旧金山湾区良好的创新生态。

（5）优美宜居的城市生态环境。众多的美国国家公园坐落于旧金山湾区，湾区地处亚热带，冬暖夏凉、阳光充足。旧金山半岛三面环水，夏天最高温度只有20℃左右，降雨量少，四季宜人，生态优美的自然环境对人才产生了强大的吸引力。地方政府在经济增长和产业城市联动发展过程中也非常重视保护自然环境，出台了相关的法律和政策严格控制污染，如加州以法案形式规定温室气体减排目标；出台了规划方案引导城市建设，以环保为重要目标之一，如从交通、住房、城市土地开发等多方面，协调经济发展、城市开发和环境保护之间的关系。可以说，宜居环境对人才的吸引是成就旧金山湾区可持续性发展和创新发展的主要动因之一。

第二节 日本东京湾区的科技创新

东京湾区位于日本本州岛关东平原南端，南北长80 km，东西宽20～30 km，湾口仅6 km。东京湾区包括一都两县，人口约2 600万，主要包括东京、横滨、川崎、千叶、船桥、埼玉等大中城市。

一、经济发展概况

东京湾区是日本政治、经济和产业中心，2018年经济总量1.46万亿美元，占日本全国经济总量的26.4%。该区域集聚了金融、研发、文化和大型娱乐设施和大型商业设施等，是世界知名的金融中心、研发中心、娱乐中心和消费中心，是大学、研究开发机构和高科技产业的集聚地，同时也是商业发达地区；其区域内的八王子市是一座大学城，是东京湾区研发的主要力量。

东京湾区集中了钢铁、有色冶金、炼油、石化、机械、电子、汽车、造船等产业,是全球最大的工业产业地带;拥有横滨港、东京港、千叶港、川崎港、横须贺港和木更津港等六大港口,功能分工明确,年吞吐量超过5亿吨;同时也聚集了很多国家行政机关、企业总部和众多尖端产业。

东京是世界五大全球性国际金融中心之一,既是国际航空口岸,也是亚洲第一时尚中心,亦为全球最大的都市经济体。东京以对外贸易、金融服务、精密机械、高新技术等高端产业为主,是日本最大的金融、商业、管理、政治、文化中心,全日本30%以上的银行总部、50%销售额超过100亿日元的大公司总部都设在东京,它是集多种功能于一身的世界大都市。京滨是日本最大的重工业和化学工业基地,以钢铁、石油化工、现代物流、装备制造和高新技术等产业为主。

二、科技创新发展经验

东京湾区是日本的科技创新中心,也是全球重要的科技创新中心之一。科技创新发展促进了经济的发展,创造了经济发展奇迹,主要归纳为以下几方面。

(1)强调以企业为主的研发体系。日本的基础科研多集中在企业,科研主体为企业,每年企业研发经费的投入占日本R&D经费的80%左右。企业给予科研人员充分的自由,大企业的技术研发方向十分广泛,科研人员可按照自己的兴趣开展研究工作。东京湾区集聚了许多具有技术研发功能的大企业和研究所,主要有NEC、佳能、三菱电机、三菱重工、三菱化学、丰田研究所、索尼、东芝、富士通等,这些大企业及研究机构具有很强的管理和科技研发能力。京滨工业区作为东京首都圈产业研发中心,在企业研发中心的推动下,企业创新不断,有力地推动了湾区的科技创新。

(2)建立良好的产学研体系。东京湾区有225所大学,占日本全国的29%,学术研究机构占日本全国的40%左右,研究人员数占日本全国的60%。湾区内的京滨工业区积极促进各大学与企业开展科研合作,努力实现大学科研成果的产业化。京滨工业区建立了专业的产学研协作平台,为了完善相关产学研合作机制,建立更有竞争活力的创新体系,将原来隶属于多个省厅的大学和研究所调整为独立法人机构,从而赋予了大学和科研单位更大的行政权力。同时,通过产学研体系的协调运转,较好地发挥了各部门联合攻关的积极性。

(3)东京湾区的"第三方机构+企业"推进模式。东京湾区成立了日本科学技术振兴机构（简称 JST），以加大科研项目资金投入，促进专利成果产业化；企业坚持基础性研究和应用性研究并重，给予人才充分的研究自由，形成了"第三方机构+企业"的典型模式。具体表现为 JST 持续加大对科研项目的资金支持。JST 经费主要来源于政府拨款，其向政府重点培育的战略性科研项目提供资金支持，资助团队1.5亿～5亿日元（约合907万～3 023万元人民币），也直接资助企业研究人员，资助人均3 000万～4 000万日元（约合18万～24万人民币），受益者中已有4位诺贝尔奖得主。

第三节 美国纽约湾区的科技创新

纽约湾区位于美国东北部地区，东临大西洋，北望五大湖，南靠阿巴拉契亚山脉，主要由纽约州、康涅狄格州、新泽西州等31个州县联合组成，面积达33 484 km²，其中纽约为美国第一大港口城市，也是重要的制造业中心。整个湾区城市群以纽约为中心，北起波士顿，南至华盛顿，中间还有多座全球知名城市。

一、经济发展概况

纽约湾区是美国经济核心地带，是世界金融的核心中枢以及国际航运中心，人口约6 500万，占美国总人口的20%，城市化水平达到90%以上，对外贸易周转额占全美的1/5，制造业产值占全美的1/3，是世界金融的核心枢纽与商业中心。2018年，纽约湾区GDP达到2.2万亿美元，为世界湾区之首。主要支柱产业有服装、印刷、化妆品等，是全球著名的金融中心、商业中心。

曼哈顿是纽约湾区的核心，以金融商务服务业为主导产业集群发展模式，总面积57.91km²，人口约150万；全球银行、保险公司、交易所及大公司总部云集，集中了百老汇、华尔街、帝国大厦、格林威治村、中央公园、联合国总部、大都会艺术博物馆、第五大道等知名地标，是世界上就业密度最高的城市，也是公交系统最繁忙的城市，旅客量近3 000万/天。

康涅狄格州地区位于湾区东北部，为美国传统工业重镇，制造业历史悠久、种类多样，是全美最重要的制造业中心之一。此外，作为GDP排名全美第3位的康州，产值最高的产业还有房地产、制造业、耐用材料等。

新泽西州位于湾区西北部，制药业非常发达，在全美名列第一，世界上最大的 21 家制药和医疗技术公司总部或中心设在此，如强生等制药公司的总部，还有一大批通信产业聚集在普林斯顿大学和贝尔实验室周边。

二、科技创新发展经验

纽约湾区科技创新资源丰富，整体教育水平较高，且已经实现了教育的终身化、普及化和国际化。纽约湾区拥有 58 所大学，纽约大学、哥伦比亚大学、康奈尔大学、耶鲁大学、普林斯顿大学等著名学府集中于此，正是这些高等学府为纽约湾区提供了良好的人才资源。纽约是一个国际移民城市，移民是纽约城市化的重要动力，包容的社会环境吸引着高层次的人才。人才和资本的不断积聚，使其逐渐成为世界首屈一指的国际金融中心和科技创新中心。

（1）科技金融带动科技产业的发展。纽约湾区金融实力雄厚，纽约被誉为"全球金融心脏"，纽约湾区汇聚了全球市值最大的纽约证券交易所和市值第三的纳斯达克证券交易所，金融服务业占湾区 GDP 比重高达 15.39%；花旗、高盛、摩根斯坦利等 2 900 多家银行、证券、期货、保险等金融领域的巨头企业将总部和分支机构设立于此，其中包括 200 余家全球 500 强企业。纽约湾区的最大特色就是与金融业结合紧密的新技术在研发、中试、转化、运用以及推广的各个环节都会有强大的资金保障（李楠，2019）。如 2015 年，摩根大通持续加强对区块链、人工智能和大数据等技术领域的投入，平均每年在新一代信息技术上的投入超过 90 亿美元；保险巨头 AIG 集团通过资本运作收购了大批研发型公司，组建了自己的研发团队，将人工智能和大数据用于车险场景，在理赔、后台风险分析、风险预测评估等方面提升了市场竞争力。

（2）采用"政府＋资本"模式建设国际科技创新中心。据中国工信部赛迪智库规划研究所的研究，这种模式主要体现在以下四方面。一是政府投资建设科技园区培育科技企业。纽约市政府实施"应用科学计划"，建成全美首个政府投资规划的大学园——康奈尔科技园，以此为载体，积极引进知名大学，投资 20 亿美元建设大学园区和初创企业孵化器，培育科技企业。二是政府强化土地、人才等要素保障为企业创新服务。为鼓励科技创新，纽约市政府免费向应用科学和工程学院的大学提供土地，并投资 1 亿美元用于基础设施建设。纽约市政府颁布《纽约人才草案》，帮助企业招揽信息和工程人才，针对医疗、环保核心领域，实施人才培养计划。三是政府联合金融资本实施融资担保强化资金保障。纽约市政府联合华尔街金融资本、风投公司等，实施"小微企业贷款担保计划",开展小微企业融资担保。设立纽约创业投资基金,强化对创业企业的支持。成立纽约战略投资集团,为企业提供个性化金融解决方案。四是政府主动减税降费优化企业创新环境。湾区政府实施一系列优惠政策鼓励创新,如实施"房地产税特别减征5年计划""曼哈顿能源计划",免除商业房租税,开展企业电费优惠,分年度实施梯次减税和优惠。实施"创业纽约计划",100%减免新创企业税收。

第四节　世界三大湾区科技创新对粤港澳大湾区发展的启示

粤港澳大湾区作为中国综合实力最强、开放程度最高、经济最具活力的区域之一,具备发展世界一流湾区经济、更好服务国家战略的良好基础和条件。但对照世界三大湾区的发展,仍有一些不足与问题,在粤港澳大湾区建设全球科技创新中心时,仍需要进行检讨与反思,吸取其他湾区的发展经验,为粤港澳大湾区的发展提供参考。

一、高度重视科技与大学及人才的循环

打造具有全球影响力的国际科技创新中心,能否汇聚全球人才和培养人才至关重要,只有拥有一批面向科技前沿、掌握核心技术的人才,才可能形成符合全球科技战略、市场认可度高的科创企业,才可能支撑科技创新中心的建设。

高水平的大学是培养人才的根本保障。纽约、旧金山和东京三大世界一流湾区,通过一大批高水平大学集群的强力支撑,形成了各具特色的高水平大学"扎堆"聚集,构建了较完备的创新体系,打造了世界级的科技创新集群地。旧金山湾区聚集了一批美国著名的高等学府及科研机构,其中有4个世界级的研究型大学、5个国家级实验室。纽约市有大学及学院60余所,哥伦比亚大学、纽约大学、康奈尔大学等均为世界著名大学。25岁及以上年龄人口中超过40%拥有学士或更高层次学位的高素质劳动力为湾区的发展做出了重要贡献。东京湾区内的京滨工业区集聚了NEC、佳能、三菱集团、丰田集团、索尼、东芝、富士通等国际知名企业,并与东京大学、庆应大学、武藏工业大学、横滨国立大学等大批日本著名高等学府开展联合办学,使湾区的优秀人才按功能定位聚在一起并产生群聚效应。

粤港澳大湾区应学习和借鉴世界三大湾区发展的经验,重视科技与大学、

人才的循环。第一，支持大湾区通过与国际高水平大学的联合，建设高水平的大学，促进湾区科技人才的培养。第二，建设人才高地，支持大湾区珠江三角洲九市借鉴港澳吸引国际高端人才的经验和做法，创造更具吸引力的人才引进环境，实行更积极、更开放、更有效的人才引进政策，加快建设粤港澳人才合作示范区。在技术移民等方面先行先试，开展外籍创新人才创办科技型企业享受国民待遇试点。第三，建立国家级人力资源服务产业园，建立紧缺人才清单制度，定期发布紧缺人才需求，拓宽国际人才招揽渠道。第四，完善国际化人才培养模式，加强人才国际交流合作，推进职业资格国际互认；完善人才激励机制，健全人才双向流动机制，为人才跨地区、跨行业、跨体制流动提供便利条件，充分激发人才活力。

二、重视建设良好的创新生态系统

良好的创新生态系统，能保证各创新主体的动能发挥，也有利于各创新主体的合作与交流，系统内的开放性与流动性及良好的制度设计是根本。旧金山湾区形成了"大学—企业—风险投资—政府"的完善创新生态系统（丁旭光，2017），形成了由政府部门、大学教师及学生、科研机构研究人员、企业家、风险投资家以及各类中间机构、非正式社区组织等创新要素构成的创新核心网络层，以及由创新基础设施、创新文化、专业性服务机构、风险资本、各种行业协会和非正式社交网络构成的创新环境支撑层。湾区创新生态系统对世界范围内富有创造性和企业家精神的个人都是开放的，并可自由流动。系统内也有一些重要的制度设计。斯坦福大学就通过制定产业联盟计划促进科研人员、院系之间以及大学与外部企业之间的合作，也积极鼓励科研人员校外创业，以加速科研成果商业化。技术发明者所引用的大学专利或科技论文大都出自本地的大学和科研机构，形成了如大规模生产体系、国家实验室、公司制度、移民制度、风险投资体系等创新制度，奠定了科技创新中心形成的基础条件。不同层级的政府通过出台不同政策以鼓励创新活动，并为创新的持续发展提供环境和制度保障。旧金山湾区拥有一套完整而高效的从技术到市场的市场化机制，而其中政府直接购买科研成果的"入驻企业家"（Entrepreneurship-in-Residence）计划尤其引人关注。其他湾区也有一些特色的做法，如纽约湾区科技与金融业结合紧密的新技术在研发、中试、转化、运用以及推广的各个环节都会有强大的资金保障；东京湾区科技与产业的结合，在一些方面优化了创新生态系统。

由此，启示我们粤港澳大湾区需要科学地设计创新生态系统，需要考虑：①跨境创新生态系统如何整合，体制机制如何突破；②如何发挥香港金融中心的作用，积极参与科技中心建设形成具有粤港澳大湾区特色的科技金融体系；③粤港澳大湾区如何更加开放，吸收全球创新资源集聚，并形成内部创新资源的高流动性；④行业联盟如何更有效地促进粤港澳大湾区的合作与交流。

三、理顺创新链，推动产业链的发展

建设全球科技中心，一般来说，重大关键技术、产品的创新都要经历从基础研究到产业化的完整链条，基础研究具有重要的意义。基础研究主要由大学、研究机构完成，但近年来，一些大企业也开始注重基础研究，这有利于加强基础研究的应用价值。即使不从基础研究开始，也可以充分利用世界科技创新资源，加强转化与应用，从而形成技术突破，实现从研发到产业化的转化。

东京湾区给予企业科研人员研发空间，支持他们按照兴趣开展研究。旧金山湾区的斯坦福大学成立技术授权办公室（OTL），统一管理科研专利，并授权给工业企业。东京湾区依托JST将科研成果建成数据库，并提供给缺少研发能力的企业。

在粤港澳大湾区科技创新中心建设中，要力争做好以下三方面工作。第一，要不断完善从基础研究、应用研究到成果转化的全过程，打通科技成果转化通道，理顺创新链条。第二，应加快推进大湾区重大科技基础设施、交叉研究平台和前沿学科建设，着力提升基础研究水平，优化创新资源配置，建设和培育一批产业技术创新平台、制造业创新中心和企业技术中心。第三，推进国家自主创新示范区建设，有序开展国家高新区扩容，使高新区建设成为区域创新的重要节点和产业高端化发展的重要基地。

（四）推动科技成果转化和知识产权保护

世界三大湾区在发展历程中都十分重视科技成果的转化和知识产权的保护，因此进一步推动科技成果转化和知识产权保护，有利于将粤港澳大湾区建设成为具有国际竞争力的科技成果转化基地。

依托粤港、粤澳及泛珠三角区域知识产权合作机制，全面加强粤港澳大湾区在知识产权保护、专业人才培养等领域的合作。支持香港成为区域知识产权贸易中心，不断丰富、发展和完善有利于激励创新的知识产权保护制度，建立大湾区知识产权信息交换机制和信息共享平台。在知识产权领域，三方应树立

大湾区科技创新共同体理念，实现粤港澳三地知识产权政策对接，利用现有知识产权合作机制平台，通过大湾区知识产权执法务实合作创新，建立更加明晰的大湾区区域知识产权执法协作机制。组建粤港澳大湾区知识产权保护联盟，形成行政、司法、社会共建共治共享的知识产权大保护格局（张曾曾，2018）。

本章小结

"湾区"是一种独特的经济形态，在世界经济发展中发挥着重要作用。国际上知名的湾区如纽约湾区、旧金山湾区、东京湾区等，不仅经济发展处在全球领先地位，而且在科技创新方面位于全球的前列。科技创新是"湾区经济"发展的核心动力，世界三大湾区科技创新各具特色。

旧金山湾区是全球创新圣地和最重要的高科技研发中心之一，科技经济占湾区经济的半壁江山，是谷歌、苹果、脸书等互联网巨头和特斯拉等企业的全球总部所在地。作为举世知名的"世界大脑"，旧金山湾区拥有较多的研究型大学，且科研机构与人才集聚，产学研用一体化成为科技发展的强大动力；良好的风险投资资源与投资机制、形成的科技金融可以助力科技发展；开放的政策与包容的文化氛围，创造了良好的创新生态；宜居环境对人才的吸引，也是旧金山湾区可持续性发展和创新发展的主要动因之一。

东京湾区是日本政治、经济和产业中心，也是全球重要的科技创新中心之一。东京湾区的科技创新强调建立以企业为主的研发体系以及良好的产学研体系。东京湾区实施的"第三方机构+企业"推进模式，成立日本科学技术振兴机构（简称JST），加大科研项目资金投入，促进专利成果产业化。

纽约湾区是美国经济核心地带，是世界金融的核心中枢、国际航运中心和商业中心。纽约湾区科技创新资源丰富，整体教育水平较高，移民使纽约积累了大量的人才；科技金融带动了科技产业的发展；"政府+资本"双融合促进了国际科技创新中心的建设。

世界三大湾区的科技创新发展为粤港澳大湾区科技中心建设提供了可供借鉴的经验，对于大湾区的科技创新发展具有一定的启示：①高度重视科技与大学及人才的循环；②重视建设良好的创新生态系统；③理顺创新链，推动产业链的发展；④推动科技成果转化和知识产权保护。

第三章 粤港澳大湾区的创新基础设施及评价

第一节 创新基础设施与区域发展

基础设施是指为社会生产和居民生活提供公共服务的各种物质工程设施和公共服务系统的总和，是国民经济各项事业发展的基础，主要包括交通运输系统，如铁路、公路、桥梁、城市道路等；能源系统，如电力、煤、天然气等的生产和供应设施等；信息通信系统，如光缆、卫星、网络、广播电视、移动通信设备等；供水供电系统以及其他社会公用事业，如医疗、教育、住房等。基础设施具有建设规模和工程量大、投资量大、建设周期长以及具有公共性和服务性等特点。近些年来，伴随知识经济时代的到来，创新成为国家、区域、城市发展的核心动力，创新基础设施受到更多的关注。创新基础设施已成为国家基础设施的重要组成部分。

一、创新基础设施的概念

目前，学术界对于创新基础设施的概念还没有统一的界定，衡量创新基础设施的指标也各不相同。Feldman 等（1994）使用四个指标的集聚来界定创新基础设施，即相关制造业的企业集聚、工业研发的地理集聚、大学研发的集聚以及商业服务公司的集聚，认为这些基础设施在地理上的集聚加强了区域的创新能力。Furman 等（2000）将创新基础设施定义为支持创新活动的一些基本载体，既包括一个经济体内创新投入的总体规模，也包括整个经济范围的研发生产率来源，具体包括以下几个指标：技术复杂程度、人力资本、可用于研发活动的财政资源、教育和培训投资、知识产权保护、国际贸易开放程度、R&D 税收政策。Biktimirov 等（2016）将创新基础设施定义为支持创新活动的各种组织、机构、资金和服务系统，包括科技园、大学和创新中心、工商会和协会、技术垄断和企业孵化器、各种投资金融机构、科学社会团体、科学基金和风险基金、公营和私营公司和企业、各类工程咨询公司和面向问题的信息资源与系统。Ashmarina 等（2015）基于大学与企业的整合，提出了创新基础设施的结构，主要包括以下几个相互关联的模块：①生产模块，为高校的技术创新和非技术创新创造条件，为联合创新项目的实现创造条件；②专业知识和咨询模块，实施高校创新活动成果商业化的初步工作；③员工分组，实施创新活动的有效培训；④信息模块，为不同专业的高校的创新活动提供信息支持；⑤营销模块，由大学在制造业领域提供先进的技术和非技术创新。程雁等（2007）将创新基础设施定义为影响一个国家创新能力的基础设施，包括一个国家的知识存量、研发资本投入、教育投入、对外开放程度、专利保护强度和反垄断强度。李天柱等（2015）认为，创新基础设施是为创新活动提供公共服务的物质工程设施，是创新生态系统中保证创新活动正常进行、激励创新活动持续开展的公共服务系统。

近年来，科技基础设施成为研究的一个热点领域，科技基础设施与创新基础设施既有联系，但也有一定区别。科技基础设施是创新基础设施的组成部分，郑江锋（2004）认为科技基础设施是开展科技活动的基础性条件，是科学研究、科技管理等活动的物质基础和信息保障，包括大型科学设备和仪器、科技基础数据库、自然科技资源库、科技文献数据库、信息网络设施五大类。彭洁等（2008）将科技基础设施定义为用于各类科学研究活动的工具和信息及其物质、技术支撑和服务的基础条件，包括物质和信息基础（科学仪器和设备、实验装置、科技基础材料等）、组织形态（国家重点实验室、分析测试中心、科技文献中心等，对科技资源实施有效的管理和配置）和人文环境（管理体制和规章制度等）三个层次。科技基础设施是支持科学研究的基础设施，是创新基础设施的核心，但并不能完全涵盖创新基础设施的全部内容。

总体来看，学术界对创新基础设施的概念还没有统一的界定，并且不同学者界定创新基础设施概念的侧重点不同，有的侧重创新行为主体的集聚，有的侧重创新投入（资金投入和人力资本投入）和政策支持，有的侧重创新支持型的各类组织和机构，有的侧重产学的整合为高校创新创造的有利条件，有的侧重为创新活动提供公共服务的物质工程设施，还有的侧重为科学研究活动提供基础性条件的科技基础设施。

笔者认为，若将创新基础设施的概念考虑太泛，将人力资本、创新投入等这些影响创新的因素均纳入创新基础设施，不能体现创新基础设施在创新中的独特作用，也就失去了这一概念本身的价值。基于传统基础设施的概念，综合考虑国内外学者对于创新基础设施的定义，我们对创新基础设施的概念进行了如下界定：创新基础设施是指保证创新相关活动顺利进行的各种物质工程设施和公共服务系统的总和，是国家、区域、城市以及企业等主体进行创新相关活动的基础和前提条件，包括支撑创新活动的基本建设工程系统、信息化系统、创新服务系统等方面。

二、创新基础设施与区域发展

（一）基础设施与区域创新能力

亚当·斯密在《国富论》（1776）中论述了基础设施对经济增长的重要性，指出"一国的商业的发展取决于该国的道路、桥梁、运河、港口等公共基础设施水平"。发展经济学家认为，基础设施是影响经济快速发展的重要因素，是经济发展的前提条件。基础设施不仅仅是一种"投资"，它通过需求拉动和资本积累在短期内直接影响经济增长，而且基础设施作为具有"外部性"的公共物品，能够间接对经济增长产生长期的影响。21 世纪以来，交通、通信、网络和信息技术等基础设施的发展极大地促进了各地区之间知识、人才、信息、资本等创新要素的流动，不断地塑造着全球经济地理和创新地理新的格局。

创新基础设施作为国家创新体系和区域创新体系的重要组成部分，对于推动国家与区域创新能力的提升具有重要作用。Furman 等（2000）认为，国家公共创新基础设施、产业集群的创新环境以及两者之间的相互作用是影响国家创新能力的重要因素。Feldman 等（1994）的研究验证了创新基础设施对区域创新能力的重要作用，其提出的创新地理经验模型检验了创新集中在创新基础设施发达地区的假设，研究表明创新地理上聚集在创新基础设施的专业资源集中的地区，而且这些专业资源的空间集中加强了一个区域的创新能力。Keeley（2006）认为，政府应当通过创新基础设施的建设和创新相关的制度设计来推动区域创新能力的提高。程雁等（2007）用专利申请数代表技术创新能力，用知识存量、研发投入、教育投入、对外开放程度等代表创新基础设施水平，研究了创新基础设施对区域技术创新能力的影响，结果表明创新基础设施各要素对区域创新能力的提升起到了积极的促进作用，但这种作用在区域间表现不均衡，东部地区作用强，中、西部地区相对不明显。刘薇（2014）在分析北京区域知识创新基础能力的建设时指出，良好的知识创新环境是北京知识创新基础能力的重要方面，而加强和完善知识创新基础设施的建设能够促进良好的知识创新环境的形成。

创新基础设施促进区域联系，强化知识扩散。张玲（2006）认为，信息网络、大学、国家实验室、科技园区等创新基础设施，既是城市与区域创新所必要的基础性条件，也能够促进城市与区域的技术扩散和创新扩散。付丹（2008）认为，区域创新基础设施的建设强调了创新活动所依赖的各种资源、信息和服务等基础，区域内各个创新主体在共享创新基础设施的同时，增强了创新主体之间创新的交流与合作，促进了知识的溢出和更多创新活动的发生。郑茜（2015）认为，创新基础设施的建设是国家或区域开展创新活动的最基本的物质保障，创新基础设施的完善不仅有利于提升国家或区域的创新能力，还有利于推进知识和科学技术传播以及创新的扩散，从而形成国家或区域内创新的良性循环。

世界各国尤其是发达国家的经验表明，当前国家与区域之间的经济发展差距已经不再由一般资源的占有量和工业发展水平决定，一个国家的经济增长已经越来越依赖于科学技术的发展和创新能力的提升。经济合作与发展组织（OECD）1999年发布的关于国家创新系统的论述中指出，创新基础设施为国家与区域的长期创新提供了基础条件和支撑。瑞士洛桑国际管理学院发布的《2005年全球竞争力报告》将科学基础设施和技术基础设施作为评价国家竞争力的重要标准之一。

当今知识经济时代，创新已经成为经济社会发展的核心动力，成为国家之间综合实力竞争的关键。科学技术迅猛发展带来了新一轮的知识革命，世界范围内的各种创新活动对国家与区域的社会经济发展产生了深刻的影响。世界各国的经济发展正进行着大规模的转型，科技创新的重要作用受到越来越多国家的重视，创新能力日益成为决定国家综合竞争力的关键因素。随着全球化和知识经济时代的到来，支撑全社会创新活动的创新基础设施条件日益成为国家参与全球竞争的重要战略资源，创新基础设施的建设正在成为国家创新体系和创新能力建设的重要组成部分。

（二）创新基础设施与创新主体

创新基础设施是提升企业创新能力的重要因素。吴晓松（2012）认为，创新基础设施是企业开展创新活动的载体，是保障创新活动顺利开展以及创新体系有效运转的重要基础和前提，对提升企业创新能力起到关键的支撑作用。蔡晓慧等（2016）在探讨地方政府基础设施投资对企业技术创新的影响时，将创新基础设施投资作为地方政府基础设施投资中的重要组成部分，研究表明创新基础设施对企业创新具有重要的促进作用。邱成利（2002）在分析企业成长的创新环境时，认为创新基础设施环境是其他创新环境存在的前提条件，直接决定着企业成长的规模。Takmasheva等（2018）在研究俄罗斯北部地区商业体系时指出，创新基础设施的发展和完善能够促进企业创新效率的提升和创新产出的增加，进而有助于该地区实现经济增长和现代化。

高校、产业集群、国家高新区等的创新基础设施建设，有效地推动了创新能力的提升。党杨等（2017）研究发现，近年来中国高校用于科技创新活动的基础设施投入不断增加，并且创新基础设施的产出效率也不断上升，从而提升了中国高校的科技创新能力。邓草心（2013）分析高校在学习型区域创新中的作用时，提出了建设高校知识创新基础设施的建议，从而提高高校的自主创新水平，使高校在学习型区域建设中充分发挥作用。刘莹莹（2008）的研究表明，产业集群内创新基础设施的完善能够增强产业集群的创新产出水平。张克俊（2010）在分析国家高新区自主创新能力时指出，创新基础设施的建设是国家高新区自主创新体系的重要功能之一。

（三）创新基础设施促进城市创新资源的聚集能力

城市的创新基础设施在一定程度上影响城市聚集创新资源的能力，国内外成功发展起来的创新型城市和区域都非常注重通过创新基础设施的建设来吸引各种创新资源向该地区聚集，从而促进当地的创新发展。一些学者从创新资源流动、知识溢出和创新扩散等角度分析了创新基础设施。孙玉涛（2010）认为，创新基础设施（与科学技术活动直接相关的基础设施、交通基础设施、通信基础设施、软基础设施）能够以相对较低的成本促进知识、信息、人才、资金等要素的流动，这些要素的流动能够促进知识的扩散和溢出，从而提高创新活动效率。张庆滨（2012）也认为创新基础设施是一个地区创新要素流动的载体。

(四) 创新基础设施是区域创新环境的重要部分

创新基础设施是创新环境的一个重要方面。周立军（2009）认为，区域创新离不开一个良好的创新环境，他将区域创新环境分解为区域创新制度环境、区域创新文化环境、区域创新基础设施、区域科技投融资体系和教育培训体系，其中区域创新基础设施包括交通、通信等方面。张庆滨（2012）将创新基础设施作为区域创新环境的一个重要方面，对欠发达地区的区域创新能力进行了评价。张健（2012）认为，区域环境是否有利于企业创新和企业学习能力的提高是企业进行区位选择的重要影响因素，而这些区域的创新和学习支持型环境则体现在拥有完善的创新基础设施、良好的制度与文化环境等方面。陈蕾（2011）认为，创新基础设施是区域创新环境的重要方面，是区域自主创新的基础性条件，能够保障区域创新活动的顺利开展以及区域创新系统的有效运行。

第二节 中国创新基础设施的建设实践

中国创新基础设施的建设起步较晚，最初主要是科技基础设施的建设。中国科技基础设施的建设始于中华人民共和国成立初期以"两弹一星"计划为代表的国防建设需要。中华人民共和国成立后，随着国家独立、民族解放和经济发展，国家越来越重视发展高等教育以培养人才来支持国家建设，于是全国各地在各级政府的支持下，一大批高等院校陆续建成，这一时期的高等学校数量除"文革"期间有所下降外，整体呈增加趋势（图3-1），并通过"五年计划"和"三大改造"，逐步确立了计划经济体制，这一时期中国科技发展除依靠大规模的工业建设之外，主要依靠以中国科学院为主的一些科研院所，这些科研院所的主要任务是解决国家经济建设和社会发展中的重大科学技术问题。这一时期，国家在一些国民经济发展的重点领域（如化工冶金、计算机、半导体、自动化、电子等）和重点科学技术领域（如数学、物理、化学、植物、动物、微生物、遗传等）陆续建设了一批科研院所（表3-1），在推动国民经济发展和基础科学发展方面起到了重要的作用。在推动国民经济重点领域和基础科学领域发展的过程中，主要依托大型工业部门和科研院所研制了一些大型科学仪器，用以支持科学研究和技术开发，企业的主要任务是生产，只有少量的工业实验室，很少有研发活动，因此这一时期的企业研发机构极少。因此，从中华人民共和国成立初期一直到改革开放之前的这段时期，中国的创新基础设施主要以研发平台（包括大型工业企业、科研院所、高等院校等）和一定数量的科学仪器为主。

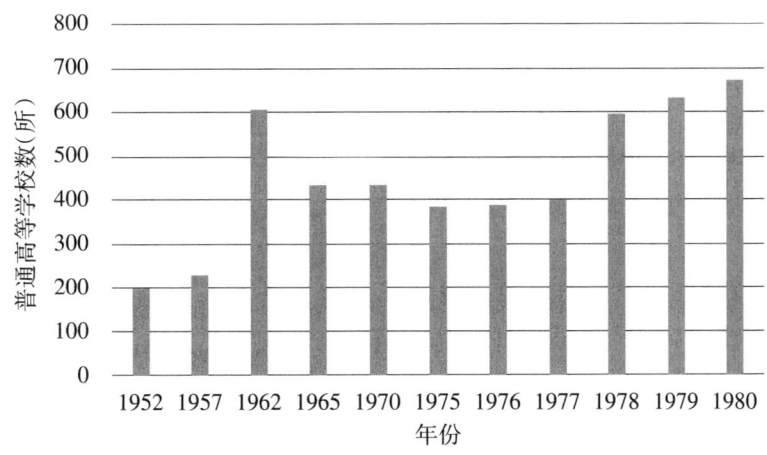

图3-1 1952—1980年中国高等学校数量变化情况

（数据来源：《中国统计年鉴》）

表3-1 1950年中国科学院成立的第一批科研院所

名称	所在地	名称	所在地
近代物理研究所	北京	地球物理研究所	南京
应用物理研究所	北京	紫金山天文台	南京
物理化学研究所	上海	工学实验馆	上海
有机化学研究所	上海	近代史研究所	北京
生理生化研究所	上海	考古研究所	北京
实验生物研究所	上海	语言研究所	北京
水生生物研究所	上海	社会研究所	南京
植物分类研究所	北京		

20世纪80年代，为了改善中国基础研究整体实力薄弱、科技水平落后的状况，原国家计委（现国家发改委）于1984年实施了国家重点实验室建设计划，主要任务是在一些科研院所和高水平大学中，依托原有科研基础，建设一批国家重点实验室，支持国家的基础研究和应用研究。1984—1995年，国家先后建

设了156个国家重点实验室，在基础研究和应用研究领域都进行了布局。20世纪90年代后期，国家在国民经济重大需求领域和科学技术新兴前沿领域新建了一批国家重点实验室，同时又对国家重点实验室的运行和管理进行了规范和改进。为加快科技成果转化为实际生产力，提高整体经济实力，原国家科委（现国家科技部）组织实施了国家工程技术研究中心建设计划，主要针对国民经济各行业和领域中的重大关键性技术问题，将具有重大应用前景的科技成果进行系统化、工程化研究与开发，推动科学技术成果转化为实际生产力，以满足国民经济和社会发展的重大需求。截至20世纪末，我国共建立了95个国家工程技术研究中心。随着新一轮科技革命的深入和信息化时代的到来，中国顺应科技发展的新形势，新建了一批以理化技术、软件、微电子、空间科学、空间应用工程与技术等为主要研究方向的科研院所，进一步完善了国家基础科学和应用科学领域的建设。

近些年来，为实现科学技术前沿突破以及解决社会经济发展中的重大战略问题，以大科学装置为代表的国家重大科技基础设施相继建立。1996年，中国设立了科学基础设施建设专项。"十一五"期间，时任国务院总理温家宝指出，要"加强基础研究、前沿技术研究和社会公益性科技研究，建设国家重大科技基础设施和一批产业技术研发实验室，促进科技成果向现实生产力转化"。2013年国务院印发的《国家重大科技基础设施建设中长期规划》将重大科技基础设施的建设作为实施创新驱动发展战略的基础性工程。

进入21世纪，国家在重点实验室运行的基础上，开展了推动学科交叉、综合集成的实验室试点工作；为带动地方科技发展，开展了省部共建国家重点实验室培育基地工作；为进一步推动国家科技创新体系建设，自2006年开始开展了依托企业的重点实验室建设工作，截至2016年，国家建成并正常运行的重点实验室达到了254个，已经基本上全面覆盖了基础研究和应用研究的重点科学领域，扩展到了科研机构、高校、企业等各个部门，整体布局较为合理。国家工程技术研究中心的建设也受到了更多的重视，在政府的支持下，全国各地逐步建立起一批省部级工程技术研究中心以及依托高科技企业建立的工程技术研究中心，截至2016年，国家共建成工程技术研究中心347个，国家工程技术研究中心现已经发展成为能够带动整体行业发展、提升行业整体科技实力、促进国家重大科技成果转化的重要力量。随着中国科学技术实力的不断提升和科技投入的不断增加，大型科学仪器的配置数量不断增长，提高大型科学仪器的利用效率和共享水平成为进一步促进科学技术进步的重要举措。近年来，中国许多科研机构、企业和高校等都设立了大型科学仪器开放共享平台，以求通过科学仪器设备的开放共享，提高科技资源的利用效率和科技创新效率，进一步提升中国科学技术水平和科技竞争力。此外，500米口径球面射电望远镜（FAST）、大亚湾反应堆中微子实验站、"天宫二号"空间实验室、量子通信卫星等一系列代表科学技术前沿的国家重大科技基础设施的建设，既标志着中国科技实力的提升，也标志着中国科技基础设施质的飞跃。

目前，中国大部分城市正处于由工业型城市向创新型城市转化的阶段，自主创新能力依然有待提高。创新基础设施作为国家基础设施的重要组成部分，同时也作为国家创新体系的重要组成部分，是创新发展的基础和保障，对于推动城市与区域创新发展、提高中国自主创新能力、建设创新型国家具有重要意义。因此，有必要对中国创新基础设施的现状及其对城市与区域创新的影响进行分析，为国家推进创新基础设施的建设提供科学依据，从而使创新基础设施对国家创新能力的促进作用得到充分发挥。

第三节 粤港澳大湾区创新基础设施建设的特征

伴随粤港澳大湾区经济的快速发展，创新基础设施建设也获得了较大的提升，科学实验基础设施、新型研究机构、创新型产业集群以及科技孵化都取得了不少的成就，成为大湾区持续创新的保证。

一、国家重大科技基础设施体系日益完善

科学实验基地的建设和大型科学仪器设备的研制是国家科技实力和综合竞争力的重要体现。经过多年的发展，粤港澳大湾区的国家重点实验室建设现已发展成为由培育基地、试点国家实验室、依托高校或企业建设的重点实验室、省部共建国家重点实验室、军民共建国家重点实验室等组成的国家重点实验室体系，涵盖了基础科学研究、面向国家需求的基础研究和应用研究、前沿技术和新兴交叉学科等各个领域，在解决国家社会经济重大需求和探索科学技术前沿等方面发挥了重要作用，在人才培养、科技创新、科研基础条件建设等方面

发挥了良好的示范和带动作用。

国家工程技术研究中心是国家科技创新体系和国家科研基地建设的重要组成部分，粤港澳大湾区的国家工程技术研究中心建设现已发展成为包括国家级和省部级工程技术研究中心、依托高校建立的工程技术研究中心、依托企业建立的工程技术研究中心等完善的国家工程技术研究中心体系，在促进传统产业转型升级、培育和发展新兴产业、培养工程技术人才队伍、促进科学技术成果产业化、支撑国家科技创新能力等方面发挥了重要作用。

粤港澳大湾区科研机构与创新载体数量多，创新基础设施建设具有较好的基础。粤港澳大湾区拥有国际一流大学及全国高等院校170多所，拥有40余家国家重点实验室、伙伴实验室以及一批重大科技基础设施，产业基础雄厚，新兴产业发展迅猛。截至2019年3月，广东4万多家规模以上工业企业中，设立研发机构的达到35%。其中，深圳的6家国家重点实验室有5家建在企业，分别是华为、中兴、华大基因、光启和中广核。在2019年QS世界大学排名中，湾区有4所高校进入世界百强，其中3所进入世界50强。粤港澳大湾区高校占全国进入全球ESI学科排名前1%的学科数约130个，其中珠三角49个，香港约80个。拥有国家重点实验室、工程实验室、企业技术中心等各类国家级创新平台超过200家，部署建设省级创新平台近3000家。粤港澳大湾区重大科技基础设施科学水平瞄准国际一流，目前已建成深圳大亚湾反应堆中微子实验室、中国散裂中微源（东莞）、国家超级计算深圳中心（一期）等多项国家重大科技基础设施，为粤港澳大湾区科技创新发展提供了良好的基础条件。

二、新型研发机构为创新驱动发展注入新力量

在创新驱动发展战略的引领下，广东率先认定了一批新型研发机构，并对新型研发机构给予政策与经费支持。粤港澳大湾区各类研发机构的研发和创新投入持续稳定增长、研发和创新活动的活跃程度不断增加，新型研发机构建设的步伐逐渐加快。在新的时代背景下，新型研发机构面向经济主战场，由研发与产业结合不紧密的传统研发模式逐渐向围绕产业化和市场需求、产学研紧密结合的"新型研发"模式转变，由主要依靠自我发展向整合利用多方创新资源转变，形成了跨区域、跨行业的研发和服务网络以及更加高效的研发和成果转化体系。新型研发机构主要有以下几个特点：一是产业领域覆盖全面，既包含

新一代信息技术、高端装备、新材料、生物医药等战略性新兴产业，也涵盖化工、机械制造等传统产业改造升级的重点领域；二是单个新型研发机构的产业方向高度聚焦，通过整合利用本地优势创新资源和依靠本地优势产业，实现特定产业领域的专业化研发；三是研发产业化和运行市场化，以产业共性关键技术问题和市场化需求为导向，通过聚集多元化的投资主体和采取高效率的决策机制、合同式的研发机制和绩效式的分配机制，建立起适应市场化的运营方式，推进研发与经济的紧密结合，促进研发成果转化为现实生产力。新型研发机构凭借自身的特色和优势，成为粤港澳大湾区创新驱动发展的新力量。

三、产业集群服务创新发展的能力不断提升

粤港澳大湾区的高新技术产业开发区在经济规模和经济效益稳定提升的基础上，持续推动科技创新发展，不断加大创新投入，构建支撑"大众创业，万众创新"的基础设施环境，通过科技企业孵化器、科技企业加速器、众创空间、科技金融专营机构等创新支撑条件和创新服务条件的建设，不断推进科技创业孵化链条化发展和各类创业服务机构集群化发展，逐渐形成了创业服务机构的集聚效应和大众创新创业的规模优势，促进了高新技术产业集群的发展。

除高新技术产业开发区外，粤港澳大湾区的创新型产业集群在推动创新发展方面也发挥了关键的作用，创新型产业集群在培育和发展新兴产业、加快传统产业转型、促进产业结构优化升级、提升区域与城市创新能力等方面发挥着越来越重要的作用。创新型产业集群内科技企业孵化器、生产力促进中心、技术转移机构等创新基础设施和创新服务机构的建设，通过持续集聚和积累创新创业资源和要素，为集群内的创新创业活动注入新鲜的活力。

四、信息化成为支撑粤港澳大湾区创新发展的强大动力

随着信息革命的不断深入，国家或区域创新能力的提升越来越依赖信息化水平的不断提高。在当今移动互联网、物联网、大数据、云计算、共享经济、移动支付、数字化服务等信息技术和新兴业态发展和壮大的背景下，信息技术与创新创业的紧密融合成为现阶段粤港澳大湾区创新发展的新常态。近年来，粤港澳大湾区大力推进信息化建设，光网改造工作的推进、4G移动网络的纵深覆盖、5G时代的到来，光纤宽带部署规模的不断扩大、云网互联平台的建设、

AI 等一系列信息化建设工程,为粤港澳大湾区的创新活动提供了日益完善、先进、高水平的信息化基础设施支撑条件,信息化的发展成为支撑粤港澳大湾区创新发展的强大动力。

五、创新服务生态体系不断优化和完善

近年来,粤港澳大湾区技术市场的开放性和流动性不断增强,技术交易的规模和质量大幅度提升,技术转移机构在其中起到了关键性的作用,为促进科技成果转移转化和产业提质增效、推进"大众创业、万众创新"提供了有力的支撑。随着创新驱动发展战略的实施,粤港澳大湾区广泛开展"大众创业、万众创新",创新创业政策环境不断优化,以科技企业孵化器和众创空间为代表的创新创业服务生态体系也不断完善,具体表现为:整合创新创业服务资源,形成完善的创业孵化链条;积极探索"孵化+创投""创业苗圃+孵化器+加速器"等新型孵化模式;积极打造科技企业孵化器和众创空间信息管理平台,实现信息管理工作网络化、信息化和智能化。通过不断的努力,粤港澳大湾区科技企业孵化器和众创空间在数量不断增长、质量不断提升的同时,逐渐向专业化、高端化和国际化发展,形成了主体多元、类型多样、业态丰富的创新创业服务体系,在持续孵化新企业、催生新产业、形成新业态、培育经济发展新功能等方面取得了显著的成效。

第四节 创新基础设施评价指标体系

基于创新基础设施的概念,结合创新活动的过程以及中国城市创新的实际情况,在系统梳理和借鉴以往相关研究的基础上,依据科学性、系统性和可操作性原则,本书构建了创新基础设施的评价指标体系(表3-2)。创新基础设施包括支撑各类创新活动的物质条件、信息条件和服务条件,是物化性的创新投入、信息化的保障以及服务性的支持。在本书构建的创新基础设施评价指标体系中,支撑创新活动的物质条件即物化性的创新投入包括科学实验基地和仪器设备、研发平台和产业集群,信息化保障体现为信息化水平,服务性的支持体现为创新服务。

表 3-2 创新基础设施评价指标体系

目标层	准则层	指标层
创新基础设施	科学实验基地和仪器设备	国家重点实验室数（个）
		国家工程技术研究中心数（个）
		大型科学仪器数（个）
	研发平台	科学研究与技术开发机构数（个）
		规模以上工业企业办研发机构数（个）
		高等学校数（所）
		国家大学科技园数（个）
	产业集群	创新型产业集群企业总数（个）
		国家高新技术产业开发区企业总数（个）
		火炬计划软件产业基地企业总数（个）
	信息化水平	移动电话年末用户数（万户）
		电信业务收入（万元）
		互联网宽带接入用户数（万户）
	创新服务	国家级科技企业孵化器数（个）
		众创空间数（个）
		国家技术转移示范机构数（个）

一、科学实验基地和仪器设备

作为国家重大科技基础设施的科学实验基地和仪器设备是国家科技基础条件平台的重要组成部分，是科学研究活动所依托的基础平台和物质保障，是现代科学技术诸多前沿研究领域取得重大突破的必要条件。在本书构建的创新基础设施评价指标体系中，"科学实验基地和仪器设备"的二级指标包括"国家重点实验室数""国家工程技术研究中心数"和"大型科学仪器数"。

（1）国家重点实验室是国家科技创新体系的重要组成部分，是国家组织高水平基础研究、应用研究的科学基地，也是培养科技人才和促进国际科学合作的重要平台，能够为不同学科领域的科学家和研究人员提供科学研究的场地和设备，为国家科学技术发展的前沿研究和国民经济、社会发展的重大战略问题的研究提供基础性的支持和保障。

（2）国家工程技术研究中心是国家发展和改革委员会根据建设创新型国家和产业结构优化升级重大战略的需求，组织具有较强科学研究实力的高校以及有研究与开发活动的高技术企业等建立的科学研究开发实体，其目的在于通过搭建产业与科研之间的"桥梁"，建立工程化的科学研究与试验发展中心，来促进科技成果转化为生产力，促进产业结构优化升级，增强产业核心竞争能力，提高中国自主创新能力，实现创新驱动发展。

（3）大型科学仪器是开展科学研究、支撑科学技术创新和知识创新的必备条件和重要物质基础，是国家科技实力和科技竞争力的重要体现。随着中国科技实力的不断提升和科技投入的不断增加，大型科学仪器的数量不断增长，提高大型科学仪器的利用效率和共享水平成为进一步促进科学技术进步的重要举措。国内外许多机构、企业和高校都设立了大型科学仪器开放共享平台，提高了大型科学仪器的使用效率，以充分发挥其科研价值，同时又能够促进不同机构和部门之间的科技交流和合作，并促进科技创新的发生。

二、研发平台

研发平台即研究与开发活动以及创新活动所依托的空间或物质载体，在本书所构建的创新基础设施评价指标体系中，"研发平台"的二级指标包括"科学研究与技术开发机构数""规模以上工业企业办研发机构数""高等学校数"和"国家大学科技园数"。

（1）科学研究与技术开发机构是专门从事科学研究和技术开发活动的科技组织，其主要职能是科学研究与试验发展（R&D），并且能够将科学研究的成果转化为实际应用，是推动国家科学技术进步和提高国家科技创新能力的重要基础性平台。

（2）工业企业办研发机构是企业进行研发与创新活动的重要平台，是新生产方式和新产品开发所需的科学和技术知识的主要来源。企业研发机构主要倾向于进行面向市场的研发，通过从事新生产技术、新材料、新工艺、新产品等的研发，并将这些科研成果转化为实际的生产力，来增强企业的自主创新能力，推动企业技术进步，进而增强国家的整体技术实力和科技竞争力。

（3）高等学校是培养人才、开展科学研究和服务社会发展的主要阵地，高等学校也会设立科学研究与技术开发机构。Nelson（1986）和 Mansfield（1991）

认为，高校研发提高了基础知识的存量，在广泛的工业领域创造了更多的技术机会，并提高了工业研发的潜在生产力，并且高校拥有大量的人才和智力资源，能够为科学研究与技术开发活动提供智力支撑。

（4）国家大学科技园是以高等学校为依托而建设的科技型园区。国家大学科技园不仅是产学研合作的重要平台，还能够促进高校、科研机构和企业之间的科研交流与合作，促进科研成果转化为实际生产力。国家大学科技园也是创新型人才培养、大学生创新创业的重要平台。

三、产业集群

创新活动比一般工业活动和经济活动具有更强的空间聚集性，创新活动往往活跃于经济基础好、创新资源（信息、人才、资本等）聚集、创新基础设施完善的地区，而产业集群能够满足创新活动所需的各种条件。

产业集群是集群内企业进行创新活动的空间载体，产业集群内的专业化分工提高了创新活动的效率。产业集群承载了众多的创新因子，例如创新主体和创新资源等创新核心要素，文化和制度等创新环境，各种生产设备、信息化设施、商务服务和咨询机构、培训机构、孵化器、实验室等创新基础设施。产业集群聚集了大量的企业，因此集群内高素质的劳动力和创新型人才较为集中，集群内形成了较为成熟的专业化生产网络和创新网络，以及较为完善的创新基础设施体系，为集群内的企业开展创新活动提供了基础性支撑条件。

本书构建的创新基础设施评价指标体系中，"产业集群"的二级指标包括"创新型产业集群企业总数""国家高新技术产业开发区企业总数"和"火炬计划软件产业基地企业总数"。集群内的企业总数可以反映产业集群的规模，在一定程度上产业集群的规模越大，集群内的专业化分工水平越高，相应的支持集群内企业研发和创新活动的基础条件就越完备，并且一个强有力的集群环境能够充分发挥集群内创新基础设施的作用，而弱小的集群环境则会限制创新基础设施积极作用的发挥。

四、信息化水平

在开放经济条件下，信息化、网络化基础设施是城市创新发展的重要推动力。信息化是通过信息技术的广泛应用和产品生产方式的不断革新来改变现有经济技术格局的过程，信息技术作为一种具有革命性的生产要素已经成为信息化时代城市创新效率提升的重要推动力。以企业为例，在信息技术革命的推动下，企业的信息化进程加快，发达的信息网络和先进的信息化生产技术对企业的产品创新和生产方式创新产生了深远的影响，企业的生产方式由以物质消耗、能源消耗为主转变为以信息要素投入、知识生产为主。企业通过信息化技术的应用，优化生产要素的组合，提高产品生产效率，降低技术开发成本，增加产品的附加值，激发企业技术创新潜力，促进新产品和新的生产方式的发明。信息化能够使企业以更高的效率和更低的成本来获取更多的创新资源和信息，加快研发成果转化，缩短创新周期，满足信息化时代人们的消费需求。信息化技术的广泛应用不仅促进了企业生产方式的革新和生产效率的提高，也促进了企业经营管理手段的创新，提高了企业的管理效率和管理水平。

现代化信息通信技术的发展缩短了各区域和城市之间以及各个创新主体之间的联系距离，促进了创新资源和要素的快速流动，信息化基础设施对创新活动的支撑作用也越来越成为推动区域与城市创新发展不可或缺的重要力量。基于以上分析，本书将"信息化水平"纳入创新基础设施评价指标体系，其二级指标包括"移动电话年末用户数""电信业务收入"和"互联网宽带接入用户数"。

五、创新服务

创新服务即为创新活动提供的服务性支持，在本书所构建的创新基础设施评价指标体系中，"创新服务"的二级指标包括"国家级科技企业孵化器数""众创空间数"和"国家技术转移示范机构数"。

科技企业孵化器是培育和扶植初创期的科技型中小企业的专业化创新服务机构，是科技型初创企业成长发展和进行创新创业活动的基础平台。科技企业孵化器通过为新创办的科技型中小企业提供物理空间、技术服务、共享设施、创业培训、咨询和管理、融资和市场推广等一系列服务支持，降低企业的创业风险和成本，提高创业存活率，帮助和促进科技型新创企业成长和发展，对于激发全社会创新创业活力，推动国家、区域和城市的创新驱动发展具有重要意义。

信息技术的进步和生产方式的变革催生了全球范围的"共享经济"浪潮。众创空间就是在"共享经济"浪潮下应运而生的一种以"共享"为核心的创新服务机构，通过为创业者提供工作空间、社交空间、基础设备、创业咨询和服务、创业培训等来支持创新创业活动。众创空间强调协作与共享，创业者不仅可以参与社区互动来交流知识和经验，还可以共享物质、信息、技术、服务和人脉等创新资源，通过交流合作和资源共享来聚集创新要素、降低创新创业成本，提高创业成功的可能性。

技术转移是指某种技术在不同国家、地区、部门、行业、企业之间的流动和扩散，包括技术转让、技术引进、技术援助、技术交流等。在创新过程中，技术转移起着十分重要的作用，它不仅能够将创新的各个阶段联系起来，而且能够促进各个创新主体之间的创新交流和合作，推动创新进程。在技术转移过程中，技术转移机构起到了重要的中介服务作用。其主要业务包括技术转让与技术代理，技术集成与二次开发，提供中试、工程化等设计服务以及提供技术交易信息服务平台等。技术转移机构能够帮助不同地域和部门之间实现并加速技术转移和成果转化。

第五节 粤港澳大湾区创新基础设施评价

一、数据来源与研究方法

研究区域范围为粤港澳大湾区9个城市以及2个特别行政区，2016年创新基础设施共16项评价指标的统计数据来源如下：国家重点实验室数、国家工程技术研究中心数和大型科学仪器数来源于"中国科技资源网"；科学研究与开发机构数和规模以上工业企业办研发机构数来源于各城市统计年鉴以及各城市统计局网站；高等学校数、移动电话年末用户数、电信业务收入和互联网宽带接入用户数来源于《中国城市统计年鉴》；国家大学科技园数来源于"中华人民共和国科学技术部"网站；创新型产业集群企业总数、国家高新技术产业开发区企业总数和火炬计划软件产业基地企业总数来源于《中国火炬统计年鉴》；国家级科技企业孵化器数、众创空间数和国家技术转移示范机构数来源于"科学技术部火炬高技术产业开发中心"网站。研究方法采用主成分分析法。

二、粤港澳大湾区创新基础设施现状水平评价

使用主成分分析法，运用SPSS软件，对粤港澳大湾区9个城市及2个特别

行政区2016年创新基础设施共计16个变量进行主成分分析（由于不同变量的单位不同，先对数据进行了标准化以消除量纲对评价结果的影响；旋转方法为"最大方差法"），计算结果显示，16个创新基础设施变量的信息主要集中在两个主成分中（表3-3为提取的特征值大于1的主成分），其正交旋转后的特征值均大于2，累积方差百分比达到了88.638%，即前两个主成分累计含有原始16个变量88.638%的信息量，能够较好地代表城市创新基础设施水平。两个主成分在各个创新基础设施变量上的载荷矩阵，第一个主成分主要由"科学研究与开发机构数""规模以上工业企业办研发机构数""互联网宽带接入用户数""众创空间数""国家技术转移示范机构数"等决定，这些变量作用在第一个主成分上的载荷分别为0.816、0.862、0.865、0.874、0.811；第二个主成分主要由"国家工程技术研究中心数""高等学校数""火炬计划软件产业基地企业总数"等决定，这些变量作用在第二个主成分上的载荷分别为0.902、0.970、0.879；第三个主成分主要由"国家大学科技园数"决定，其作用在第三个主成分上的载荷为0.896（表3-4）。

表3-3 主成分特征值及贡献率

成分	特征值及贡献率			正交旋转后的特征值及贡献率		
	特征值	贡献率/%	累积贡献率/%	特征值	贡献率/%	累积贡献率/%
1	10.467	65.418	65.418	6.547	40.919	40.919
2	2.294	14.337	79.755	4.974	31.089	72.009
3	1.421	8.883	88.638	2.661	16.629	88.638

表3-4 正交旋转后的3个主成分在16个变量上的载荷矩阵

变量名称	主成分1	主成分2	主成分3
国家重点实验室数	0.434	0.639	0.612
国家工程技术研究中心数	0.339	0.902	0.206
大型科学仪器数	0.630	0.628	0.415
科学研究与开发机构数	0.816	0.111	0.482
规模以上工业企业办研发机构数	0.862	0.042	0.029
高等学校数	0.125	0.970	0.106
国家大学科技园数	0.008	0.085	0.896

续表 3-4

变量名称	主成分 1	主成分 2	主成分 3
创新型产业集群企业总数	0.747	0.482	-0.154
国家高新技术产业开发区企业总数	0.547	0.189	-0.548
火炬计划软件产业基地企业总数	0.458	0.879	0.004
移动电话年末用户数	0.732	0.527	0.307
电信业务收入	0.322	0.502	0.684
互联网宽带接入用户数	0.865	0.424	0.209
国家级科技企业孵化器数	0.739	0.484	-0.195
众创空间数	0.874	0.417	0.033
国家技术转移示范机构数	0.811	0.485	0.235

SPSS 在做主成分分析时可以输出主成分得分（主成分得分表数据量较大，在此没有展示），每个城市对应三个主成分得分。采取各个主成分正交旋转后的方差贡献率作为权重，计算各个城市的创新基础设施综合得分，计算公式为

$$\text{SCORE} = \varepsilon_1 Z_1 + \varepsilon_2 Z_2 + \varepsilon_3 Z_3$$

式中，SCORE 为创新基础设施综合得分，ε_1、ε_2 和 ε_3 为三个主成分正交旋转后的方差贡献率，Z_1、Z_2 和 Z_3 为各个城市的主成分得分。

计算结果表明（表 3-5），2016 年粤港澳大湾区创新基础设施水平最高的城市为深圳，其创新基础设施综合得分达到了 1.05；其次为广州，创新基础设施综合得分为 0.99；香港位列第三，创新基础设施综合得分为 0.24；其余城市创新基础设施综合得分较低，均在 0 以下，说明其他城市创新基础设施水平较低，对于城市创新发展的支撑作用不是特别明显。

表 3-5 2016 年粤港澳大湾区创新基础设施综合得分排序

排序	城市	SCORE	排序	城市	SCORE
1	深圳	1.05	7	惠州	-0.28
2	广州	0.99	8	珠海	-0.31
3	香港	0.24	9	江门	-0.37
4	东莞	-0.07	10	澳门	-0.38
5	佛山	-0.13	11	肇庆	-0.48
6	中山	-0.26			

本章小结

随着知识经济时代的到来，创新成为国家、区域、城市发展的核心动力，创新基础设施受到更多的关注。创新基础设施已成为国家基础设施的重要组成部分。本章对创新基础设施及其对区域发展的影响进行了综述，给出了创新基础设施的定义：创新基础设施是指保证创新相关活动顺利进行的各种物质工程设施和公共服务系统的总和，是国家、区域、城市以及企业等主体进行创新相关活动的基础和前提条件，包括支撑创新活动的基本建设工程系统、信息化系统、创新服务系统等方面。

面对新经济的发展，世界各国加强了创新基础设施的布局。1996年美国政府提出了科学设施计划。为进一步解决美国经济社会发展中的重重困难，确保美国持续引领全球创新经济、开发未来产业，美国于2009年出台国家创新战略，2015年进一步对创新战略进行调整和完善，发布升级版的《美国国家创新战略》，提出打造21世纪超高水平的基础设施，国家基础设施是创新的基石。英国政府将先进科技基础设施的建设作为科技发展优先任务，通过加大对大学和研究机构等的资金投入来促进科学研究基础设施的发展。中国创新基础设施的建设起步较晚，始于中华人民共和国成立初期以"两弹一星"计划为代表的国防建设需要。在计划经济体制下，创新基础设施主要依靠以中国科学院为主的一些科研院所、大型工业部门和科研院所，研制了一些大型科学仪器以及建立了一些研发平台。20世纪80年代以来，中国建设了一批国家重点实验室、国家工程技术研究中心。2013年国务院印发的《国家重大科技基础设施建设中长期规划》将重大科技基础设施的建设作为实施创新驱动发展战略的基础性工程。近年来，中国加大了科技投入，建立了一批大型科学装置。

伴随粤港澳大湾区经济的快速提升，创新基础设施建设获得了较大的提升，成为大湾区持续创新的保证。主要表现在：①国家重大科技基础设施体系日益完善；②新型研发机构为创新驱动发展注入新力量；③产业集群服务创新发展的能力不断提升；④信息化成为支撑粤港澳大湾区创新发展的强大动力；⑤创新服务生态体系不断优化和完善。

基于创新基础设施的概念，结合创新活动的过程以及中国城市创新的实际情况，在系统梳理和借鉴以往相关研究的基础上，依据科学性、系统性和可操作性原则，本书构建了创新基础设施的评价指标体系，主要包括科学实验基地和仪器设备、研发平台、产业集群、信息化水平以及创新服务五大部分。

按照上述指标评价体系，评价了粤港澳大湾区创新基础设施目前的发展水平。总体上，粤港澳大湾区创新基础设施水平有待提高，深圳、广州、香港三个城市创新基础设施发展水平相对较高，其余城市相对较低。

第四章　粤港澳大湾区创新能力评价

粤港澳大湾区是一个巨型区域，也是一个城市群，是具有全球影响力的城市区域。提高区域创新能力是建设粤港澳大湾区的核心，其重点在于充分发挥粤港澳大湾区内部的企业、科研机构、高等院校、政府机构等创新主体的作用，将粤港澳大湾区城市群内的技术、信息、人才、知识和资金等创新资源进行整合，并积极有效地吸收外部创新资源，通过技术交流、信息传递、合作研发等手段和知识转化、产品升级、技术推广等创新活动，促进知识创新、产业结构升级、发展质量提高。本章在综述区域创新能力的基础上，对粤港澳大湾区的创新能力进行全面的分析与评价。

第一节　区域创新能力与城市群创新能力

一、区域创新能力与城市群创新能力概述

区域创新能力作为区域创新的表现形式，一直是国内外研究的重点。但目前对其概念还没有一个统一的界定。Cooke（1998）认为，区域创新能力是在特定的区域环境下，创新主体通过互动、合理配置资源，促进经济发展质量提升的过程。Stern（2000）以及 Riddel（2003）则将区域创新能力看作区域所具有的一种创新的潜力。Stern 认为，区域创新能力由生产一系列相关的产品的潜力确定，主要受 R&D 的存量影响，创新能力强的区域可以自主地控制新技术、发明、设计，进而产生新的生产方式。Riddel 的定义中没有体现创新主体和创新资源的作用，而是对区域创新能力未来的前景进行了预测，认为这是一种促使区域内部与商业有关的创新不断产生的潜力。还有一些学者将区域创新能力与知识的转化相结合，如 Lall（1992）认为，区域创新能力更加侧重于能够通过有效地吸收所需要的知识和技能，掌握相关技术，并且能够在此基础上进行改进、创造新技术的能力。黄鲁成（2000）认为，创新能力是创新主体利用现有

的技术进一步进行工艺技术和产品创新的能力。2001年发布的《中国区域创新能力报告》认为，区域创新能力主要是区域将获得的知识和理论向新兴产品、工艺和服务转化的能力。这一定义得到大多数学者的认可，被诸多研究加以引用。但学界对创新能力的研究并未止步，胡宝娣等（2003）提出，一个区域的创新能力体现为该区域为提升资源利用效率和自身竞争力，整合生产要素，将形成的新的组合运用到社会生产过程中的能力。秦沛等（2005）从区域网络的视角出发研究区域创新能力，以区域所处的网络环境的成熟度作为判断该地区创新能力的依据，这也为政府指导区域创新发展提供了政策指引。余冬筠（2012）还提出，除了能在创新产出方面对创新能力进行研究之外，创新效率也是定义创新能力的一个方面。柳御林等（2017）编著的《中国区域创新能力报告2016》从知识创造能力、知识流动能力、企业创新能力、创新环境及创新绩效五个维度出发，从创新实力、创新效率和创新潜力三个层次定义创新能力。

城市是创新的空间载体，也是区域的核心，与区域之间相互依赖、相互推进，城市创新与区域创新息息相关。城市群作为众多经济联系紧密的城市组成的集合体，其形成和发展的过程与创新的关系也极为密切。城市群的创新与区域的创新是一脉相承的。具体而言，城市群创新能力是指创新主体（企业、科研机构、高等院校、政府、科研人员等）充分整合分布在城市群内的创新资源（技术资源、人力资源、知识资源和资金等）进行创新活动（知识创新、技术创新、知识转化和运用、技术推广和运用等），从而形成创新产出，并通过企业将创新成果转化为市场化的能力。创新活动既包含直接的创新研发活动，又包括间接的创新活动，间接的创新活动为创新行为提供服务和支撑（李正梅，2017）。要提升城市群的创新能力，需要城市群内部多种要素和资源相互作用，创新主体之间相互作用与合作，各成员城市内部及与其他城市群之间的创新交流活动。

城市群作为区域创新系统的一种极为重要的类型与研究范式，其重要性日益提高，主要有以下理由（Diez等，2005）。第一，城市群集聚了多样化的专业人才以及大学、研究机构、资本、风险投资以及各类创新服务基础设施，提供了大量潜在的合作伙伴，成为全球及地区的创新资源富集区及创新网络密集区。对于发展中国家而言，创新基础设施更加集中于城市群区域。第二，城市群能够促进空间、技术和组织邻近，并可以提供特定资源，这些能够产生意义重大的外部性。第三，相比国家创新系统，城市群的创新治理更具针对性和灵活性，也更易协调和操作（Hämäläinen，2015）。另外，城市群作为区域尺度最为重要的空间尺度单元将全球与地区联系起来，全球城市（global city）（Friedmann and Wolff，1982；Sassen，1991）、全球城市区域（global city regions）（Scott，2002）这些城市以及城市群成为全球创新网络的重要节点（Castells & Hall，2009），并通过全球管道（global pipeline）相连接，影响世界的创新与经济。

对于城市群创新能力的研究，应从城市群的系统性和全面性以及内部之间联系的复杂性出发，考虑城市群内部各成员城市的创新实力、创新效率和创新潜力以及相互之间多种创新要素的相互作用，重视各个创新主体之间的联系与合作。

二、城市群创新能力评价研究

（一）城市群创新能力评价指标体系研究

城市群是城市发展到高级阶段各城市产生紧密联系而形成的综合体，是区域经济实力和区域竞争力的综合体现（顾朝林等，2011）。在全球化发展大背景下，以城市群为基本单位的区域竞争和发展成为各国参与国际竞争和分工的主流方向（方创琳等，2011），而提高城市创新能力和建设创新型城市是城市群发展的必然选择。创新型城市的建设离不开市创新能力评价体系。从地域角度来看，城市群创新系统是区域创新系统的一种具体形式（高汝熹等，2009）。由此看来，区域创新能力的指标体系也可以作为城市群创新能力的指标体系设计的参考依据。因此，本节在回顾城市群创新能力的指标体系研究成果时，同时介绍一些有代表性区域创新能力的指标体系研究成果。

Landry（2000）较早提出用规模效应、联系与协同、竞争能力与组织能力等指标建立城市创新能力评价体系。Florida（2002）认为技术（technology）、人才（talent）和宽容（tolerance）三个指标是构成城市创新能力的核心，并以此编制了创新能力指数。2000年，联合国经济合作与发展组织（OECD）公布了一种用于评价知识经济的基本体系，其中包括知识投入、知识存量和流量、知识产出、知识网络以及知识与学习等。2005年，欧盟与联合研究中心（Joint Research Centre，JRC）发布了欧洲创新记分牌（European Innovation Score-Board），这是一套用于评价欧盟创新能力的综合性指标体系，从创新驱动、企业创新、知识产权、知识创造、技术应用五个方面测度创新能力，包含企业R&D支出占GDP比重等26个二级指标（邱均平等，2007）。2011年，欧洲工商管理学院推出的《全球创新指数》，从投入要素和产出要素两方面评价各国的创新能力，其中投入要素包括机构、人力资本和研究、基础设施、市场成熟度和企业成熟度五个次级指标，创新要素包括科学成果和创意产出两个次级指标。

自2000年至今，中国科技发展战略研究小组每年推出《中国区域创新能力报告》，该报告对中国31个省市自治区的区域创新能力进行动态研究，是国内权威的区域创新能力评价研究成果。该报告指出区域创新能力评价指标体系包含5项一级指标（知识创造能力、知识流动能力、技术创新能力、创新环境和创新经济绩效），20项二级指标以及133项基础指标。自2002年开始，中国创新能力最强的区域之一的广东省每年都发布区域创新能力报告，对广东省各市的创新能力进行综合分析，该报告的区域评价指标体系中包含5项一级指标（创新能力、知识创新流动能力、企业技术创新能力、技术创新环境和创新的经济绩效）以及多项二级指标（如研发投入、知识产权、科技成果转化、企业创新、产业结构优化和居民收入等）。目前，有关城市群创新能力的研究，主要集中在京津冀、长江三角洲、珠江三角洲、成渝地区以及山东半岛等区域，胡晓鹏（2006）认为创新能力的本质是地区知识和技术发展状况的综合反映，并在此基础上选择人才要素（人才的文化素质指数、专业人员指数、创业人员指数、高级人才的获得指数以及求新意识指数）、知识要素（教育发展程度和科技发展程度）、制度要素（开放程度、信息化程度和政府能力）等指标，综合评价了长江三角洲城市群的创新能力。吕拉昌（2013）考虑知识创新能力、技术创新能力、产业创新能力、创新环境支撑四个方面，构建了一个有4个一级指标和20个二级指标的评价指标体系，以测度中国三大城市群的创新能力情况。何天祥（2010）提出了系统、目标、准则和指标四层次框架结构的创新能力评价系统，从管理与制度、知识、技术、产业、环境、网络协同等六方面进行评价，并给出了22个准则层和54个具体评价指标评价中部地区城市群的创新能力。李世泰等（2012）从创新资源、创新载体、创新制度、创新环境和创新绩效五个方面构建了城市创新能力评价指标体系，并对每个二级指标选取了相应的统计指标来衡量，对山东半岛城市群创新能力进行了评价。周琪（2017）从知识创造能力、知识流动能力、企业技术创新能力、知识创新环境和创新经济绩效五个方面对京津冀的创新能力进行了评价。李正梅（2017）则从知识创新能力、知识获取能力、企业创新能力、创新支撑能力和创新综合产出五个方面构建指标体系并对成渝城市群的创新能力进行了评价。

（二）城市群创新能力评价方法研究

城市群创新能力评价方法的研究主要集中于指标权重的确定和指标的综合计算两个方面。

1. 确定指标权重的方法

目前研究中确定指标权重的方法基本可分为主观赋权法和客观赋权法两大类。

主观赋权法根据专家的经验来确定指标权重，最常用的主观赋权法包括层次分析法、专家打分法、相对比较法、连环比率法、PATTERN法、集值迭代法以及模糊综合评价法等。层次分析法是1970年美国运筹学教授萨蒂提出的，该方法将与决策有关的元素分解成目标、准则、方案等层次，在此基础之上进行定性和定量分析。专家打分法也叫德尔菲法，1946年由美国兰德公司始创并施行。该方法是由企业组成一个专门的预测机构，其中包括若干专家和企业预测组织者，按照规定的程序，背靠背地征询专家对未来市场的意见或者判断，然后进行预测（冯俊华，2016）。其过程较为简单，在匿名征求专家意见后进行归纳统计，再在匿名反馈专家意见后进行归纳统计，如此反复，直到得出结果。主观赋权法操作简单、计算方便，目前被国内外许多学者和权威机构广泛应用，如张永凯等（2010）、Tan（2011）、中国创新指数（China Innovation Index，CII）研究、中国科技发展战略研究、国际竞争力评价、全球竞争力评价等。但由于指标的权重由人为评价所得，故该方法对评测者的专业素养和判断能力要求很高，当指标较多时，权重的确定比较困难，评价结果也会存在一定程度的偏差。

客观赋权法主要通过实际数据特征提取指标权重，在一定程度上克服了主观赋权法中人为因素的干扰，同时能在不丢失有用信息的前提下简化数据，主要包括因子分析法、主成分分析法和熵值法等。主成分分析法和因子分析法能够把变量维数降低，以便于数据的描述、理解和分析。主成分分析法通过坐标变换提取主成分，把多个变量化为少数几个综合变量，而这几个综合变量可以反映原来多个变量的大部分信息，且相互独立、互不相关。因子分析法是主成分分析法的发展，该方法通过构造因子模型，将原始观察变量分解为因子的线性组合，以简化数据结构。熵值法根据各要素提供的信息量来确定指标权重，可以有效避免主观赋权的随意性，但对数据的完整性和准确性有较高要求，某项指标的信息熵越小，指标的变异程度就越大，该指标的权重值也就越大，其在综合评价中所起的作用就越大。客观赋权法在学术研究中应用较多，如 Furman（2004）、Mathews（2005）、王永锋等（2007）、曹勇（2013）、谢守红等（2017）。但在实际应用中，客观赋权法往往忽略了指标本身的重要性，随样本的变化而得到不同的权数，有时会与实际情况不符。

2. 计算综合指数的方法

用于评价城市群创新能力的指标体系涉及的指标数量较多，且具有层级结构，因此，选择适当的指标综合计算方法非常重要。目前主要有以下计算方法：一是多元统计方法，该方法涵盖因子分析法、主成分分析法以及聚类分析法等，客观赋权文献基本上用的都是此类方法，如王永锋等（2007）、曹勇（2013）、吕拉昌等（2013）、谢守红等（2017），其优势在于能够将众多带有一定相关性的指标进行降维处理，使得变量之间的结构关系更加清晰。二是数据包络分析方法，该方法在1978年由Charnes和Cooper提出，它根据多项投入指标和产出指标，利用线性规划的方法，对具有可比性的同类型单位进行相对有效性评价，在分析过程中不需要考虑投入与产出之间的生产函数关系，且不需要预先估计任何参数或权重，以获得更为客观的分析结果（Charnes A et al., 1978），如池仁勇等（2004）、Luis（2006）、代明等（2011）、Miguéis（2012）、杜娟等（2014）、张铁山等（2015）。三是指数方法，该方法被广泛用于连续发布的有关城市创新能力、区域创新能力以及国家创新能力的评价报告，可以用于连续监测，其计算结果不仅可以纵向比较，也可以横向比较，更具有实践指导意义，如欧盟创新指数、全球创新指数、欧盟区域创新指数、国家创新能力指数、硅谷指数、全球知识竞争力指数、国家创新指数、创新型联盟指数、中国创新指数、OECD科学技术和工业创新记分牌、中国三十一省区市创新指数、中国城市创新能力指数、中关村指数、张江创新指数以及杭州创新指数等（刘明广，2015）。

三、城市群创新能力影响因素研究

有关城市群创新能力评价的文献表明，无论采取何种评价指标和评价方法，各个城市的创新能力不尽相同，各个区域的创新能力相差甚远，探析制约城市创新能力发展的因素尤为重要。

（一）研发资金和人员投入

现有关于创新能力影响因素的研究，大多是在知识生产函数的基础上对相关变量影响进行扩展研究。在这种研究中，创新的研发资金投入（相当于生产函数中的 K）和研发人员投入（相当于生产函数中的 L）常常作为"控制变量"输入计量模型，以显示其对创新能力的影响。目前，大部分研究结果都显示研发资金和人员投入对城市群创新能力的影响呈正相关性。如 Mei-Chih Hu（2005）、Sterlacchinic（2008）、王锐淇等（2010）、芮雪琴等（2014）、王芳（2018）、郑紫颜等（2018）的研究。近年来，部分研究也对这一结论提出质疑，认为研发人员投入变量虽然对区域创新能力有正向影响，但与研发经费变量相比，不论是在系数还是在显著性水平上都明显不如研发经费变量。对于外观设计专利，研发人员数量则没有显著影响（侯润秀等，2006）。还有研究认为高学历人口比重的增加并不能有效促进城市创新能力的提高，人力资本要素与创新能力之间呈现不显著的负相关关系（王家庭等，2009）。

（二）外商直接投资

外商直接投资（foreign direct investment，FDI）是一国的投资者（自然人或法人）跨国境投入资本或其他生产要素，以获取或控制相应的企业经营管理权为核心，以获得利润或稀缺生产要素为目的的投资活动。在一定程度上来看，FDI 对其作用区域的创新能力有一定的溢出效应，但现有研究对这一问题的认识相差较大。

以侯润秀等（2006）、王三兴等（2007）、宋大勇（2009）、Gries 等（2017）为代表的学者认为除了私人与公共研发投资和创新竞争推动创新的发展传播外，外国直接投资（FDI）、进口、出口等国际活动也是重要的推动力。但部分研究则认为 FDI 的进入抑制了创新发展，如果 FDI 与本土产业结构不能相匹配，其溢出效应在本土产业集聚模式中不能得到有效的发散，FDI 的进入便不能提升城市创新能力（刘鹏等，2017）。还有研究表明 FDI 为保证其市场的垄断地位，更倾向于投资周期较短的项目，往往不会透露其核心技术，并且 FDI 的进入会对科技研发产生一定的替代作用，这不利于东道国的自主研发（范承泽等，2008）。此外，陈劲等（2007）、何舜辉等（2017）、张天译（2017）认为 FDI 对中国科技创新以及综合创新能力并未带来特别显著的影响。徐磊等（2009）研究发现 FDI 对创新能力的影响存在门槛效应，当一个地区的创新能力低于门槛值时，FDI 的技术溢出效应不显著；当创新能力处于两个门槛之间时，FDI 的技术溢出效应显著；当一个地区的创新能力跨越了较高门槛后，FDI 的技术溢出效应显著增强。刘和东（2013）的研究则认为，FDI 的技术外溢在短期内正向效果明显，而在长期内不显著。

（三）创新环境

创新环境又称创新网络，是发展高新技术产业所必需的社会文化环境，它是地方行为主体（大学、科研院所、企业、地方政府等机构及其个人）之间在长期正式或非正式的合作与交流的基础上所形成的相对稳定的系统（王缉慈，1999）。创造和培植良好的区域创新环境的渠道可以分为两种：一是自上而下的政府行为，其出发点是发展区域经济，可以通过建立物质基础（硬方式）和富有活力的创新氛围（软方式）实现。二是自下而上的企业行为，其出发点是利润和各种效益，其实现方式有两种，包括企业为满足自身需要自发进行的创新行为和企业出于政府所提供的利益及区域责任感在政府引导下进行的创新行为（王缉慈等，1999）。

汉诺威大学经济地理系教授 Javier（2002）使用欧洲的区域创新调查数据对巴塞罗那、斯德哥尔摩和维也纳三个大都会的创新系统进行了比较研究，深入了解主要创新参与者（制造企业、生产者服务公司和研究机构）的创新活动和创新网络，发现只有在创新环境良好的斯德哥尔摩，研究机构在制造企业的创新过程中发挥重要作用，这说明良好的创新环境能够促进城市创新能力的提升。章立军（2006）分析 2001—2002 年全国 30 个省市的创新能力数据，发现基础设施水平、市场需求、劳动者素质和金融环境对中国区域创新能力有显著的正向影响，但创业水平的作用不显著。郭国峰等（2007）关注制度创新对技术创新的作用，其研究发现制度创新能够优化创新系统结构，从而使创新效率提高。白俊红等（2009）的研究显示，劳动者素质对中国区域创新效率有显著正向影响，基础设施水平、市场需求和金融环境的作用不显著，而创业水平有显著负向影响。Krammer（2009）基于16个东欧转型国家的研究发现，知识产权保护水平和产业扭曲指数等制度因素是影响东欧国家创新能力的重要因素。刘孝斌等（2015）发现经济增长、教育水平对上海的创新能力具有负向影响，科技资金、科技人员投入以及城市环境具有正向影响。高潇博（2016）实证分析发现对外开放程度、政府支持、市场化程度、人力资本水平等创新环境因素显著正向影响区域创新效率，但金融部门的资金支持、交通基础和信息基础设施的影响并不显著。

四、粤港澳大湾区创新能力研究综述与述评

粤港澳大湾区一直将创新驱动列为重大的经济发展战略，且推动科技创新、打造国际科技创新中心是必然选择。国家"十三五"规划中提出"创新、协调、绿色、开放、共享"的发展理念，党的十八大之后，中央提出要发展全面开放的新格局以及推动"一带一路"和粤港澳大湾区建设的倡议，党的十九大更是明确提出推进粤港澳大湾区建设和粤港澳合作。在创新方面，2015年9月发布的《关于在部分区域系统推进全面创新改革试验的总体方案》将广东作为改革试验区，在建设粤港澳大湾区国际科技创新中心的战略定位下，香港和澳门近年来也把加强与广东的合作、发展创新产业作为未来的发展重点。当前，关于粤港澳大湾区创新能力与发展的研究，多是从战略角度出发，针对粤港澳大湾区研究现状说明该地区的发展前景，而对于粤港澳大湾区的创新能力方面的实证研究相对较少。

（一）大湾区中单体城市创新发展的研究

目前，有关粤港澳地区单体城市创新的研究主要聚焦在香港、澳门、广州、深圳四个核心城市。其中，香港、广州和深圳在科技创新上各具优势，对于粤港澳大湾区的创新、创造、创业具有很强的辐射带动能力。

深圳是大湾区中最具创新活力的城市，企业创新能力较强，但缺乏一流的高校和科研院所，需要在高校和科研院所方面加强建设，改善现在R&D投入结构不均衡的问题，并在促进广深、港深合作的基础上，对科技创新、金融创新、互联网经济等采取必要改革举措，更好地发挥引领作用（李蓬实，2019；周会祥，2018）。

广州作为国家中心城市和世界商贸中心，其发展定位是创建国际创新枢纽，

这既是广州社会经济发展使然，也是广州承担国家责任之所在。广州具有相对突出的优越条件与雄厚的现实基础，但科技创新能力相对偏弱仍是其主要瓶颈，必须进一步促进粤港澳大湾区高水平大学、科技创新资源、科技创新要素和科技创新成果的交互，增强广州城市科技创新实力和国际综合竞争力（许长青，2018）。在职能分工方面，广州的研发人员区位商与广州专利授权量增速有强负相关性，而广州营销人员区位商与广州专利授权量增速有强正相关性，广州研发人员与营销人员的加总区位商与广州专利授权量增速有中等程度正相关性。因此，增强营销等现代服务业职能也是加速广州创新水平提升的重要手段（吴兆春，2017）。

香港是享誉全球的国际金融中心和国际航运中心。在过去三十多年的时间里，香港作为国家走向世界的窗口和桥梁，为国家发展做出了巨大贡献，也缔造了自身的繁荣。香港经济的高速发展，一方面得力于高度国际化，另一方面也借力于内地改革开放的发展。香港应该通过大湾区融合充分发挥自身的政策优势和区位优势，更加注重开放性和国际化水平的提升，释放自身的巨大潜力，充分发挥自身的优势，为国家新一轮战略性发展做出更大贡献（郁慕湛，2017；刘佳骏，2019）。

澳门也是粤港澳大湾区的四大核心城市之一，但它在粤港澳大湾区建设中的位置与众不同。澳门作为国际自由港和世界旅游休闲中心，是世界人口密度最高的地区之一，具有"一国两制"的政策优势。但它既不像广州一样是政治经济中心，也不像香港一样是国际金融中心和航运中心，更不同于深圳科技研发走在国际前列，它仍然存在经济结构单一、自然资源基础薄弱、新兴产业培育不足等问题。在粤港澳大湾区建设中，澳门应该明确自身城市地位，发挥特有的制度优势、区位优势、金融优势等，积极与大湾区其他城市及"一带一路"沿线国家开展特色合作，创造共赢局面（陈侨予等，2019）。

《粤港澳大湾区发展规划纲要》还提出加强重要节点城市的建设，支持珠海、佛山、惠州、东莞、中山、江门、肇庆等城市充分发挥自身优势，形成特色鲜明、功能互补、具有竞争力的重要节点城市。现有文献也基于各城市的发展现状，为各个城市更好地融入大湾区建设提出建议，认为珠海应从融入"湾区生产网""湾区生活网""湾区生态网"三方面实现珠海与粤港澳大湾区协同发展（庞前聪，2019）。惠州应发挥电子信息和石化产业优势及自身自然资源特色，积极推进基础设施互联互通，打造大湾区世界级先进产业集群及一流的环境和优质生活圈（胡善德，2019）。东莞应利用区位优势、成本优势及产业配套优势，强化科技创新成果的转化功能，强化扩大开放合作的示范功能，强化现代优质生活的服务功能，打造粤港澳大湾区先进制造业中心（郭万达，2019）。佛山作为粤港澳大湾区西部核心城市，要与不同城市和区域之间建立关系网络，在城市尺度上与四大核心城市建立合作联系，建设三龙湾高端创新集聚区地域载体；在区域尺度上与广西和贵州建立合作联系，建设佛山西站枢纽新城地域载体；在全球尺度上与德国建立合作联系，建设中德工业服务区地域载体（陈品宇等，2019）。肇庆可借鉴广州的经验，通过完善交通网及培养物流企业建设"一区三带"的物流枢纽城市，可以借鉴佛山的经验引进FDI发展制造业，还可以借鉴澳门的经验，采用旅游飞地模式发展养生旅游产业（王小春，2019）。中山可以通过发展交通建设和打造高端产业、科技合作、青年创业三大合作平台，建设成为交通枢纽城市、国际科技创新副中心、先进制造基地、人才聚集高地以及宜居、宜业、宜游的优质生活城市（熊晶，2018；潘静，2019）。江门是珠西综合交通门户，应通过交通设施建设、落实"珠西战略"、发展飞地经济及旅游区产业，建设成为先进装备制造业产地及粤港澳大湾区文化旅游目的地（刘作珍等，2018）。

（二）与国内外其他湾区的比较研究

在研究粤港澳大湾区时，现有文献多聚焦于对世界先进湾区经济案例的分析及对比，在梳理国外著名湾区发展经验的基础上，分析中国粤港澳大湾区在发展上的优势和不足。研究表明，粤港澳大湾区与国内外湾区发展相比具有一些相同点：第一，粤港澳大湾区与国内外湾区的发展都得益于优越的地理位置，能够吸引更多的人才与企业再次集聚，促进该区域经济发展和技术水平的提升；第二，粤港澳大湾区与国内外湾区的发展都得益于良好的发展政策，国外的纽约湾区、旧金山湾区、东京湾区都是美国和日本最早开放的地区，国内湾区发展的带头城市上海、天津等也都是重要的通商口岸，香港、广州、深圳更是中国对外开放的重点城市，外资的进入对于创新发展具有十分重要的作用（刘艳霞，2014；赵胜奇，2018）。此外，粤港澳大湾区与具有代表性的世界三大湾区相比，也存在一定的差异。第一，形成原因不同。世界三大湾区的发展是历史演进的自然结果，而粤港澳大湾区的形成主要是结合了区域要素禀赋进行顶层设计的结果。第二，发展的政策机制不同。世界三大湾区基本是由自由市场通过竞争配置形成的自然形态，而粤港澳大湾区的发展具有明显的中国特色，是政府与市场共同作用的结果。第三，区域功能不同。粤港澳大湾区不仅具有世界三大湾区的经济增长的发展引擎作用，也是政府战略中发展改革的示范区和先行区（马忠新，2017）。

此外，与世界三大湾区相比，粤港澳大湾区地域覆盖面积大，产业链条的完整性和全面性以及水陆空立体交通的便利性具有进一步发展的优势（张胜磊，2018），但粤港澳大湾区存在区域内政治体制的差异性、产业分布的重合性、对外开放的广度和深度不够、区域内交通状况的差异性，以及在城市发展程度、城市融合程度和生态环境质量等方面的不足，在一定程度上制约着粤港澳大湾区的发展（张胜磊，2018；林贡钦等，2017）。因此，粤港澳大湾区的建设应在借鉴国外著名湾区发展经验的基础上，根据自身的特点和需要，探索一条适合粤港澳大湾区的发展之道。

（三）粤港澳大湾区创新发展研究

区域创新发展主要包括制度创新和技术创新两个方面。综观旧金山湾区、纽约湾区的实践经验，协同创新是整合创新资源和提升创新效率的最有效途径（李志坚等，2019）。在国内乃至全球范围内，粤港澳大湾区都是一个非常具有活力的城市群，无论在科技创新方面，还是在经济金融发展方面，都具备非常明显的优势（陈非等，2019）。但目前粤港澳大湾区科技创新能力在区域间存在差距，深圳市、广州市存在强大的"虹吸效应"，对邻接地区的科技创新资源更有吸引力和向心力，致使邻接地区的科技创新能力具有一定的负向溢出效应，且科技创新扩散效应不明显（王盟迪，2019）。在知识合作方面，粤港澳大湾区的知识网络格局由广州"一家独大"逐步演变为广州、深圳、香港齐头并进的态势，但知识流动仍具有明显的不均衡性，表现为西部地区的知识联系远低于中部地区（高爽等，2019）。在产业协同方面，粤港澳大湾区拥有发达的城市群和世界级海港群、空港群及高效的物流体系，产业结构互补性强，具有独特的区位优势和资源禀赋，但在大湾区内部资源分布不均匀，创新最先发生在广州、深圳等领先型城市中；区位距离、产业配套能力是周边城市接受创新辐射的基础，政府的产业政策和公共服务能力也有利于创新要素特别是人力资本的流动，有利于形成核心城市带动区域产业协同发展的局面（黄琦等，2018；向晓梅等，

2018）。整体来看，目前粤港澳大湾区的功能性整合大体已经完成，制度创新成为当前区域深层次整合的重要途径（钟韵等，2017）。此外，粤港澳大湾区创新发展也要顺应全球湾区科技创新复合化、联合化、网络化和跨国化的趋势，依托深厚的产业基础，深度对接全球创新资源，以更好地抢占产业创新高地，推进多层次互联的科研机构网络建设，构建开放型创新合作机制、培育与壮大更多的创新主体和营造优质公共服务配套的宜居空间环境来提升全球创新资源配置能力和全球影响力（林先扬等，2019）。

（四）评述

（1）相关研究对大湾区整体的创新、产业创新、城市创新等进行了多方面的研究，但描述性研究较多，实证研究较少。

（2）尽管国内学者对粤港澳大湾区创新能力进行了多方面的研究，但对创新能力发展的脉络及现状仍没有进行系统的评价；对未来的科技创新发展仍没有系统的思考，仍需要一个整合性的、系统性的研究框架及思路。

（3）现有研究虽然提出了大湾区整体以及各区域的创新发展战略，但对创新能力的形成以及决定性因素仍不十分清楚，因此对促进粤港澳大湾区创新发展的区域政策仍不够精准，仍需要进一步研究。

第二节　大湾区创新能力评价的指标体系

区域创新能力是一个综合性的概念，要合理地评价一个区域的创新能力，必须尽可能地选择相关指标，构建全面的评价体系。本节在上节梳理归纳国内外评价区域创新能力的相关文献的基础上，结合大湾区的实际，按照科学性、系统性、可比性及可获得性的指标体系构建原则，建立粤港澳大湾区发展实际的创新能力评价指标体系。

一、指标体系构建原则

（一）科学性原则

对于创新能力评价指标体系的构建应符合统计数据的准确性、指标名称的规范性、统计口径的合理性、统计方法的科学性以及与发展实际和发展阶段的一致性要求，保证评价结果的可比性，避免主观因素对数据分析过程及结果造成影响。

（二）系统性原则

创新能力是各种创新因子在空间上相互作用、相互影响的结果，内在机制极为复杂，所选取的指标应相互独立且具有代表性，能够符合创新能力的概念界定，使选取的指标能够系统地、完备地反映区域创新能力。本书从创新投入、创新产出、宏观环境、创新基础四个方面对评价指标体系进行系统性构建。

（三）可比性原则

要确保选取的创新能力评价指标能够进行横向或纵向的比较，从而反映研究区域创新能力在不同发展阶段的发展水平和演变状态。在选取评价指标时，应充分考虑不同发展经济阶段的创新因素的变化。本书选取工业化初期、中期、后期三个时期的数据，根据每个时期发展现状对评价指标体系的个别指标进行调整，以提高评价结果的显著性。

（四）可获取性原则

能够体现区域创新能力发展水平的指标较多，但因为某些数据获取、资料查询存在较大的困难以及不同区域之间定义指标的差异性，在选择指标时还应依据可获取性原则进行一定的取舍。本书在选取指标时，充分考虑港澳两地相关创新指标的可获取性及与广东珠江三角洲区域指标的匹配性，在分阶段对创新能力进行评价时，对构建的指标体系中的指标进行了筛选，选取的指标既能保证创新能力的测度，又使指标可获得。

二、创新能力评价指标体系

本书依据前文对创新能力概念的界定，参照国内外创新能力评价的相关文献，依据指标体系构建的原则，从创新投入、创新产出、宏观环境、创新基础等方面，构建了由目标层、准则层和指标层组成的系统区域创新能力评价指标体系（表4-1）。

表 4-1 系统区域创新能力评价指标体系

目标层	准则层	指标层	单位
区域创新能力	创新投入	R&D 人员	人·年
		R&D 经费	万元
		R&D 经费占 GDP 的比重	%
		R&D 科学家和工程师数量	人
		地方财政科技经费支出	亿元
		科技经费支出占地方财政支出的比重	%
	创新产出	高科技出口	万美元
		高科技产业产值占工业总产值的比重	%
		高科技产品出口值占出口商品总值的比重	%
		专利受理量	项
		发明专利受理量	项
		SCI 论文数	篇
	宏观环境	地区 GDP	亿元
		地区人均 GDP	元
		地区 GDP 增速	%
		地区人均 GDP 增速	%
		进出口总额	亿美元
	创新基础	公共教育开支占 GDP 的比重	%
		移动电话年末用户数	万户
		固定电话年末用户数	万户
		移动电话普及率	部/百人
		固定电话普及率	部/百人

考虑到数据和统计资料的可获取性、与粤港澳地区生产和发展实际的切合程度以及行政单元的一致性，从表 4-1 的指标层中选取 11 个指标作为粤港澳大湾区创新能力评价的依据（表 4-2）。以粤港澳大湾区"9+2"城市群作为评价区域，对该地区不同时期的创新能力进行评价。

表4-2 粤港澳大湾区创新能力评价指标体系

目标层	准则层	指标层	单位
区域创新能力	创新投入	X_1 R&D 人员	人·年
		X_2 R&D 经费	万元
		X_3 R&D 经费占 GDP 的比重	%
	创新产出	X_4 高科技出口	万美元
		X_5 发明专利受理量	项
		X_6 SCI 论文数	篇
	宏观环境	X_7 地区人均 GDP	元
		X_8 进出口总额	亿美元
	创新基础	X_9 公共教育开支占 GDP 的比重	%
		X_{10} 移动电话年末用户数	万户
		X_{11} 固定电话年末用户数	万户

第三节 大湾区各发展时期创新能力的表现及特征

一、粤港澳大湾区经济发展阶段划分

四十多年来,粤港澳地区经济发展迅速,创新能力不断增强,各经济发展阶段创新表现出不同的特征。为全面分析粤港澳大湾区各经济发展阶段的规律,本部分首先对大湾区的经济发展阶段进行划分。

对于经济发展阶段划分,不同的研究之间存在差异,但各类划分方法的共同之处在于把发展阶段与经济结构演变联系起来进行划分,且将工业化发展情况作为经济发展阶段划分的重要视角(陈刚等,2005)。钱纳里(1989)认为发展就是经济结构发生成功转换的过程,即随着人均收入水平的增长,在总产出和就业中,制造业的份额不断上升,农业的份额不断下降。他以地区的人均GDP水平作为划分经济发展阶段的指标,认为现代经济发展可以划分为三个阶段,即工业化的前期阶段、工业化的实现阶段(分为工业化的初期、中期和后期阶段)、后工业化阶段。

根据钱纳里划分法,本文以人均GDP的绝对值作为经济发展阶段划分的依

据。首先确定阶段划分标准，以1970年美元为基准，通过购买力平价转换因子将1970年美元的阶段划分推演至1971—2015年，美元对应的划分标准对照情况见表4-3。由于香港、澳门经济发展一直处于较高水平，粤港澳大湾区的整体发展阶段与广东省更为相近，因此本文选取广东省的国民经济核算数据（根据人民币对美元的汇率中间价换算为美元）对粤港澳大湾区经济发展阶段进行划分。

表4-3 钱纳里划分法对经济发展阶段的划分依据

单位：美元

年份	第Ⅰ阶段	第Ⅱ阶段			第Ⅲ阶段	
	初级产品生产	工业化初期	工业化中期	工业化后期	发达经济初期	发达经济时代
1970	140～280	280～560	560～1 120	1 120～2 100	2 100～3 360	3 360～5 040
1990	470～940	840～1 890	1 890～3 770	3 770～7 070	7 070～11 310	11 310～16 970
1995	550～1 100	1 100～2 200	2 200～4 400	4 400～8 250	8 250～13 200	13 200～19 800
2000	620～1 240	1 240～2 490	2 490～4 970	4 970～9 320	9 320～14 910	14 910～22 380
2005	710～1 410	1 410～2 820	2 820～5 640	5 640～10 570	10 570～16 920	16 920～25 380
2010	790～1 570	1 570～3 150	3 150～6 300	6 300～11 810	11 810～18 900	18 900～28 350
2015	840～1 860	1 860～3 360	3 360～6 720	6 720～12 590	12 590～20 150	20 150～30 220

资料来源：钱纳里，等. 工业化和经济增长的比较研究［M］. 吴奇，等译. 上海：上海三联书店，1989.

根据钱纳里划分法（表4-3）对粤港澳大湾区的经济发展阶段进行划分，可以将粤港澳大湾区的经济发展划分为五个时期。改革开放以来，该地区的经济发展水平不断提升，1997年之前为处于初级产品生产发展阶段；1997年的人均GDP绝对值首次超过1 100美元，进入工业化初期发展阶段；进入21世纪之后，粤港澳的经济发展加速推进，2004年人均GDP达到2 131.14美元，超过工业化中期的门槛值进入工业化中期发展阶段；经过短短5年的发展，该地区的人均GDP在2009年达到5 773美元，进入工业化后期发展阶段；之后该地区经济经过近十年的高速增长，2018年人均GDP高达13 069美元，开始进入发达经济初期阶段。

二、粤港澳大湾区城市各发展阶段创新能力评价结果

(一) 工业化初期城市创新能力评价 (1997—2003)

选取2000年的数据作为代表年份,对这一时期的创新能力进行分析。利用SPSS数据分析软件对2000年粤港澳大湾区创新能力评价指标体系中的11个变量进行因子分析,为消除量纲对计算结果的影响,首先对这11个创新指标数据进行标准化处理,然后对无量纲化的数据进行"方差极大化"的正交旋转,使分析结果更加充分地对因子进行解释。表4-4的数据分析结果表明,对初始因子进行主成分分析,可以将其析取为2个主因子,且2个主因子的特征值均大于1,主因子的累计贡献率所占百分比达84.051%,符合因子分析中"主因子对方差的累计百分比必须达到80%以上"的原则,能够较好地评价研究区域的创新能力。

表4-4 主因子特征值及贡献率

主因子	初始特征值及贡献率			特征值及贡献率			正交旋转后的特征值及贡献率		
	特征值	贡献率/%	累计贡献率/%	特征值	贡献率/%	累计贡献率/%	特征值	贡献率/%	累计贡献率/%
1	6.443	58.577	58.577	6.443	58.577	58.577	5.657	51.429	51.429
2	2.802	25.474	84.051	2.802	25.474	84.051	3.588	32.622	84.051
3	0.899	8.175	92.226	—	—	—	—	—	—
4	0.549	4.990	97.216	—	—	—	—	—	—
5	0.201	1.826	99.042	—	—	—	—	—	—
6	0.074	0.673	99.714	—	—	—	—	—	—
7	0.020	0.185	99.899	—	—	—	—	—	—
8	0.008	0.074	99.973	—	—	—	—	—	—
9	0.003	0.026	99.999	—	—	—	—	—	—
10	$7.184E-5$	0.001	100.00	—	—	—	—	—	—
11	$-9.208E-18$	$-8.371E-17$	100.00	—	—	—	—	—	—

表4-5解释了正交旋转前和正交旋转后析取的2个主因子在11个指标上的因子载荷情况,旋转后的因子载荷分析能够更好地反映变量与主因子之间的关系。根据分析结果对主因子作如下解释。

表 4-5 2 个主因子在 11 个指标上的因子载荷矩阵

指标	正交旋转前		正交旋转后	
	主因子 1	主因子 2	主因子 1	主因子 2
X_1 R&D 人员	0.621	0.750	0.201	0.953
X_2 R&D 经费	0.958	0.146	0.781	0.574
X_3 R&D 经费占 GDP 的比重	0.246	0.724	-0.119	0.755
X_4 高科技出口	0.750	0.575	0.397	0.858
X_5 发明专利受理量	0.887	-0.394	0.968	0.063
X_6 SCI 论文数	0.224	0.655	-0.106	0.684
X_7 地区人均 GDP	0.755	-0.585	0.940	-0.167
X_8 进出口总额	0.892	-0.385	0.969	0.074
X_9 公共教育开支占 GDP 的比重	0.635	-0.533	0.810	-0.177
X_{10} 移动电话年末用户数	0.970	0.061	0.831	0.505
X_{11} 固定电话年末用户数	0.986	0.052	0.849	0.504

（1）第一个主因子包括 X_8、X_5、X_7、X_{11}、X_{10}、X_9、X_2 这 7 个变量，即进出口总额、发明专利受理量、地区人均 GDP、固定电话年末用户数、移动电话年末用户数、公共教育开支占 GDP 的比重、R&D 经费，其在第一主因子上的载荷分别是 0.969、0.968、0.940、0.849、0.831、0.810、0.781。主因子与进出口总额、发明专利受理量、地区人均 GDP 关联度较强，主要体现创新发展的宏观环境，可以将其定义为创新环境支持因子。其特征值为 5.657，解释原变量总方差的 51.429%。

（2）第二个主因子包括 X_1、X_4、X_3、X_6 这 4 个变量，即 R&D 人员、高科技出口、R&D 经费占 GDP 的比重、SCI 论文数，其在第二个主因子上的载荷分别是 0.953、0.858、0.755、0.684，侧重于反映 2000 年粤港澳大湾区的创新投入与创新产出水平，体现了该地区创新活动的活跃程度，可以将其定义为创新发展活跃度因子。其特征值为 3.588，解释原变量总方差的 32.622%。

以上面 2 个主因子为基础，评价粤港澳大湾区工业化初期各个城市的创新水平，可得到各因子的得分系数矩阵（表 4-6）。

表 4-6　各因子得分系数矩阵

指标	主因子1	主因子2
X_1　R&D 人员	-0.039	0.282
X_2　R&D 经费	0.107	0.115
X_3　R&D 经费占 GDP 的比重	-0.086	0.246
X_4　高科技出口	0.008	0.236
X_5　发明专利受理量	0.187	-0.061
X_6　SCI 论文数	-0.078	0.223
X_7　地区人均 GDP	0.201	-0.130
X_8　进出口总额	0.186	-0.057
X_9　公共教育开支占 GDP 的比重	0.176	-0.123
X_{10}　移动电话年末用户数	0.123	0.089
X_{11}　固定电话年末用户数	0.127	0.087

根据表 4-6 中各因子的得分系数和对原始变量进行标准化之后的数值,可以计算出主因子的得分。计算公式如下:

$$\text{FAC}_i = \sum a_i D_i$$

式中,FAC_i 为各个主因子的得分数;a_i 为因子 i 的得分系数;D_i 为原始数据经过处理后的无量纲化数值。计算结果见表 4-7。

表 4-7　各因子得分及排序

城市	FAC_1	FAC_1 排名	FAC_2	FAC_2 排名
广州市	-0.17	4	2.11	1
深圳市	0.00	3	1.67	2
珠海市	-0.51	11	-0.09	3
佛山市	-0.43	6	-0.11	5
江门市	-0.48	9	-0.52	9
肇庆市	-0.48	8	-0.62	10
惠州市	-0.49	10	-0.51	8
东莞市	-0.23	5	-0.34	7
中山市	-0.46	7	-0.22	6
香港	2.90	1	-0.09	4
澳门	0.35	2	-1.28	11

2个主因子分别从不同的角度反映了粤港澳大湾区的创新能力，但区域创新能力是一个综合概念，要综合考虑2个主因子的贡献率和共同影响。本书以各因子正交旋转后的方差贡献率和累计贡献率的比值作为权重，计算粤港澳大湾区各个城市的创新能力综合指数，并对其进行排序。其中，第一主因子的权重为58.577/84.051，第二主因子的权重为25.747/84.051。通过公式"综合得分 $=0.7 \times FAC_1 + 0.3 \times FAC_2$"进行计算，结果如表4-8所示。

表4-8　2000年粤港澳大湾区各城市创新能力指数排序

城市	FAC_1	FAC_2	综合得分	排名
香港	2.90	-0.09	2.00	1
广州市	-0.17	2.11	0.51	2
深圳市	0.00	1.67	0.50	3
澳门	0.35	-1.28	-0.14	4
东莞市	-0.23	-0.34	-0.26	5
佛山市	-0.43	-0.11	-0.33	6
珠海市	-0.51	-0.09	-0.38	7
中山市	-0.46	-0.22	-0.39	8
惠州市	-0.49	-0.51	-0.50	9
江门市	-0.48	-0.52	-0.50	10
肇庆市	-0.48	-0.62	-0.52	11

（二）工业化中期城市创新能力评价（2004—2009）

随着互联网时代的到来和通信技术的崛起，人们之间的网络互动日益频繁，通过移动电话进行交流也更加便利，固定电话用户量下降明显，对于创新能力的解释力度减小，因此2005年及以后的评价指标中，将指标 X_{11} "固定电话年末用户数"替换为"互联网宽带接入用户数"。选取2005年为代表年份。数据处理方法与工业化初期相同，利用SPSS软件对选取的11个因子进行标准化处理后，将数据进行正交旋转，提取出3个主因子，累计贡献率为91.742%（表4-9）。

表4-9 主因子特征值及贡献率

主因子	初始特征值及贡献率			特征值及贡献率			正交旋转后的特征值及贡献率		
	特征值	贡献率/%	累计贡献率/%	特征值	贡献率/%	累计贡献率/%	特征值	贡献率/%	累计贡献率/%
1	5.943	54.028	54.028	5.943	54.028	54.028	4.406	40.052	40.052
2	2.980	27.091	81.119	2.980	27.091	81.119	3.628	32.979	73.030
3	1.169	10.624	91.742	1.169	10.624	91.742	2.058	18.712	91.742
4	0.380	3.456	95.198	—	—	—	—	—	—
5	0.323	2.932	98.130	—	—	—	—	—	—
6	0.157	1.428	99.558	—	—	—	—	—	—
7	0.028	0.258	99.816	—	—	—	—	—	—
8	0.015	0.134	99.950	—	—	—	—	—	—
9	0.005	0.049	99.999	—	—	—	—	—	—
10	9.357E-5	0.001	100.000	—	—	—	—	—	—
11	1.332E-16	1.211E-15	100.000	—	—	—	—	—	—

正交旋转后的3个主因子载荷矩阵见表4-10，对3个主因子进行解释。

表4-10 正交旋转后3个主因子在11个指标上的因子载荷矩阵

指标	主因子1	主因子2	主因子3
X_1 R&D人员	0.835	0.232	0.470
X_2 R&D经费	0.764	0.592	0.231
X_3 R&D经费占GDP的比重	0.886	-0.084	0.062
X_4 高科技出口	0.939	-0.099	0.017
X_5 发明专利受理量	0.603	0.777	0.115
X_6 SCI论文数	0.047	-0.138	0.974
X_7 地区人均GDP	-0.099	0.874	0.011
X_8 进出口总额	0.314	0.902	0.064
X_9 公共教育开支占GDP的比重	-0.183	0.962	-0.141
X_{10} 移动电话年末用户数	0.634	0.108	0.667
X_{11} 互联网宽带接入用户数	0.741	0.262	0.590

(1) 第一个主因子包括 X_4、X_3、X_1、X_2、X_{11} 这 5 个变量,即高科技出口、R&D 经费占 GDP 的比重、R&D 人员、R&D 经费、互联网宽带接入用户数,其在第一主因子上的载荷分别是 0.939、0.886、0.835、0.764、0.741。主要体现了创新研发活动的投入、产出水平,可以将其定义为科技研发活跃度因子。其特征值为 4.406,解释原变量总方差的 40.052%。

(2) 第二个主因子包括 X_9、X_8、X_7、X_5 这 4 个变量,即公共教育开支占 GDP 的比重、进出口总额、地区人均 GDP、发明专利受理量,其作用在第二个主因子上的载荷分别是 0.962、0.902、0.874、0.777,主要体现该地区的经济发展水平,可以将其定义为创新环境支持因子。其特征值为 3.628,解释原变量总方差的 32.979%。

(3) 第三个主因子包括 X_6、X_{10} 这 2 个变量,即 SCI 论文数、移动电话年末用户数,其作用在第三个主因子上的载荷分别是 0.974、0.667,其中 SCI 论文数关联度较强,该指标主要体现了知识与信息对创新的影响,可以将其定义为知识信息因子。其特征值为 2.058,解释原变量总方差的 18.712%。

以上面 3 个主因子为基础,对粤港澳大湾区工业化中期各个城市的创新能力进行评价,结果见表 4-11、表 4-12。

表 4-11 各因子得分及排序

城市	FAC_1	FAC_1 排名	FAC_2	FAC_2 排名	FAC_3	FAC_3 排名
广州市	-0.22	7	-0.32	5	2.96	1
深圳市	2.79	1	-0.09	3	-0.15	4
珠海市	-0.12	6	-0.41	7	-0.64	11
佛山市	0.14	2	-0.43	9	-0.32	6
江门市	-0.56	9	-0.42	8	-0.39	9
肇庆市	-0.62	10	-0.30	4	-0.45	10
惠州市	-0.44	8	-0.41	6	-0.32	7
东莞市	0.02	4	-0.55	10	-0.08	3
中山市	0.00	5	-0.56	11	-0.28	5
香港	0.11	3	2.84	1	0.05	2
澳门	-1.10	11	0.65	2	-0.38	8

表4-12 2005年粤港澳大湾区各城市创新能力指数排序

城市	FAC$_1$	FAC$_2$	FAC$_3$	综合得分	排名
深圳市	2.79	-0.09	-0.15	1.60	1
香港	0.11	2.84	0.05	0.91	2
广州市	-0.22	-0.32	2.96	0.12	3
佛山市	0.14	-0.43	-0.32	-0.08	4
东莞市	0.02	-0.55	-0.08	-0.16	5
中山市	0.00	-0.56	-0.28	-0.20	6
珠海市	-0.12	-0.41	-0.64	-0.26	7
惠州市	-0.44	-0.41	-0.32	-0.42	8
江门市	-0.56	-0.42	-0.39	-0.50	9
澳门	-1.10	0.65	-0.38	-0.50	10
肇庆市	-0.62	-0.30	-0.45	-0.50	11

（三）工业化后期城市创新能力评价（2009—2017）

这一时期选择2010年和2016年为代表年份。数据处理方法与工业化前期相同，指标体系构建与工业化中期相同，利用SPSS软件对选取的11个指标进行标准化处理后，将2010年的数据进行正交旋转，提取出3个主因子，累计贡献率为89.645%（表4-13）。

表4-13 主因子特征值及贡献率

主因子	初始特征值及贡献率			特征值及贡献率			正交旋转后的特征值及贡献率		
	特征值	贡献率/%	累计贡献率/%	特征值	贡献率/%	累计贡献率/%	特征值	贡献率/%	累计贡献率/%
1	6.308	57.343	57.343	6.308	57.343	57.343	5.050	45.912	45.912
2	2.271	20.648	77.991	2.271	20.648	77.991	2.574	23.401	69.313
3	1.282	11.654	89.645	1.282	11.654	89.645	2.237	20.332	89.645
4	0.685	6.225	95.870	—	—	—	—	—	—
5	0.293	2.661	98.531	—	—	—	—	—	—
6	0.098	0.888	99.419	—	—	—	—	—	—
7	0.053	0.484	99.904	—	—	—	—	—	—

续表 4-13

主因子	初始特征值及贡献率			特征值及贡献率			正交旋转后的特征值及贡献率		
	特征值	贡献率/%	累计贡献率/%	特征值	贡献率/%	累计贡献率/%	特征值	贡献率/%	累计贡献率/%
8	0.009	0.082	99.986	—	—	—	—	—	—
9	0.001	0.009	99.995	—	—	—	—	—	—
10	0.001	0.005	100.000	—	—	—	—	—	—
11	-3.650E-17	-3.318E-16	100.000	—	—	—	—	—	—

正交旋转后 3 个主因子在 11 个指标上的因子载荷矩阵见表 4-14。下面对 3 个主因子进行解释。

表 4-14 正交旋转后 3 个主因子在 11 个指标上的因子载荷矩阵

指标	主因子 1	主因子 2	主因子 3
X_1 R&D 人员	0.922	0.336	-0.060
X_2 R&D 经费	0.854	0.482	0.085
X_3 R&D 经费占 GDP 的比重	0.859	0.159	-0.354
X_4 高科技出口	0.966	0.006	-0.106
X_5 发明专利受理量	0.921	0.236	0.298
X_6 SCI 论文数	0.045	0.911	-0.195
X_7 地区人均 GDP	-0.133	0.014	0.759
X_8 进出口总额	0.413	0.186	0.806
X_9 公共教育开支占 GDP 的比重	-0.193	-0.420	0.831
X_{10} 移动电话年末用户数	0.558	0.784	0.046
X_{11} 互联网宽带接入用户数	0.643	0.701	0.209

（1）第一个主因子包括 X_4、X_1、X_5、X_3、X_2 这 5 个变量，即高科技出口、R&D 人员、发明专利受理量、R&D 经费占 GDP 的比重、R&D 经费，其作用在第一个主因子上的载荷分别是 0.966、0.922、0.921、0.859、0.854，主要体现了区域创新的投入和产出水平，可以将其定义为创新发展活跃度因子。其特征值为 5.050，解释原变量总方差的 45.912%。

（2）第二个主因子包括 X_6、X_{10}、X_{11} 这 3 个变量，即 SCI 论文数、移动电话年末用户数、互联网宽带接入用户数,它们作用在第二个主因子上的载荷分别是 0.911、0.784、0.701,主要体现了知识和信息对创新活动的影响,可以将其定义为知识信息因子。其特征值为 2.574,解释原变量总方差的 23.401%。

(3) 第三个主因子包括 X_9、X_8、X_7 这 3 个变量,即公共教育开支占 GDP 的比重、进出口总额、地区人均 GDP,其作用在第三个主因子上的载荷分别是 0.831、0.806、0.759,主要体现了地区的教育支持程度及经济发展水平,可以将其定义为创新环境支持因子。其特征值为 2.237,解释原变量总方差的 20.332%。

以上面 3 个主因子为基础,对粤港澳大湾区工业化后期各个城市的创新能力进行评价,结果见表 4-15、表 4-16。

表 4-15 各因子得分及排序

城市	FAC_1	FAC_1 排名	FAC_2	FAC_2 排名	FAC_3	FAC_3 排名
广州市	-0.32	8	2.78	1	-0.50	7
深圳市	2.89	1	-0.16	5	-0.08	3
珠海市	-0.16	5	-0.82	11	-0.39	6
佛山市	-0.17	6	0.20	4	-0.54	10
江门市	-0.45	9	-0.40	6	-0.61	11
肇庆市	-0.54	10	-0.73	10	-0.24	4
惠州市	-0.30	7	-0.48	9	-0.51	8
东莞市	0.01	3	0.22	3	-0.36	5
中山市	-0.14	4	-0.48	8	-0.51	9
香港	0.11	2	0.32	2	2.65	1
澳门	-0.93	11	-0.47	7	1.09	2

表 4-16 2010 年粤港澳大湾区各城市创新能力指数排序

城市	FAC_1	FAC_2	FAC_3	综合得分	排名
深圳市	2.89	-0.16	-0.08	1.80	1
香港	0.11	0.32	2.65	0.49	2
广州市	-0.32	2.78	-0.50	0.37	3
东莞市	0.01	0.22	-0.36	0.01	4
佛山市	-0.17	0.20	-0.54	-0.13	5

续表 4-16

城市	FAC_1	FAC_2	FAC_3	综合得分	排名
中山市	-0.14	-0.48	-0.51	-0.27	6
珠海市	-0.16	-0.82	-0.39	-0.34	7
惠州市	-0.30	-0.48	-0.51	-0.37	8
江门市	-0.45	-0.40	-0.61	-0.46	9
肇庆市	-0.54	-0.73	-0.24	-0.54	10
澳门	-0.93	-0.47	1.09	-0.56	11

2016 年粤港澳大湾区处于工业化后期向发达经济初期过渡的阶段，其数据处理方法仍与工业化初期相同，指标体系构建与工业化中期相同，利用 SPSS 软件对选取的 11 个指标进行标准化处理后，将数据进行正交旋转，提取出 3 个主因子，累计贡献率为 89.412%（表 4-17）。

表 4-17 主因子特征值及贡献率

主因子	初始特征值及贡献率			特征值及贡献率			正交旋转后的特征值及贡献率		
	特征值	贡献率/%	累计贡献率/%	特征值	贡献率/%	累计贡献率/%	特征值	贡献率/%	累计贡献率/%
1	6.886	62.597	62.597	6.886	62.597	62.597	5.427	49.332	49.332
2	1.901	17.278	79.875	1.901	17.278	79.875	2.507	22.795	72.127
3	1.049	9.536	89.412	1.049	9.536	89.412	1.901	17.284	89.412
4	0.650	5.912	95.323	—	—	—	—	—	—
5	0.343	3.114	98.437	—	—	—	—	—	—
6	0.091	0.830	99.267	—	—	—	—	—	—
7	0.055	0.497	99.764	—	—	—	—	—	—
8	0.020	0.181	99.945	—	—	—	—	—	—
9	0.005	0.044	99.989	—	—	—	—	—	—
10	0.001	0.011	100.000	—	—	—	—	—	—
11	$1.588E-16$	$1.444E-15$	100.000	—	—	—	—	—	—

正交旋转后 3 个主因子在 11 个指标上的因子载荷矩阵见表 4-18。下面对 3 个主因子进行解释。

表4-18 正交旋转后3个主因子在11个指标上的因子载荷矩阵

指标	主因子1	主因子2	主因子3
X_1 R&D 人员	0.882	0.454	-0.021
X_2 R&D 经费	0.894	0.416	0.072
X_3 R&D 经费占 GDP 的比重	0.828	0.129	-0.490
X_4 高科技出口	0.955	0.011	-0.036
X_5 发明专利受理量	0.902	0.416	0.039
X_6 SCI 论文数	0.237	0.924	-0.037
X_7 地区人均 GDP	-0.159	0.072	0.801
X_8 进出口总额	0.389	-0.022	0.775
X_9 公共教育开支占 GDP 的比重	-0.285	0.604	0.600
X_{10} 移动电话年末用户数	0.669	0.653	0.204
X_{11} 互联网宽带接入用户数	0.823	0.536	0.080

（1）第一个主因子包括 X_4、X_5、X_2、X_1、X_3、X_{11}、X_{10} 这 7 个变量，即高科技出口、发明专利受理量、R&D 经费、R&D 人员、R&D 经费占 GDP 的比重、互联网宽带接入用户数、移动电话年末用户数，它们作用在第一个主因子上的载荷分别是 0.955、0.902、0.894、0.882、0.828、0.823、0.669。这些指标主要反映了区域创新研发的投入产出水平与创新基础支撑水平，体现了粤港澳大湾区的创新实力，可以将其定义为创新发展活跃度因子。其特征值为 5.427，解释原变量总方差的 49.332%。

（2）第二个主因子包括 X_6 和 X_9 这 2 个变量，即 SCI 论文数和公共教育开支占 GDP 的比重，它们作用在第二个主因子上的载荷分别是 0.924、0.604。其中，SCI 论文数反映了高校教育的创新产出水平，公共教育开支占 GDP 的比重反映了该地区对教育的投入情况，可以将其定义为教育知识因子。其特征值为 2.507，解释原变量总方差的 22.795%。

（3）第三个主因子包括 X_7 和 X_8 这 2 个变量，即地区人均 GDP、进出口总额，它们作用在第三个主因子上的载荷分别是 0.801、0.775。它们主要反映了粤港澳大湾区的经济发展水平和对外贸易程度，可以将其定义为创新环境支持因子。其特征值为 1.901，解释原变量总方差的 17.284%。

以上面3个主因子为基础,对粤港澳大湾区工业化后期各个城市的创新能力进行评价,结果见表4-19、表4-20。

表4-19 各因子得分及排序

城市	FAC_1	FAC_1 排名	FAC_2	FAC_2 排名	FAC_3	FAC_3 排名
广州市	-0.10	5	2.84	1	-0.03	4
深圳市	2.77	1	-0.14	5	0.19	3
珠海市	-0.27	7	-0.61	10	-0.51	9
佛山市	-0.13	6	0.40	2	-0.81	11
江门市	-0.39	9	-0.54	9	-0.50	8
肇庆市	-0.67	10	-0.50	8	-0.47	6
惠州市	-0.06	4	-0.81	11	-0.35	5
东莞市	0.36	2	-0.29	7	-0.48	7
中山市	-0.38	8	0.02	3	-0.79	10
香港	0.04	3	-0.28	6	2.42	1
澳门	-1.17	11	-0.09	4	1.32	2

表4-20 2016年粤港澳大湾区各城市创新能力指数排序

城市	FAC_1	FAC_2	FAC_3	综合得分	排名
深圳市	2.77	-0.14	0.19	1.93	1
广州市	-0.10	2.84	-0.03	0.47	2
香港	0.04	-0.28	2.42	0.23	3
东莞市	0.36	-0.29	-0.48	0.14	4
佛山市	-0.13	0.40	-0.81	-0.10	5
惠州市	-0.06	-0.81	-0.35	-0.24	6
中山市	-0.38	0.02	-0.79	-0.34	7
珠海市	-0.27	-0.61	-0.51	-0.36	8
江门市	-0.39	-0.54	-0.50	-0.43	9
肇庆市	-0.67	-0.50	-0.47	-0.61	10
澳门	-1.17	-0.09	1.32	-0.69	11

第四节 大湾区不同经济发展阶段城市创新能力的比较

一、城市创新能力的变化

不同经济发展阶段粤港澳大湾区各城市创新能力评价的结果（图4-1、表4-21），直观反映了粤港澳大湾区各城市在三个发展阶段中创新能力的变化情况。粤港澳大湾区各城市之间的创新能力在2000—2016年均发生了改变，且城市之间的创新能力仍存在较为明显的差异。其中，深圳和澳门区域内创新竞争力的变化最为显著。从总体来看，粤港澳大湾区各城市的创新能力得分及排名较为稳定，且临近港澳地区的城市创新能力得分和排名与其他地区的城市相比普遍靠前，创新能力的发展存在着一定的路径依赖。影响创新能力的多种因素在短期内较难同时对创新能力产生影响，且保持促进或抑制创新能力发展的一致性。

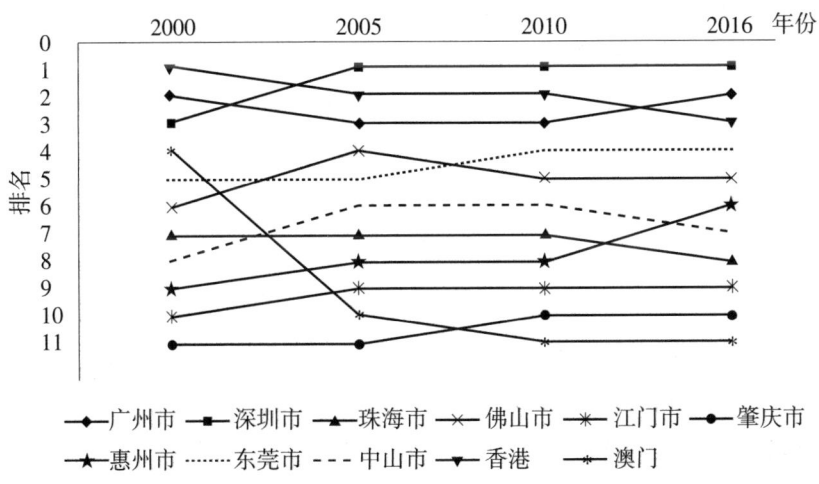

图4-1 2000—2016年粤港澳大湾区各城市创新能力排名情况

表4-21 2000—2016年粤港澳大湾区各城市创新能力得分情况

城市	2000年	2005年	2010年	2016年
广州市	0.51	0.12	0.37	0.47
深圳市	0.50	1.60	1.80	1.93

续表 4-21

城市	2000 年	2005 年	2010 年	2016 年
珠海市	-0.38	-0.26	-0.34	-0.36
佛山市	-0.33	-0.08	-0.13	-0.10
江门市	-0.50	-0.50	-0.46	-0.43
肇庆市	-0.52	-0.50	-0.54	-0.61
惠州市	-0.50	-0.42	-0.37	-0.24
东莞市	-0.27	-0.16	0.01	0.14
中山市	-0.39	-0.20	-0.27	-0.34
香港	2.00	0.91	0.49	0.23
澳门	-0.14	-0.50	-0.56	-0.69

深圳的发展得益于良好的政策环境和区位环境，2000年工业化发展初期，其创新能力超过粤港澳大湾区区域创新能力的平均水平，在粤港澳地区位列第三，之后创新能力迅速提升，自2005年创新水平超越香港排名第一之后，在十几年的发展中一直处于领头地位。

澳门的创新能力在2000年仅次于香港、广州和深圳，但在粤港澳大湾区工业化发展中期，其创新能力相对下降，2005年在粤港澳大湾区位列第10名，2010年至今创新能力差异逐渐拉大。究其原因，由于澳门特殊的历史背景及政策，澳门的博彩业在产业发展中具有举足轻重的地位，"十二五"规划中澳门的城市定位是"世界旅游休闲中心"，科技创新并非发展的重点；同时大湾区其他科技创新水平的提升迅速，使得澳门在粤港澳地区的创新能力相对下降。

其他城市的创新能力排名均较为稳定，但其创新能力发展水平却不同。除深圳之外，广州和香港两地的创新发展水平也处于领先地位，2000—2016年，两地的创新能力超过粤港澳大湾区区域创新能力的平均水平，但香港的创新能力呈现下降趋势，广州的创新能力得分基本保持平稳。这一时期，佛山市、惠州市、东莞市的创新能力发展水平的动态变化相似，一直处于平稳上升状态。其中，东莞市的创新发展良好，虽然创新得分排名变化不大，但其创新能力在2010年已超过粤港澳大湾区区域创新能力的平均水平；佛山市、惠州市两个城市的创新能力得分及排名均处于稳定上升阶段。珠海市、肇庆市、中山市、江门市的创新能力一直处于较为稳定的状态，创新能力在将来的发展中还有待进一步提升。

二、大湾区城市创新能力影响因素变化

粤港澳大湾区的创新能力在时间和空间上的变化是该地区多种创新要素相互作用的结果，从因子分析结果可以看出，在不同经济发展阶段，影响粤港澳大湾区创新能力的要素不同。表4-22反映了工业化初期、工业化中期、工业化后期影响该地区创新能力时空变化的主要因子，可以看出粤港澳大湾区创新能力主要受创新环境、创新发展活跃度、知识信息扩散、教育发展水平等几个要素影响，他们在不同发展时期对创新能力的作用程度各不相同。

表4-22 影响粤港澳大湾区创新能力的因子分析

发展时期	主因子	载荷较高的因子
工业化初期	创新环境支持因子	进出口总额、发明专利受理量、地区人均GDP
	创新发展活跃度因子	R&D人员、高科技出口
工业化中期	科技研发活跃度因子	高科技出口、R&D经费占GDP的比重、R&D人员、R&D经费
	创新环境支持因子	公共教育开支占GDP的比重、进出口总额、地区人均GDP
	知识信息因子	SCI论文数、移动电话年末用户数
工业化后期前半阶段	创新发展活跃度因子	高科技出口、R&D人员、发明专利受理量
	知识信息因子	SCI论文数、移动电话年末用户数
	创新环境支持因子	公共教育开支占GDP的比重、进出口总额
工业化后期后半阶段	创新发展活跃度因子	高科技出口、发明专利受理量、R&D经费
	教育知识因子	SCI论文数、公共教育开支占GDP的比重
	创新环境支持因子	地区人均GDP、进出口总额

（一）创新环境

区域创新环境在创新发展过程中起重要作用，是进行创新活动和促进区域创新能力提高的保障。广义的创新环境包括伴随区域创新发展的文化氛围、金融经济环境、基础设施建设、市场环境、政策环境、产业结构等，是这些要素组成的整体。在本章的解释中主要侧重于对经济发展程度的描述。

通过因子分析结果可以看出，创新环境支持因子在粤港澳大湾区工业化发

展过程中,对创新能力的影响程度逐渐减弱。具体表现为:在粤港澳大湾区工业化发展初期,创新环境支持因子对创新能力发展的贡献率达51.429%,是推动该地区创新能力发展的主要原因,其中进出口总额和发明专利受理量与其相关程度分别为0.969和0.968,表现出极强的正相关性。随着经济发展水平的提升,创新环境对创新能力的影响程度有所下降,2005年工业化发展中期为27.091%,其中进出口总额与其存在较强的相关性,但创新环境的影响已不再处于主导地位。在这一时期,公共教育开支占GDP的比重对于创新环境的作用比进出口总额还要高0.06,与创新环境的相关程度最强。2010年,粤港澳大湾区进入了工业化发展后期,创新环境支持因子的贡献率为20.332%,其主要相关因子与前一个时期相同,即公共教育开支占GDP的比重和进出口总额。之后,创新环境对于创新能力的影响程度继续下降,2016年的贡献率低至17.284%,在这一时期,载荷为0.801的地区人均GDP与创新环境的相关程度最强,次相关因子为进出口总额。

(二)创新发展活跃度

粤港澳大湾区的创新活动投入与创新活动产出的水平体现了该区域创新能力发展的活跃程度,这里将其统称为创新发展活跃度。其中,创新投入的活跃度主要表现在研发人员与研发经费的投入程度上,创新产出的活跃度主要表现在高科技产品出口总额及发明专利申请量的变化上。

从因子分析结果可以看出,创新发展活跃度因子在粤港澳大湾区工业化发展过程中,对创新能力的影响程度逐渐增强。具体表现为:在工业化发展初期,粤港澳大湾区创新活动处于发展上升期,创新能力的影响因素中经济发展水平占据主导地位,创新发展活跃度作为影响该区域创新能力的第二个主因子存在,其贡献率为32.622%。这一时期,R&D人员和高科技出口对创新能力的作用程度较大,且R&D人员的投入相比高科技出口的创新产出对其影响更为显著。进入工业化发展中期之后,影响创新能力的主因子顺序发生了变化,创新发展活跃度因子在2005年贡献率为40.052%,高于创新环境支持因子7.073个百分点,相比2000年上升了7.43个百分点,成为影响创新能力的第一个主因子。作用在这一主因子上的相关因子载荷也发生了变化,表现为产出水平对创新活跃度的影响程度高于研发投入。随着工业化后期的来临,粤港澳大湾区创新发展的活跃程度进一步提升,2010年的贡献率上升为45.912%,创新产出相比创新投入的影响程度更为显著。经历了工业化中期、工业化后期的高速发展，创新发展活跃度的贡献率再创新高，在2016年达到49.332%，创新活动的活跃程度对于创新能力的提升具有决定性的作用，且创新产出对于创新活跃度的作用程度也越发明显，高科技出口在创新能力活跃度这一主因子的载荷由2005年的0.939上升到2010年的0.966，2016年为0.955。

（三）知识信息与教育知识

随着知识经济时代的来临，技术、知识、信息等创新要素的重要性逐渐显现出来。粤港澳大湾区中各个城市的功能定位各不相同，而区域创新能力的提升是各个城市之间的创新要素进行组合、各个城市共同协作、优势互补的结果，这就体现出知识与信息流动的重要性。除此之外，高素质人才也是提升区域创新能力的关键，学校作为培养适应社会发展与创新水平的高素质人才的阵地，对创新能力的影响也充分显现。

从因子分析结果可以看出，知识信息与教育知识主因子在粤港澳大湾区工业化发展过程中，对创新能力的影响程度逐渐增强。在工业化发展初期，粤港澳大湾区各个城市主要以发展经济为主，创新活动较弱，活跃度不高，知识、信息、教育等因素对创新能力的作用程度尚不明显。进入工业化发展中期后，知识信息因子的作用初见端倪，但作用程度依然较弱，2005年作为影响粤港澳大湾区创新能力的第三个主因子，其贡献率为18.712%，SCI论文数与其相关程度最为显著，作用在主因子上的载荷为0.974，而代表信息传播能力的移动电话年末用户数作用载荷为0.667。在工业化发展后期，粤港澳大湾区的互联网产业高速发展，知识与信息在各个城市之间的扩散与交流更为密切，知识信息因子的重要性更为突出，2010年贡献率为23.401%，超过创新环境支持因子3.069个百分点，成为影响粤港澳大湾区创新能力的第二大主因子。近年来，粤港澳大湾区更加注重发展知识经济，知识信息对创新能力影响的显著性仍然高于创新环境，并且对教育发展也更为重视，2016年教育知识因子对创新能力的贡献率为22.795%，SCI论文数与教育知识因子的相关程度仍然最为显著，除此之外，公共教育开支占GDP的比重这一因子也表现出与主因子的相关性，在粤港澳大湾区工业化的进程中，对创新能力的相关程度表现出显著的增强趋势。

第五节 粤港澳大湾区城市创新能力影响因素实证分析

通过因子分析,我们可以大致看出创新环境、创新发展活跃度以及知识信息与创新能力发展的相关程度,但为了能够更加准确地分析影响粤港澳大湾区创新能力的因素,需要进一步使用相关模型进行分析。

一、研究方法与数据说明

(一)知识生产函数

知识生产函数作为研究区域知识生产的重要模型工具,被广泛地应用于区域创新能力及其影响因素的研究中。20世纪60年代,Scherer(1965)和Comanor(1965)的研究中就涉及了知识函数,通过对研发人员、研发经费等创新投入指标和专利数量等创新产出指标进行回归分析,表明创新投入与创新产出在知识生产中的作用。Griliche于1979年首次提出了"知识生产函数",用来分析企业的专利申请量和R&D支出之间的关系,这一概念将创新投入与创新产出联系起来,科学地解释了R&D投入对创新产出及生产率增长的影响。之后,Jaffe(1989)将新知识经济的研究内容引入知识生产函数,在Griliche的研究基础上对知识生产函数模型进行了修正,研究R&D经费与人力投入对创新产出的影响,对之后的研究起到了重要的指导意义。但是在模型的构建过程中,他们均忽略了技术创新产出水平对现有知识存量具有的依赖性,Romer(1989)基于Griliche-Jaffe模型的这一局限性,考虑这种依赖性的作用,以研究时段的新知识作为创新产出,以R&D人员及知识存量作为创新投入,对知识生产函数模型进行了重新构建,但该模型的指标构建没有考虑R&D经费投入的影响。

近些年来,中国学者更加重视知识生产函数模型在创新分析中的应用,在前人的研究基础上进行了拓展。王立平(2005)将空间计量经济学理论融入知识生产函数模型的研究框架,实证分析中国高等院校研发对高技术创新的作用程度,认为临近区域的创新具有空间依赖性。吴延兵(2006)通过分析中国工业企业的面板数据,在对R&D资本存量进行核算的基础上,构建知识生产函数模型,分析R&D人员投入与R&D资本投入在知识生产中的作用,结果表明R&D人员投入对知识生产的影响要高于R&D资本投入。邓进(2008)基于对高新技术产业的面板数据的分析及资本存量的测算，构建柯布-道格拉斯型知识生产函数，结果表明 R&D 资本投入的贡献高于 R&D 人员投入。严成樑等（2010）测算中国 31 个省份的知识存量，通过构建模型发现在生产过程中，知识具有很强的溢出效应，其他省份的知识存量的增加会抑制本省的知识生产。

综上所述，构建知识生产函数模型，人力、资本、教育等创新要素的投入是关键。新经济增长理论也认为，劳动力的质量是促进技术创新和经济增长的重要因素。基于前人对知识生产函数模型的分析，结合区域创新能力的概念及相关研究和粤港澳大湾区的发展实际，本书在构建知识生产函数模型时，除考虑创新产出水平、研发人力资本、研发资本投入和教育投入之外，还将地区人均 GDP、地区开放程度及信息化水平等对创新能力具有显著相关性的变量纳入其中，构建出如下双对数线性形式的知识生产函数模型：

$$\log(P_{it}) = a_0 + a_1\log(RDP_{it}) + a_2\log(RD_{it}) + a_3\log(RG_{it}) + a_4\log(O_{it}) + a_5\log(E_{it}) + a_6\log(I_{it}) + u_{it}$$

其中，P_{it} 表示第 i 个城市在第 t 年份的专利申请量，用来表示城市的创新能力；RDP 为参与研发的人员数量，用来表示研发人力投入水平；RD 为研发经费支出总额，用来表示研发资金投入水平；PG 为地区人均 GDP；O 表示地区开放程度，用进出口总额占 GDP 的比重加以表征；E 表示教育投入水平，用公共教育开支占 GDP 的比重来衡量；I 为互联网宽带接入用户数，是衡量研究区域信息化水平的重要指标；u 表示误差项。

（二）指标选取与说明

知识生产函数的本质就是通过构建模型体现知识生产过程中投入与产出的关系，所以运用知识生产函数进行分析，最重要的是要选择适当的指标来衡量对知识生产的投入与产出水平，以此来建立知识生产函数的框架。本节分析粤港澳大湾区创新能力的相关因素，结合创新能力的概念及粤港澳大湾区创新能力因子分析的结果，选取相关创新指标进行回归分析（表 4-23）。

表 4-23　变量说明

变量		变量定义	预期符号
创新能力	P	每 10 万人发明专利受理量	+
人力投入水平	RDP	每 100 万人 R&D 人员数量	+
资金投入水平	RD	用于研发的（R&D）经费支出总额	+
地区人均 GDP	PG	人均国民生产总值	+
开放度	O	进出口总额占 GDP 的比重	+
教育投入水平	E	公共教育开支占 GDP 的比重	+
信息化水平	I	互联网宽带接入用户数	+

就创新产出来说，可以包括工艺创新、产品升级、质量提升、技术改进等方面，但考虑到数据的可获得性与可比性，一般选用专利数量和新产品销售收入来衡量创新产出水平。由于新产品界定的复杂性及产品价值的差异性，它们对创新能力的表征存在一定的局限。相比来说，专利数量能够更加良好地表示创新产出水平。因子分子结果表明，创新产出起主导作用的创新发展活跃度因子对创新能力的贡献率最大，且专利数据中包含大量有关发明、技术、人员等信息，在产业领域中涵盖的范围极广，因此，专利数量作为衡量创新能力的指标具有理论和现实根据。专利可以分为发明专利、实用新型专利和外观设计专利三个类别，其中发明专利的受理量是衡量区域创新能力的最好指标。由于所研究区域创新活跃度较高、专利数量大，本节以每 10 万人发明专利受理量来表征研究区域的创新能力。

就创新投入来说，根据上述文献分析，选取 R&D 人员数量、R&D 经费支出作为重要的创新投入指标。其中，R&D 人员数量为每 100 万人 R&D 人员活动的全时当量，这样可以更有力地反映研发人员投入的强度。

除此之外，还应该认识到，创新能力的发展不仅仅得益于当地的创新研发活动，还与高素质人才、技术引进、知识溢出、信息扩散等因素密切相关。人才是提高创新能力、保持创新活力的重要因素。一个地区可以通过加大教育投入培养创新人才，直接地提高自主创新能力；也可以通过提高开放程度与经济发展水平，引进国内外先进技术与高素质人才，搭乘信息时代的快车进行信息与知识的交流，间接地加速创新发展。因此，在指标选取时还加入了地区人均GDP、开放度、教育投入水平与信息化水平等变量的影响。

二、模型比较和选择

(一) 描述性统计

根据上文构建的知识生产函数模型,结合选择的创新能力影响指标,对粤港澳大湾区"9+2"城市1995—2019年创新发展的面板数据进行回归分析,11个地区各变量面板数据的描述性统计见表4-24。

表4-24 粤港澳大湾区各变量面板数据的描述性统计

变量		均值	标准差	最小值	最大值	观测量
P	全部	-1.230	2.062	-5.338	1.938	$N=55$
	组间		1.154	-3.035	0.509	$n=11$
	组内		1.738	-4.913	1.381	$T=5$
RDP	全部	9.357	1.603	5.855	12.606	$N=55$
	组间		1.265	6.953	11.505	$n=11$
	组内		1.043	6.645	11.165	$T=5$
RD	全部	12.564	1.943	8.527	16.268	$N=55$
	组间		1.436	10.350	14.870	$n=11$
	组内		1.366	9.572	14.620	$T=5$
PG	全部	11.133	1.005	8.912	13.211	$N=55$
	组间		0.796	10.053	12.607	$n=11$
	组内		0.651	9.901	11.963	$T=5$
O	全部	4.592	0.815	2.875	5.886	$N=55$
	组间		0.774	3.324	5.735	$n=11$
	组内		0.330	4.058	5.315	$T=5$
E	全部	0.471	0.667	-1.533	1.411	$N=55$
	组间		0.378	-0.089	1.256	$n=11$
	组内		0.559	-1.335	1.293	$T=5$
I	全部	4.514	1.178	1.917	6.449	$N=55$
	组间		0.944	2.642	5.796	$n=11$
	组内		0.750	2.615	6.589	$T=5$

（二）创新能力变化趋势

从 2000—2019 年粤港澳大湾区 11 个城市创新能力的变化趋势（图 4-2）可以看出，粤港澳大湾区的创新能力发展水平良好，整体呈现上升趋势。香港创新能力在研究时段内一直处于较高水平，但发展增速较缓，创新能力发展水平较为稳定。澳门的创新能力在 2000—2005 年发展较好，保持持续增长的态势，2005 年之后创新能力发展水平逐渐减弱。广州、深圳、珠海、佛山发展相比其他城市创新起点较高，一直呈现持续增长的趋势。2000—2005 年深圳创新能力高速发展，之后发展速度稍有减缓，但仍处较高水平。珠海自 2010 年之后创新发展增速加快，具有高速发展的趋势。佛山 2005—2010 年发展增速减缓，2010 年之后继续保持高速发展。东莞、惠州、江门、中山发展起点较低，进入 21 世纪以来，其创新水平保持直线上升，并将继续提升创新能力。相比其他城市而言，肇庆的创新发展水平相对较弱，2005 年之后才开始逐步发展，目前仍处于较低水平，其能力仍具有较大的发展空间。

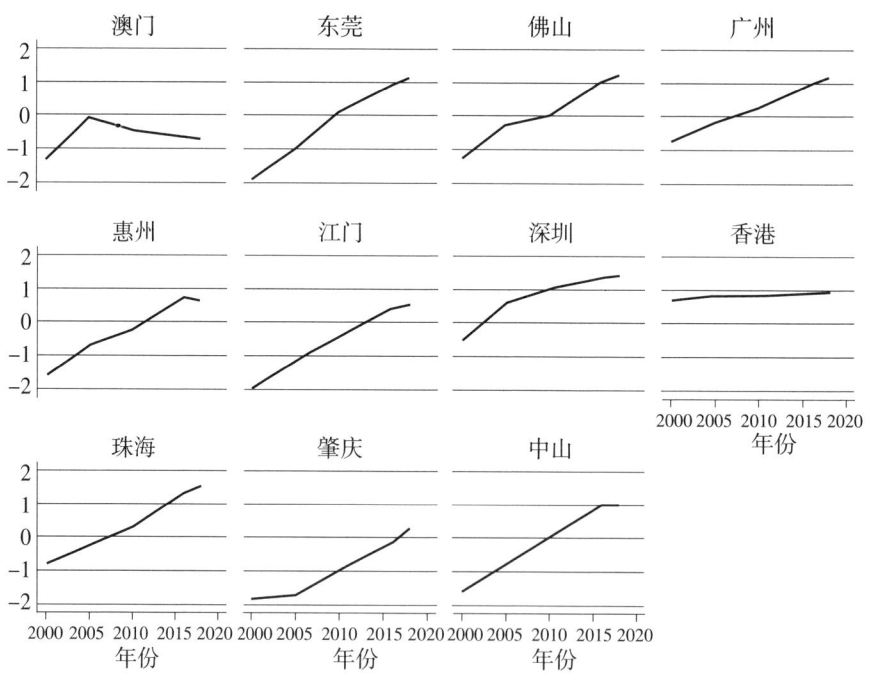

图 4-2 2000—2019 年粤港澳大湾区各个城市创新能力变化

(三) 面板回归模型选择

本节通过对面板数据进行回归分析来估计知识生产函数,模型包括混合回归模型、固定效应模型和随机效应模型三类。为了更加深入地对数据进行分析研究,需要通过数据检验确定更合适的面板数据模型。首先需要利用 F 检验确定使用混合回归模型还是固定效应模型进行分析,然后利用 Breusch 和 Pagan (1980) 提出的 LM 检验对使用混合回归模型还是随机效应模型进行选择,最后利用 Hausman 检验对使用固定效应模型还是随机效应模型进行分析。表 4-25 和表 4-26 分别为混合回归模型和固定效应模型的分析结果。

表 4-25 混合回归模型的分析结果

P	参数	标准差	t 值	p 值	95%置信区间	显著性
RDP	0.604	0.262	2.310	0.044	[0.020, 1.188]	**
RD	0.280	0.226	1.240	0.244	[-0.224, 0.784]	
PG	0.445	0.186	2.390	0.038	[0.031, 0.860]	**
O	0.136	0.163	0.830	0.424	[-0.227, 0.499]	
E	0.707	0.266	2.650	0.024	[0.113, 1.300]	**
I	0.084	0.266	-0.310	0.760	[-0.667, 0.509]	
Constant	-15.942	1.296	-12.300	0.000	[-18.829, -13.054]	***
离差平方和		0.887		残差标准差		0.736
F 检验		79.02		Prob > F		0.000

注:*** 表示 $p<0.01$,** 表示 $p<0.05$,* 表示 $p<0.1$。

根据固定效应模型的 F 检验,发现 F 统计量为 4.50,相对应的概率为 0.000,故强烈拒绝原假设,即认为固定效应模型明显优于混合回归模型,所以在混合回归模型和固定效应模型之间选择固定效应模型进行分析。

下面再通过 LM 检验确定混合回归模型和随机效应模型的优越性,如果分析结果拒绝"原假设 $H_0: \sigma_u^2 = 0$,备选假设 $H_1: \sigma_u^2 \neq 0$",则说明有一个随机扰动项反映个体特性,混合回归在此时不适用。运用随机效应模型分析的结果与 LM 检验的结果见表 4-27、表 4-28。

表4-26 固定效应模型的分析结果

P	参数	标准差	t值	p值	95%置信区间	显著性
RDP	0.845	0.250	3.380	0.002	[0.339, 1.350]	***
RD	-0.081	0.261	0.310	0.758	[-0.610, 0.448]	
PG	1.031	0.524	1.970	0.057	[-0.031, 2.092]	*
O	0.134	0.535	0.250	0.803	[-0.948, 1.216]	
E	0.173	0.269	0.640	0.524	[-0.371, 0.716]	
I	0.344	0.189	1.810	0.077	[-0.040, 0.727]	*
Constant	-21.840	5.895	3.710	0.001	[-33.773, -9.907]	***
R-squared within		0.927		$u-i$与变量的相关系数		-0.4927
F检验		80.53		Prob > F		0.000

注：*** 表示 $p<0.01$，** 表示 $p<0.05$，* 表示 $p<0.1$。

个体效应的方差估计值 = 0.6980948

随机干扰项的方差估计值 = 0.55938987

个体效应的方差占混合误差的方差的比重 = 0.60897757　（$u-i$引起的方差分数）

F检测所有 u_i = 0：F(10, 38) = 4.50　Prob > F = 0.000

表4-27 随机效应模型的分析结果

P	参数	标准差	t值	p值	95%置信区间	显著性
RDP	0.739	0.194	3.800	0.000	[0.358, 1.120]	***
RD	0.066	0.152	0.440	0.063	[-0.232, 0.365]	*
PG	0.699	0.243	2.880	0.004	[0.224, 1.175]	***
O	0.037	0.166	0.220	0.825	[-0.289, 0.362]	
E	0.497	0.252	1.970	0.049	[0.002, 0.991]	**
I	0.132	0.201	0.650	0.513	[-0.262, 0.526]	
Constant	-17.764	1.710	-10.390	0.000	[-21.116, -14.412]	***
R-squared within		0.922		θ		0.406
Wald chi2		1008.76		Prob > chi2		0.000

注：*** 表示 $p<0.01$，** 表示 $p<0.05$，* 表示 $p<0.1$。

个体效应的方差估计值 = 0.33862486

随机干扰项的方差估计值 = 0.55938987

个体效应的方差占混合误差的方差的比重 = 0.26817384　（$u-i$引起的方差分数）

表4-28 LM检验结果

	变量	Sd = sqrt (Var)
P	4.254	2.062
e	0.313	0.559
u	0.115	0.339
	Test：Var（u）=0	
	Chibar2（01）= 5.64	
	Prob > Chibar2 = 0.009	

由表4-27和表4-28可知，随机效应模型分析结果中的waldchi值为10 08.76，相对应的p值为0.000，且rho=0.268，检验结果拒绝原假设，因此在进行数据分析时，随机效应模型优于混合回归分析模型。

由于两次检验均拒绝原假设，所以还须进行Hausman检验，检验结果见表4-29。

表4-29 Hausman检验结果

	系数			
	b	B	b−B	sqrt (diag (V_b − V_B))
	固定效应模型	随机效应模型	difference	S. E.
RDP	0.845	0.739	0.105	0.154
RD	−0.081	0.066	−0.147	0.181
PG	1.031	0.699	0.331	0.534
O	0.134	0.037	0.098	0.567
E	0.173	0.497	−0.324	0.191
I	0.344	0.132	0.212	0.118
Constant	−21.840	−17.764	−4.076	6.149

注：b = 在Ho假设和Ha假设下保持一致；从xtreg中获得

B = 在Ha假设下不一致，在Ho假设下有效；从xtreg中获得

Test：Ho：系数差异不系统

chi2（7）=（b−B）′[（V_b−V_B）^（−1）]（b−B）= 13.39

Prob > chi2 = 0.0631

（V_b − V_B is not positive definite）

由于 p 值为 0.0631，检验结果并没有拒绝原假设："H_0：ui 与 xit、zi 不相关"，因此应该使用随机效应模型，而非固定效应模型。

三、结果分析

随机效应模型回归结果（表 4-27）显示，该模型整体的拟合优度较好，R^2 达到 0.922，模型的 F 值为 80.53，对应的 p 值为 0.0000，模型通过了 F 检验。所选变量的系数均为正值，表示各个变量对创新能力的提升均产生正向影响，且人力投入水平、资金投入水平、地区人均 GDP、教育投入水平相对应的 p 值均小于 0.1，影响效果显著。其中，人力投入水平、地区人均 GDP 均通过了 1% 的显著性，与创新能力的发展关系密切。人力投入水平影响创新能力的回归系数为 0.739，表示当人力投入水平每提高 1%，该区域的创新水平提高 0.739%，且对应的 p 值为 0.000，影响效果十分显著。地区人均 GDP 对应的 p 值为 0.004，也对粤港澳大湾区创新能力的提升起到了较强的促进作用。教育投入水平和资金投入水平对应的 p 值分别为 0.049 和 0.063，在 5% 和 10% 的显著性上与创新能力正相关，这主要得益于国家的优惠政策，实施创新驱动战略，重视提升自主创新水平，对创新发展的人力、物力、资金、技术的投入加大。因此，要提升粤港澳大湾区的创新能力，需要通过教育培养更多的高素质人才，经济水平的发展也会对创新发展起到一定的支撑作用。地区开放度和信息化水平对于创新的促进作用并不显著，在对外开放和信息化发展的过程中，既要努力扩大规模，也要注重发展质量，以学习带创新，以创新促发展。综合因子分析和混合面板回归结果基本能够表明：本书所提出的研发人力及资金投入水平、区域人均经济总值以及区域教育投入水平分别在不同程度上成为影响粤港澳大湾区创新能力的主要因素，并且本书各个回归结果显示出显著的一致性，在一定概率上验证了所得结果的可信性和稳定性。

四、政策启示

根据以上分析结果，对于提升粤港澳大湾区的创新能力，可以给出以下建议。

（1）加强粤港澳大湾区内部各城市之间的创新交流与合作。总体上，粤港澳大湾区的创新能力显著提升，但区域内部各城市之间的创新发展仍然存在差异，极化效应依然显著。要进一步发展该地区的创新能力，改善地区差异，应在充分利用地理优势，提升珠江三角洲城市创新活力的同时，充分发挥深圳、香港、广州等创新发展先行区的带动作用，加强与其他区域的企业合作、校企合作，使创新能力相对较弱的肇庆、澳门等地以此来获取创新资源和创新机遇，从而形成深圳、广州、香港、东莞、佛山为主的创新发展核心区，以此带动湾区两侧城市的创新发展。

（2）加大粤港澳大湾区创新投入力度。创新资金投入和人才投入对粤港澳大湾区创新能力发展具有明显的促进作用，应该制定相应的创新人才和资金政策，以实现创新能力的协同发展。目前，深圳、香港的创新能力均处于较高水平，创新投入已接近饱和，相比来说肇庆、江门、中山等地的创新活跃度不高、创新人力和资本投入较少，要解决这一问题最重要的是基于各城市的综合环境，实现区域创新生产要素的合理分配。因此，可以对创新发展较弱的城市给予更大力度的人力、资金及政策支持，促进资源向湾区两侧创新能力较弱的城市流动，并加大各城市之间的合作与交流，促进各个城市的职能专业化和分工形成，建立跨行业、跨区域的多元研发投入体系，使创新资源的配置更加合理，进一步缩小创新能力的地区差异。

（3）提升粤港澳大湾区的创新环境建设水平。人均GDP、地区开放程度、信息化作为创新环境的重要组成部分，对创新能力的提升具有显著的正向效应。创新发展和经济发展相互依赖、相互影响。虽然粤港澳地区的经济发展水平较高，但是高新技术产业的发展缺乏高质量的研究平台作为支撑，给创新发展造成障碍。粤港澳大湾区应充分发挥地理优势，利用对外开放的优惠政策和对外交往的便利优势，加强与国内外的高科技园区和创新示范区之间的交流合作，加强产学研合作和高新技术园区之间的合作，构建开放程度高、经济发展快、合作交流密切的创新环境，为粤港澳大湾区进一步的创新发展提供支撑，也吸引更多的创新资源及国内外高素质人才集聚于此，为创新发展提供动力。

（4）进一步提升粤港澳大湾区的科教实力。科教对创新的影响作用显著增加，这与人才的培育直接相关，人才作为创新的第一要素显著影响创新的水平与绩效。粤港澳大湾区需要借助港澳地区在文化、政策、教育环境上的国际性与便利性，吸引招聘国内外的高技术人才和教育人才，加强区域自主创新能力。三地的高校及科研机构作为创新人才培养载体，可以加强合作，也可以通过与国内外科研院所进行多层次的合作交流，共同培养创新人才。除此之外，还要调动粤港澳地区科研人员的创新积极性，通过相关的激励政策加强企业、高等院校、科研机构、社会组织和个人等创新主体进行产学研合作，给予科研创新更大的投入支持，进一步提高科研成果的转化效率，进一步促进信息互动、知识扩散、人才交流，提升区域创新能力。

本章小结

创新既是时代发展的要求，又是区域发展的机遇。在科学技术的发展过程中，区域竞争力也逐渐从资源优势的比较向创新能力的比较转化。粤港澳地区作为国家战略发展的重要区域，目前正处于步入创新经济的关键时期，对于创新能力提升有更高的要求。

本章在分析研究相关文献的基础上，结合粤港澳大湾区的发展实际，对该地区改革开放以来的经济发展历程进行了深入分析，将其划分为初级产品生产阶段、工业化初期、工业化中期、工业化后期几个阶段，总结了不同阶段创新能力特征，建立了符合不同发展阶段特征的综合评价指标体系，运用因子分析法，对每个发展阶段的创新能力进行了评价，分析了粤港澳大湾区创新能力的空间演变规律，并基于知识生产函数模型，利用空间面板回归模型，探讨了影响粤港澳创新能力的主要因素。研究发现：①随着粤港澳大湾区工业化进程的深入，深圳、东莞、惠州创新能力不断提升，澳门创新发展水平逐渐降低至末位；②进入21世纪城市创新能力发生了较大的变化，由之前的以香港为中心逐渐转变为以深圳为中心，并表现出多中心发展的态势；③创新人力投入、创新资金投入、教育投入以及区域开放程度、信息化水平、经济发展水平均对粤港澳大湾区创新能力产生显著影响，其中创新人力投入的作用最为显著。

第五章 粤港澳大湾区创新网络与联系

粤港澳大湾区城市间的创新网络是大湾区创新空间组织结构的直观表征，运用 1990—2016 年 Web of Science 核心合集所收录的科研论文合著数据，借助基尼系数测度属性和功能多中心性的方法，对粤港澳大湾区的创新网络进行模拟和分析。研究发现，伴随着粤港澳大湾区城市群知识生产总量的持续增长，其多中心性程度呈现出阶段性、阶梯式提升的特征，分别经历了波动、增长和分化的发展阶段，港澳回归后的 2000—2010 年是多中心性快速增长的重要阶段；粤港澳大湾区城市群在区域、国家和全球尺度上的功能多中心性程度随着尺度增加逐级递减，进一步证实了功能多中心性的尺度规律性；而且发现了多中心在演化中的尺度敏感性，全球尺度上的多中心性会存在不确定的峰值，而区域尺度上的多中心性可能会持续增加。研究认为城市群多中心的演化是受制度接近、地理接近和等级接近影响的，是在研究人员移动、科研单位联动和政府政策推动及其行动主体间的相互作用下实现的，多中心程度的增加有助于推动粤港澳大湾区城市群构建科研协同创新共同体。

第一节 创新网络研究综述及研究方法

创新网络是流动空间下创新格局的主要表现形式，也是当前创新空间研究的主要对象和方法。创新网络研究非常丰富，前期多是对企业创新主体间的创新网络研究，而以城市为创新主体的创新网络研究相对较少，近期对城市创新网络的研究主要集中在对网络多中心性的探讨。本节在网络多中心研究基础上，运用城市间合作论文数量，建立城市创新网络多中心性测算方法，为分析粤港澳大湾区城市群创新网络与联系提供理论和方法支撑。

一、创新网络研究进展综述

在知识经济的时代背景与创新型国家建设的战略需求下，中国城市群的使命将会由经济高地向创新中心转向。中国的城镇化是影响21世纪人类社会发展的一件大事,中国的城市群又是国家推进新型城镇化的空间主体(方创琳等,2018),因此发展条件较好的国家级城市群更应肩负起时代使命,引领国家的经济转型和创新发展,更好地参与全球竞争。实际上,城市群的早期界定就特别强调其创新特征,法国地理学家戈特曼认为城市群具有新趋势、新知识和创新的孵化器功能,这种功能对习惯与稳定性是一种挑战,能使城市群充满活力,在全球的地位更加重要(Gottmann,1961;Gottmann,1976)。之后,城市群内部城市之间的创新和创意活动及其耦合交互关系也引起关注(Fischer et al.,2001;Diez,2002)。中国著名城市群研究专家姚士谋在《中国城市群》一书中,专门探讨过高新技术产业对城市群的作用,认为高新企业的关联可以促进城市群城市网络的形成并增强创新竞争力(姚士谋等,2001)。陆天赞、吴志强和黄亮对美国东北部城市群与长江三角洲城市群的创新网络进行了对比研究,发现美国东北部城市群呈现"多中心"复杂网络组织与长江三角洲的"单中心"简单网络结构呈鲜明对照(陆天赞等,2016)。然而,现有城市群创新网络的研究,特别是针对国内城市群的研究十分欠缺,亟待开展。

"多中心性"和"多中心主义"作为理解城市区域空间结构的新手段和新视角,近年来得到城市区域研究和规划界较多关注(Davoudi,2003;Meijers,2008;蔡莉丽等,2013;Burger et al.,2014),也可为城市群创新网络研究提供新思路。多中心的概念最早可以追溯到现代城市规划的早期历史,作为一种分析性的描述被霍华德、格迪斯以及芒福德等论述,其初衷是利用多中心的空间结构疏散单中心结构过度集中的人口和经济活动(Geddes,1915;Mumford,1938;Howard,1946)。霍尔在《世界城市》一书中提出将阿姆斯特丹、海牙、乌特勒支和鹿特丹共同组成多中心的都市区与伦敦、纽约竞争(Hall,1966)。多中心概念得到广泛研究,是在欧盟区域发展基金出资开展"欧洲多中心巨型城市区域可持续发展管理(POLYNET)"国际合作项目之后,该项目运用通勤客流和高端服务流对西北欧八个城市群的功能网络及多中心特征进行了研究,在欧盟空间规划和政策制定中发挥了重要作用。此后,美国把多中心列入"美国2050远景规划"重大议题(徐江,2008);中国特大城市空间规划广泛应用多中心概念(罗震东和朱查松,2008),国内研究者也对中国城市群的多中心网络特征进行了实证研究(Liu et al.,2016;赵渺希等,2016;Zhao et al.,

2017）。然而，现有研究多用人口规模、交通流和企业关系开展城市群的多中心测度，对城市群创新网络及其多中心的关注还不够。李迎成和 Phelps 对长江三角洲城市群的知识多中心性及其演化进行了探讨，发现长江三角洲城市群的知识生产和知识合作正走向更加多中心的空间结构，在城市群尺度上担负起了知识孵化器的作用，而在国家尺度上又展示出知识合作枢纽的角色，该研究为城市群的知识创新网络结构研究领域打开了局面（Li and Phelps，2017；Li and Phelps，2018）。

二、创新网络构建方法及数据来源

所谓知识，是由前人经验积累形成的、抽象的、传达概念的一种形式，有隐性和显性之分。知识生产是一种隐性和显性知识相互作用、相互转换的知识创造过程（Nonaka et al.，2000）。相比物质的生产和交换，知识的转移和交流并未造成转出方的损失，且有益于双方知识的累积增长，并可激发新知识的产生（Keeble and Wilkinson，1999）。显性知识与隐性知识无法真正区分，往往相伴而生，而且隐性知识难以测度，因此本研究以显性知识为载体探讨知识联系。显性知识的表征常采用的是论文（Ma et al.，2014；Li and Phelps，2017；Li and Phelps，2018）和专利（Ma et al.，2015；段德忠等，2018），由于粤港澳大湾区城市群跨境的合作专利量相对较少，难以表征城市群知识联系的全局特征。相比而言，合作论文比合作专利数据更充足，可获得性较强，因此选择使用论文发表来表征城市的知识生产，用合作论文反映城市间的知识联系。

与相关研究（Li and Phelps，2017；Andersson et al.，2014；Ma et al.，2014）保持一致，本书使用 Web of Science（WOS）核心合集数据库而不是中国国内数据库，主要基于以下几点原因。第一，WOS 核心合集数据库是世界上最具权威和影响力的数据库之一，收录范围广、质量高，能够反映较高水平的知识生产和合作。第二，中国一直致力于提高研究成果的国际知名度，中国作者在 WOS 的出版量显著增加（Ren and Rousseau，2002；Zhou and Leydesdorff，2006）。第三，为了比较不同地理尺度的知识联系，从 WOS 可以获得区域、国家和全球三种地理尺度的合作论文数据，而中国国内数据库以中文为主，难以获取全球尺度的合作论文数据。

为了反映粤港澳大湾区城市与不同地理尺度主要城市间的知识合作，需要筛选确定国家尺度和全球尺度的城市。结合中国国土地域辽阔的特征，参考同类研究不同地理尺度城市的选取方法（Li and Phelps，2017），国家尺度城市选取了49个城市，基本涵盖了所有省会和直辖市等国家重要知识城市[①]；全球尺度城市使用Taylor等所评选出的123个全球城市（Taylor et al.，2002）和Matthiessen等所评选的TOP 30全球科学知识中心城市（Matthiessen et al.，2010），最后叠加确定了132个全球主要知识城市。

为了深刻认知粤港澳大湾区城市群知识多中心性的演化过程，考虑到香港和澳门分别在1997年和1999年回归的时间节点，便于对比回归前后多中心性及网络格局的变化，将时间尺度定为1990—2016年共27个年份。因此本研究的基础数据为11个城市27年的论文发文量，以及11个城市之间、11个城市同49个国内知识城市和132个全球知识城市27年的论文合作数量，共 11 ×（10 + 49 + 132）× 27 = 56727 个数据[②]。总体看，粤港澳大湾区所有城市发文量从1990年的1352篇持续增长至2016年的56 868篇，年均增长15.47%。

三、创新网络的多中心测度方法

知识多中心被定义为一个区域的知识生产及区域内外知识合作的多中心结构（Li and Phelps，2017），因此知识多中心可进一步划分为属性多中心和功能多中心，类似于Burger等所提出的形态多中心和功能多中心（Burger and Meijers，2012）。这里，属性多中心性反映城市群内部知识生产在各城市间分布的差异；而功能多中心性则反映各城市同城市群内外城市开展知识合作的分布差异。多中心性的测度通常采用位序 - 规模（rank-size）的方法（Meijers，2008；Burger and Meijers，2012）。在本文的测度中，由于1990—2000年多个城市的合作论文数据为0，致使多个城市处于同一位序，造成斜率不能真实反映多中心程度的情况。因此，参考李迎成和Phelps的做法（Li and Phelps，2017），选择使用基尼系数测度多中心性。基尼系数作为衡量区域差异与集中程度的经典指标被广泛使用。这里按年份分别用洛伦兹曲线与绝对平均线所围合面积除以绝对平均分布时下半三角形面积的比来计算基尼系数，用于反映各年知识生产和

[①] 选取国家重要知识城市采用了李迎成和Phelps的标准，即WOS发文量在500篇以上的城市，便于开展对比。

[②] 数据来自WOS网站，综合采用了地址和邮编等城市的位置信息进行搜索，并对拼写相同的城市等问题进行了排查修正。

合作在城市群区域的集中程度。基尼系数越高表示区域差异越大，多中心越不明显。为了使指标数值变化与多中心程度变化呈现出同向的变动趋势，对基尼系数取负值再加上1，使得数值变动范围处在[0，1]区间内。

为了刻画粤港澳大湾区城市的知识生产能力差异，用各城市的发文数求取基尼系数，以衡量粤港澳大湾区知识生产能力的多中心程度，公式如下：

$$DPF = 1 - GF \tag{1}$$

式中，DPF 为属性多中心度，GF 为粤港澳大湾区各城市发文量的基尼系数。

测度功能多中心性，分别用粤港澳大湾区城市与城市群尺度城市、国家尺度城市和全球尺度城市的合作论文量求取基尼系数，公式如下：

$$DPA = 1 - GA \tag{2}$$

式中，DPA 为功能多中心度，GA 为粤港澳大湾区各城市在不同尺度的合作发文量的基尼系数。

当 DPF/DPA 等于 0 时，区域内城市之间差距最大，单中心程度最高；当 DPF/DPA 等于 1 时，区域内城市处于均衡状态，多中心程度最高。

第二节 粤港澳大湾区创新网络的演化特征

粤港澳大湾区城市群创新网络的多中心性程度在波动中增长的趋势十分明显，同时表现出明显的阶段性特征。在粤港澳大湾区城市群知识生产总量（发文量）保持持续快速增长的情境下，其多中心性程度同样表现出增长趋势；但与知识生产总量持续增长不同的是，多中心性的增长呈现出阶梯式增长特征，即 1900—2000 年、2000—2010 年和 2010—2016 年三个阶段的多中心性程度渐次增高，而各阶段又存在明显差异。这三个阶段的多中心性分别表现出波动、增长和分化的特征。这表明功能多中心性的演化同样具有尺度敏感性，演化趋势特征脱离不开自身空间尺度。城市群尺度的功能多中心性可能会不断趋近最大值，但全球尺度的功能多中心性波动发展中不会突破一条不确定的"红线"，只有少数城市能够发挥城市群轮轴/枢纽作用的格局难以改变。

一、大湾区科学知识创新产出的演化过程

选择香港、广州和深圳三个核心城市来测度粤港澳大湾区城市群的属性多

中心度和功能多中心度[①]，表5-1显示这三个城市不管是发文量还是在不同地理尺度上的合作发文量，都在城市群中占据了很高的比重，即便是占比最低的城市群尺度的最小值也达到了75%。但从演化过程看，这三个城市发文的占比有下降趋势，特别是在城市群尺度的占比下降趋势比国家尺度和全球尺度的下降趋势更为明显。

表5-1 1990—2016年前三位城市（广州、香港、深圳）的发文量与合作论文量及占城市群总量的比重

年份	发文量		城市群尺度		国家尺度		全球尺度	
	篇数	占比/%	篇数	占比/%	篇数	占比/%	篇数	占比/%
1990	1350	99.85	34	100.00	62	100.00	154	98.09
1991	1392	99.86	40	100.00	98	100.00	177	99.44
1992	1435	99.79	4	100.00	90	100.00	211	99.53
1993	1923	98.97	4	100.00	106	99.07	308	99.35
1994	2374	99.25	6	75.00	146	96.69	336	99.41
1995	3133	99.15	18	100.00	273	97.50	485	96.61
1996	5068	99.31	108	98.18	513	99.23	675	97.97
1997	6319	99.36	210	99.06	770	98.72	803	99.63
1998	7020	99.19	170	100.00	977	98.69	1036	99.14
1999	7295	98.97	213	97.71	1183	97.53	1073	99.17
2000	8742	99.14	306	94.44	1687	99.00	1330	99.11
2001	9578	99.00	377	93.78	1990	98.51	1457	99.32
2002	10245	98.14	438	93.19	2365	97.97	1685	99.18
2003	12090	98.07	558	93.31	2808	98.56	2094	98.77
2004	13575	97.77	684	93.19	3369	98.54	2401	98.44
2005	14628	97.23	817	94.12	4043	97.87	2521	98.40

[①] 对于城市网络而言，核心城市的增长同外围城市的增长存在紧密联系，核心城市主导了城市群的多中心程度，因此用少数几个核心城市测算多中心，实际上并没有忽视外围城市。Meijers认为"多中心的测度并不需要考虑所有城市，单或多中心的程度一般是根据少数几个大城市的规模和空间分布来判断"；李迎成和Phelps在测度长三角城市群多中心性时选择了上海、南京、杭州和苏州四个核心城市。本书选择香港、广州、深圳这三个城市的原因如下：首先，从排名来看，前三名城市相对固定，而第四名城市一直处于变化之中；第二，第四名不论是在形态上还是在功能上均只占据了较小的份额，难以称之为核心城市；第三，前三名拟合程度优于前四名，所得出的基尼系数更为准确。

续表 5-1

年份	发文量		城市群尺度		国家尺度		全球尺度	
	篇数	占比/%	篇数	占比/%	篇数	占比/%	篇数	占比/%
2006	17796	97.17	1320	92.83	5804	97.14	2996	98.68
2007	19338	96.84	1592	92.13	6653	96.60	3894	98.96
2008	21884	96.31	1806	89.32	7606	96.40	4194	98.59
2009	24466	95.63	2428	90.19	9156	95.97	5219	98.08
2010	25895	95.58	2828	89.95	10163	96.12	6764	98.13
2011	29324	94.58	3512	87.23	12913	95.38	9136	97.87
2012	33447	94.05	4518	86.19	15901	94.69	14882	98.13
2013	37522	93.22	5954	84.74	18442	94.20	13404	97.72
2014	42783	92.84	8217	85.34	22658	93.21	18934	97.05
2015	46573	92.09	10022	83.95	26542	92.89	26783	96.83
2016	51928	91.31	11680	82.52	30215	91.58	31115	95.85%

二、大湾区创新产出的属性多中心演变特征

粤港澳大湾区的属性多中心性在1991—1994年有所下降，之后表现为持续增长（图5-1），从1994年的0.2788上升到2016年的0.7743。这表明粤港澳大湾区城市群知识生产的多中心程度越来越高，广州和深圳的论文发表量与香港的差距在不断缩小。图5-2展示了粤港澳大湾区所有城市发文量的结构变化，可以清晰反映出粤港澳大湾区知识生产多中心性增强的内部原因。香港"一核独大"是前期的突出特征，但这种格局不断发生改变，目前阶段已经发展为香港、广州、深圳"三足鼎立"，其他城市"涓流成溪"的新格局。香港是粤港澳大湾区发表国际期刊论文的领跑者，占城市群发文总量的比重最高时达到了95.86%（1994年）；虽然在区域中的地位表现出持续下滑的态势，但对城市群知识生产的历史贡献无可替代。广州发文量的持续快速增加是粤港澳大湾区知识生产格局演变中的又一突出特征（与香港持续减少成鲜明对照），是区域属性多中心提升的关键力量。广州在2012年的发文量首次超越香港，此后便完全替代香港，成为区域知识生产新的首位城市。广州在2016年的发文量达到香港的1.3倍，占城市群总量的42.78%。深圳的追赶与崛起是粤港澳大湾区属性多中心变化中的又一股力量，2016年的发文量接近香港的一半，占城市群总

量的15.91%（2000年仅为0.78%），俨然已经成为粤港澳大湾区知识生产的新增长极；尽管目前仍与广州和香港存在较大差距，但可以预判在这种趋势下，深圳在城市群知识生产中的地位还会进一步提升。

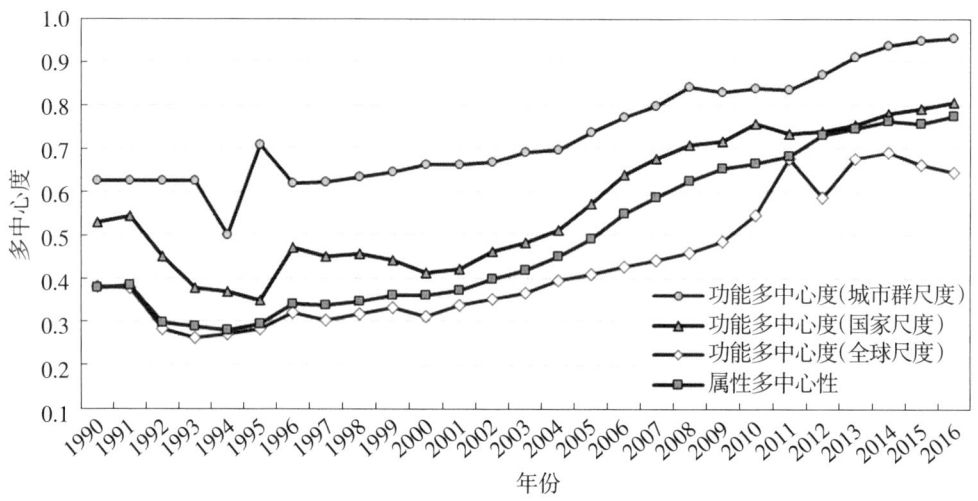

图5-1 1990—2016年粤港澳大湾区城市群功能多中心度和属性多中心性比较

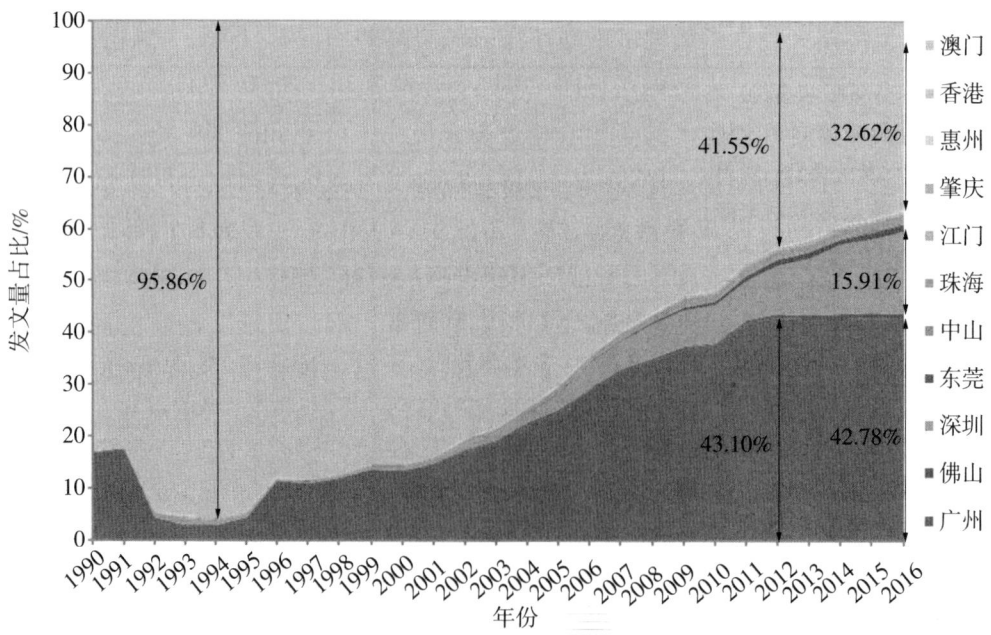

图5-2 1990—2016年粤港澳大湾区所有城市国际刊物发文量的结构演变

香港高等教育的高度国际化使香港在回归之前就奠定了在粤港澳大湾区知识生产格局中的优势地位。澳门虽然同香港一样属于特别行政区，实行"一国两制"和具有较高国际化程度，但因体量较小，在粤港澳大湾区知识生产中的地位并不突出。广州的国际期刊发文量及占比快速增加，受 Andersson 等对中国科学知识的空间政治偏向及省际边界效应的研究启发（Andersson et al.，2014），这或许得益于广州作为省会城市在科研机构、研究人员和科研经费等方面的优势。深圳是中国的经济特区，具有紧邻香港的区位优势，在 2000 年前后建设大学城、虚拟大学园并通过与中国内地和香港名校合作的方式致力发展高等教育和科学研究，这使得深圳的知识生产能力及区域地位得到极大提升。其他城市在粤港澳大湾区知识生产中的地位都较低，但从发展上看在城市群中的地位（所占比重）都有微弱增加的态势。

三、大湾区创新网络的功能多中心演变特征

（一）城市群尺度的功能多中心演变特征

粤港澳大湾区内部城市间的国际期刊论文合作在 20 世纪 90 年代才刚刚起步，2000 年时全部合作论文仅 300 余篇，2000 年之后快速增长；这些合作主要集中在香港、广州和深圳三城之间，但三城合作量占城市群的比重不断降低，从 2000 年的 94.44% 降低到 2016 年的 82.52%（表 5-1）。测算结果显示，在城市群尺度上的功能多中心性大大提升，从 2000 年的 0.66 上升到 2016 年的 0.96（图 5-1）。从图 5-3a 可以看出，在城市群尺度的合作中，香港和广州呈现出"携手共进"或"齐头并进"的态势，深圳则步步紧跟，表明这三个城市实际上已经建立了稳定的知识同盟关系，实现了三个城市的同步增长，基本实现了从双核心（香港、广州）向三核心（香港、广州、深圳）的转变。从具体数据看，城市群尺度功能多中心性的提升主要源于深圳同香港合作的快速发展。2004 年深圳的首位合作城市由广州变为香港；2014 年深圳取代广州成为香港的首位合作城市[①]；深圳与香港虽然存在体制障碍，但地理邻近性所带来的知识跨界合作超越了制度邻近性下产生的省内知识合作，显示出深圳合作倾向的转变。然而这并不意味着境界所隐喻的体制障碍的消失，仅反映了香港与（特区）深圳的特别关系；实际上广州同境内八城建立了更广泛的合作，而不是像香港一样主要同少数高等级城市建立联系。2016 年香港同广州、深圳的合作量占香港全部合作量的 96.27%，而广州同香港、深圳的合作量仅占广州全部的 67.17%。

[①]2014 年香港中文大学深圳校区正式设立，这种合作模式极大推动了香港和深圳的科学研究合作。

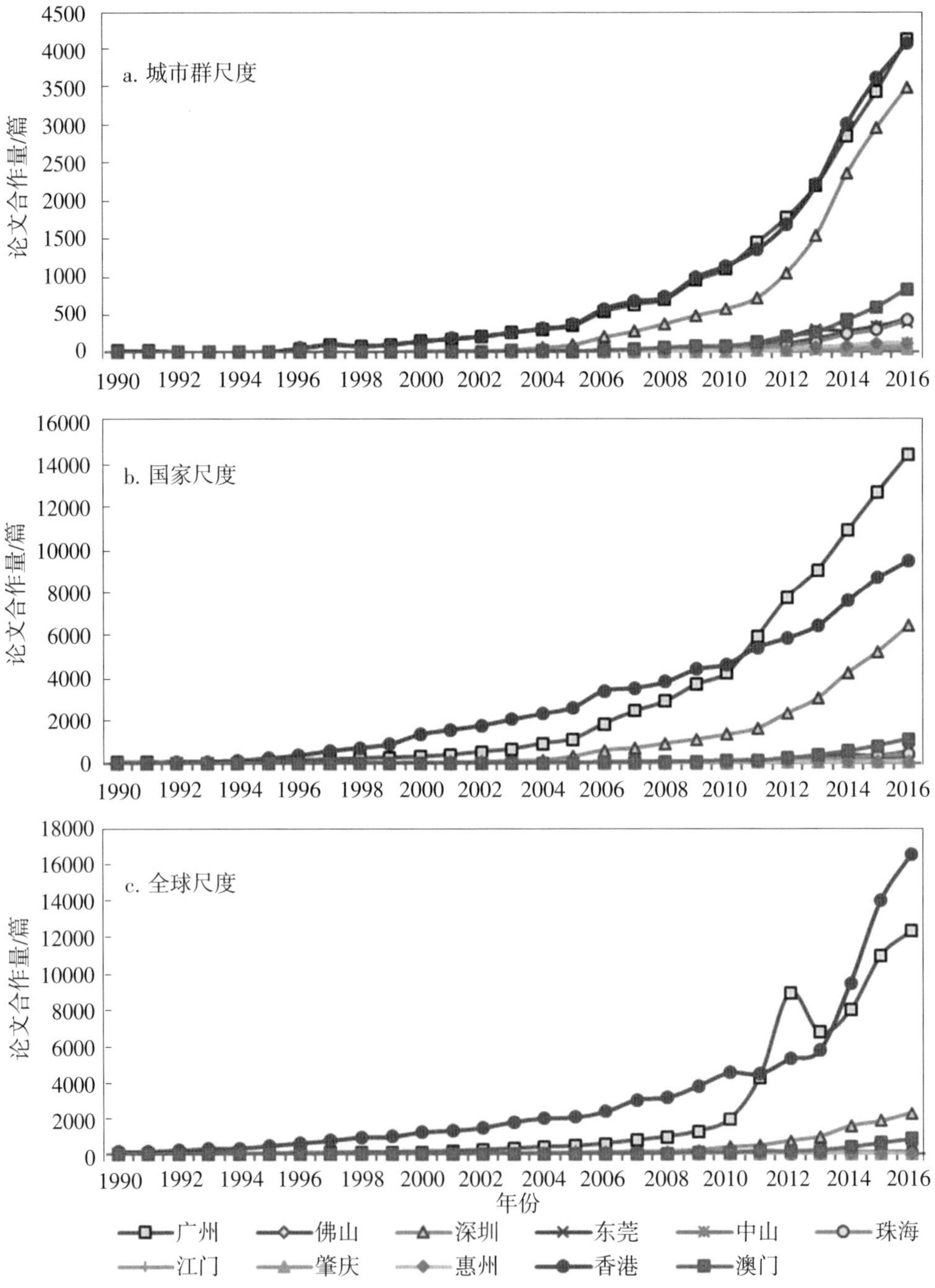

图 5-3 1990—2016 年各城市在不同尺度的合作发文量

（二）国家尺度的功能多中心特征

粤港澳大湾区在国家尺度上的功能多中心性表现出波动增长的态势，在发展同国内城市科学合作的不同阶段出现了"一核极化加强"和"多中心程度增强"的反向交替特征。2000年之前出现过两次极化过程；2000年后多中心性增长较为明显，多中心度从2000年的0.41增长到2016年的0.81（图5-1）。三个核心城市同国内城市的合作发文量占粤港澳大湾区所有城市同国内城市合作发文总量的比重从2000年的99.00%降低到2016年的91.58%（表5-1）。图5-3b展示了粤港澳大湾区所有城市同国内城市合作发文量的变化情况，可以看出香港作为首位核心城市的地位被广州取代，转折点是2010年，之后的阶段香港与广州的差距越来越大。在国际期刊论文合作上，香港在前期同国内城市的合作上占优势，但广州在后期快速发展并实现超越，这显然得益于它同这些城市具有相同的科研体制，与Zhang等的研究结论"拥有相同背景的行为者在进行知识共享时可能会更容易"相一致（Zhang and Kloosterman，2016）。推动在国家尺度上功能多中心性增长的，一方面是广州的追赶和超越，另一方面则是深圳的快速发展。深圳与香港在发文量上的差距，2011年是3786篇，2016年缩小到3049篇。在同国内城市的知识联系上，广州和深圳的制度邻近优势相比香港更为显著。

（三）全球尺度的功能多中心特征

粤港澳大湾区城市在发展同全球科学城市的知识合作中，三个核心城市的作用更为突出。从表5-1的数据上看，三城占比虽然不断下降，但2016年的历史最低值仍高达95.85%。粤港澳大湾区在全球尺度上的功能多中心性经历了1990—2000年的徘徊阶段、2000—2011年的提升阶段和2011年后的下降阶段，多中心度从2000年0.31增长到2011年的0.68后又降低到2016年的0.64（图5-1c）。在全球联系中，香港长期占据主导地位，引领了粤港澳大湾区面向全球城市的知识合作；在2013年后又表现出加速增长的态势，进一步拉大了与广州、深圳的距离。广州积极发展同全球城市的知识合作，试图更大程度地发挥自身在全球尺度的对外联系功能，曾经一度（2012年和2013年）超过香港成为粤港澳大湾区的首位核心城市，但最终又被香港反超（图5-3c）。深圳同全球城市的知识联系明显弱于香港和广州，表明其承担粤港澳大湾区城市群在全球尺度的对外知识联系功能还不够显著。

(四) 不同尺度多中心演变的比较

比较属性和功能多中心以及不同地理尺度的功能多中心性,有助于更好地理解城市群知识生产和知识联系的多中心结构特征。

1. 不同地理尺度的功能多中心性比较

比较图 5-1 中的三条功能多中心性曲线,发现地理尺度越大,功能多中心性会越小;图 5-4 也显示出城市群内部城市间知识合作结构具有最高的多中心性,之后依次是城市群的城市与国家尺度的城市合作、城市群的城市与全球尺度的城市合作。这是 Hall、Taylor、Hanssens、李迎成等在不同研究中的相同发现(Taylor et al., 2002; Hall and Pain, 2006; Hanssens et al., 2014; Li and Phelps, 2017),也是本研究的结果。这或许与城市群内部的城市等级及其功能分工有关,承担全球功能的核心城市在全球尺度上相比国家尺度和区域尺度具有更高的极化和控制能力,因此全球尺度的功能多中心性会比另两个尺度低。就粤港澳大湾区而言,香港作为粤港澳大湾区城市群面向全球知识合作的功能枢纽,相比其他城市在全球联系上具有更高的控制力。

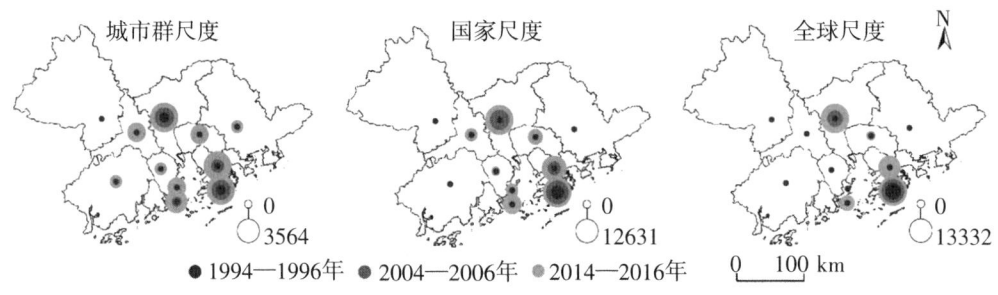

图 5-4 粤港澳大湾区城市在不同尺度合作中的合作论文增长变化情况

2. 属性与功能的多中心性比较

粤港澳大湾区的属性多中心度略低于国家尺度的功能多中心度,略高于全球尺度的功能多中心度。这表明粤港澳大湾区的次核心城市[①]在城市群内部知识生产中的地位弱于同国内城市知识合作的地位,强于同全球城市知识合作的地位。这与长江三角洲城市群(YRDR)知识多中心性的研究结果不同,长江三

[①] 粤港澳大湾区城市群中的次核心城市是指排名居于第二和第三位的核心城市。在不同年份和不同方面的排名中,次核心城市所指并不相同。

角洲城市群的属性多中心度在 2001—2011 年既高于全球尺度也高于国家尺度（Li and Phelps，2017）。这表明粤港澳大湾区的次核心城市（2000—2016 年有 13 个年份的次核心城市是广州和深圳）同国内城市的知识合作角色相比长江三角洲城市群的次核心城市（南京、杭州、苏州）同国内城市的知识合作角色相对而言要强一些，与核心城市（香港）的差距相对弱一些。这或许与粤港澳大湾区城市群内部港澳与珠江三角洲之间存在境界线及体制障碍有关，广州也因此在国内城市知识联系中从次核心城市上升为首位核心城市。

3. 不同阶段的多中心性比较

从较长的一段时间来看，不管是功能多中心还是属性多中心，粤港澳大湾区的多中心度既有下降也有上升的时段（图 5-1）。多中心度下降意味着首位核心城市进一步极化，控制力加强；多中心度上升意味着次核心城市加快发展，缩小了同首位核心城市的差距。首位核心城市和次核心城市竞相发展，推动了粤港澳大湾区总体的多中心性向更高水平发展。从图 5-1 中可以看出，1990—2000 年粤港澳大湾区的多中心性总体有所下降或保持平稳；2000—2010 年的多中心性均保持较快增长；2010—2016 年的多中心性出现分化，在城市群尺度层面快速增长、在国家尺度层面平稳增长、在全球尺度层面反向增长。图 5-5 则直观展示出各城市在三个时段的论文合作情况，可以看到广州国内尺度联系的快速增长并在 2014—2016 年时段超过香港，香港国内尺度的联系 2014—2016 年阶段比 2004—2006 年阶段减少，但全球尺度保持了快速增加。可见，粤港澳大湾区多中心性的发展是一种具有周期性的、渐进增长的过程，需要长期地观测，才能清晰地认识其多中心所处状态和发展方向。

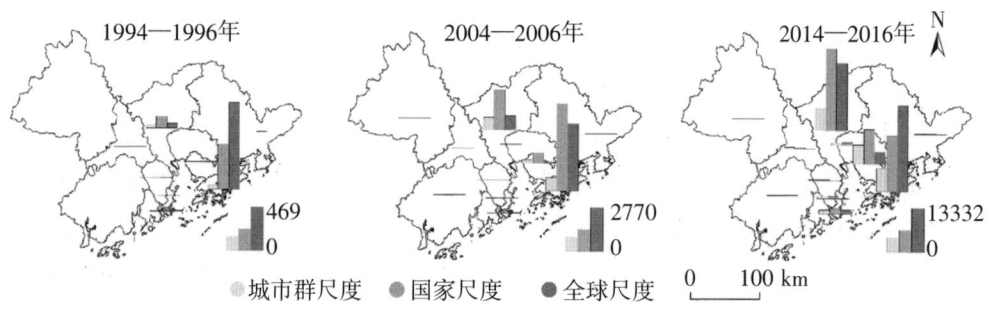

图 5-5　不同时段粤港澳大湾区城市合作论文的分尺度比较

第三节 粤港澳大湾区创新网络的结构特征

为了深入理解粤港澳大湾区功能多中心性变化的内在原因,以及进一步探讨核心城市所发挥的轮轴/枢纽作用,绘制了三个时间段的城市间知识合作网络图(图5-6)。研究过程中,构建了1990—2016年27个年份的城市间知识联系矩阵,但为了更加清晰地反映网络的主体结构及其变化特征,选择了3个年份段:1994—1996年、2004—2006年、2014—2016年。这样选择的考虑:一是20世纪90年代初期粤港澳大湾区城市的国际期刊发文量比较少,为避免数量太少无法反映网络结构特征,没有选择前几年的论文合作数据;二是香港1997年回归祖国、澳门1999年回归祖国,为了便于比较香港、澳门回归前与回归后的差别,选择了回归前的1994—1996年作为参考;三是为了平滑单一年份合作发表论文可能产生的突变,选择了三年合作量的平均值;四是为了反映网络主要结构(线条太多会显得杂乱,掩盖主要联系),每个年份段都选了一个切分值(分别为5、30、180);五是为了不掩盖城市间的真实联系和城市对外合作的实际量,图中线条粗细和点大小反映的是实际量,而不是区间;六是为了反映城市在不同地理尺度上的枢纽功能,将所有城市按全球尺度、国家尺度和城市群尺度进行区分。依据三个时段的城市间知识合作网络,可以得出不同时期粤港澳大湾区城市群在不同尺度上的知识联系格局特征,通过比较三个时段网络格局可以揭示其多中心性演化的内在成因。

一、1994—1996年期间的单核极化网络

这一时期粤港澳大湾区的知识合作网络以香港为绝对核心,香港的对外论文合作量占全部论文合作量的84.31%。广州的个体网络完全处于香港的个体网络之中,同全球知识城市的合作基本上是由香港建立的。同国内知识城市的合作主要发生在香港和广州,分别占粤港澳大湾区所有城市同国内城市合作量的77.00%和20.57%。城市群内部的主要合作发生在广州和香港之间。可见,港澳回归之前,香港承担着这一时段粤港澳大湾区对接全球和国家知识城市的核心职能,广州仅分担了小部分对接国家知识城市的职能。

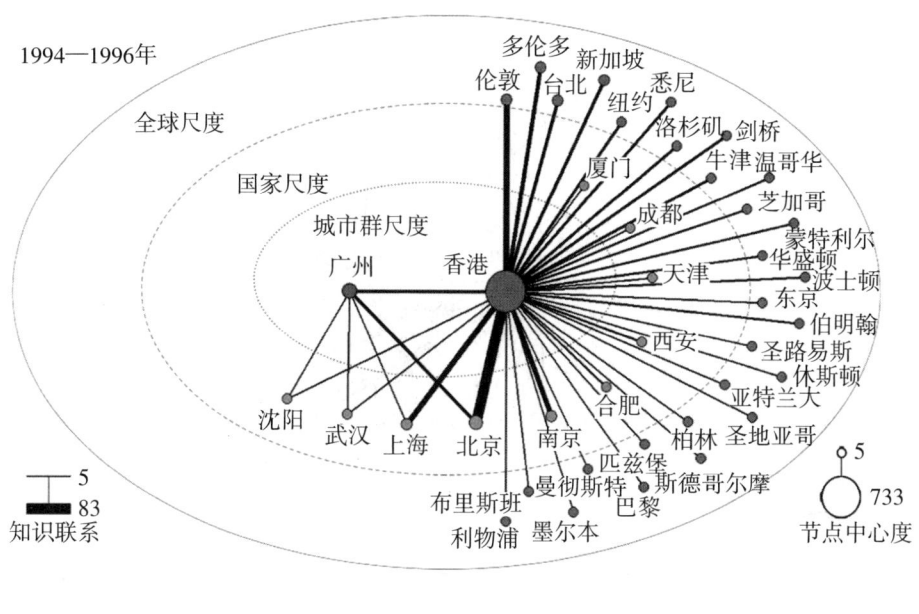

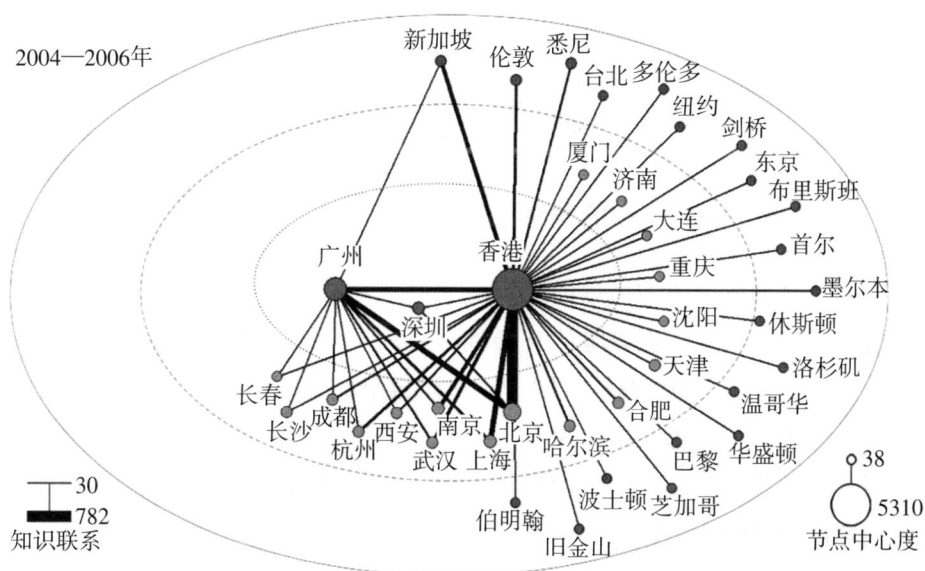

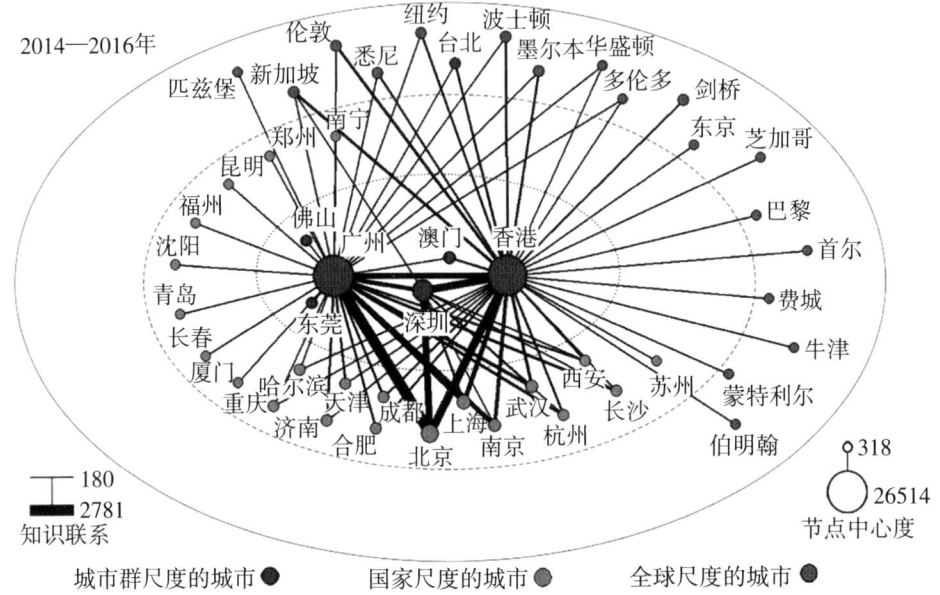

图 5-6 粤港澳大湾区城市群的城市与不同地理尺度城市的知识合作网络演化图

(图例中的知识联系用城市间论文合作量反映；节点中心度用城市对外论文合作量反映，即一个城市与文中所选其他 191 个城市的合作论文总量。)

二、2004—2006 年的单核弱化网络

这一时期粤港澳大湾区的知识合作网络仍以香港为绝对核心，广州仍处于香港的个体网络中，但香港的核心地位有所下降，香港对外知识合作量占全部合作量的比重降至 64.83%。同全球知识城市的合作中，广州开始发挥作用，但相对香港仍微不足道。国家尺度方面，同香港联系的国内城市有半数以上也同广州发生了联系，北京仍是合作的首位城市。城市群内部的主要合作仍发生在香港和广州之间，相比 1994—1996 年时期的最大变化是深圳的出现，它与广州和香港建立了新的三角关系。香港仍承担着这一时段粤港澳大湾区对接全球和国家知识城市的核心职能，但广州的地位开始提升，深圳加入了核心城市之列。可见，港澳的回归推动了珠江三角洲城市同港澳的科学合作，也助推了珠江三角洲城市（特别是广州、深圳）同全球知识城市和国家知识城市在国际期刊上的知识联系。

三、2014—2016 年的双核多中心网络

粤港澳大湾区的知识合作网络结构发生了显著变化，香港的绝对核心地位已被广州撼动，香港仍是粤港澳大湾区对接全球知识城市的首位核心城市，但对接国内知识城市的首位核心城市角色被广州替代，香港和广州作为粤港澳大湾区的枢纽职能出现了明确分工。同全球知识城市的合作中，香港与全球知识城市的合作占粤港澳大湾区所有城市的50.23%（广州占39.22%）；同国内知识城市的合作中，广州与国内知识城市的合作占粤港澳大湾区所有城市的44.12%（香港为29.90%）。从图5-6中可见，在全球尺度上，广州除了同美国城市匹兹堡单独联系外，其余联系均处于香港的个体网络中；在国家尺度上，香港除了同苏州单独联系外，其余联系均处于广州的个体网络中。城市群内部的知识合作进一步加强，澳门、佛山和东莞进入了合作量超过180篇的联系网络中。深圳同香港的联系成为内部联系中最强的一条，深圳也开始承接一小部分对接全球和全国知识城市的功能，成为很具潜力的核心城市。

四、三个发展时期网络结构的对比分析

比较三个时期的网络结构，可以看到城市间科学合作网络加速发展的过程。广州、深圳的渐次崛起和新的重要知识城市的出现是城市群尺度知识网络格局演变的重要特征；国内知识城市从以香港为绝对合作伙伴城市转向以广州为绝对合作伙伴城市是国家尺度层面知识网络格局演变的重要特征；全球知识城市正在改变以香港为绝对合作伙伴城市的格局，开始向广州、深圳等粤港澳大湾区核心城市渗透（反言之，广州和深圳等城市不断增强在粤港澳大湾区对全球尺度层面知识联系中的地位和作用），是全球尺度层面知识网络格局演变的重要特征。总之，粤港澳大湾区城市在国家尺度和全球尺度层面上功能分工的深化和新核心城市的成长是粤港澳大湾区功能多中心性增加的直接原因。

第四节 粤港澳大湾区创新网络的主体联系特征

城市间知识网络结构的变化是粤港澳大湾区多中心演化的直接原因，那么推动网络演化进而驱动多中心演化的动力和作用机制是什么？研究认为，粤港

澳大湾区多中心的演化，是受地理接近、制度接近和等级接近的影响，在全球、国家和区域不同空间尺度上及不同尺度之间，特别是粤港澳大湾区内珠江三角洲和港澳跨境之间，通过研究人员移动、科研单位联动和政府政策推动及其行动主体间的相互作用实现的；粤港澳大湾区次核心城市知识存量与合作量的快速增长、内部城市间特别是跨境城市间科学合作网络的增密以及广州和香港发挥国家和全球知识枢纽功能作用的演替，直接推动了粤港澳大湾区知识多中心的演化（图5-7）。

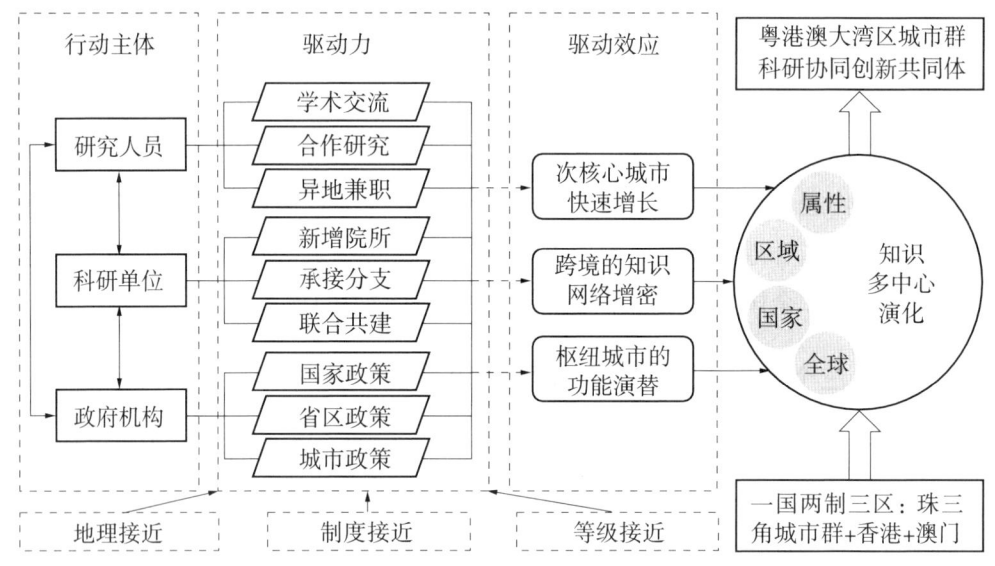

图5-7 粤港澳大湾区多中心演化机制示意图

一、政府机构的联系特征

对跨境的城市群而言，政府政策是主导力量，影响着科研机构和研究人员的行动，进而作用于知识网络及其多中心发展。①港澳回归祖国之后，国家政府不断推动港澳和内地的经济合作及文化交流，并逐步重视科研的交流合作。特别是2003年内地与香港及澳门特区政府分别签署了《关于建立更紧密经贸关系的安排》（简称"CEPA"），开创了跨境制度性合作的新路径，也为港澳同内地的科研合作创造了条件。②广东省身处前沿，同香港、澳门共建粤港合作联席会议和粤澳合作联席会议制度，推动粤港、粤澳开展包括科研合作在内的多方面合作交流。③珠江三角洲各城市政府也在港澳合作方面积极行动，在科研合作方面最突出的是深圳市。例如，深圳与香港特区政府于 2004 年启动高等教育合作①，2007 年签署《深港创新圈合作协议》，共同打造深港协同创新中心，推动了深圳知识新核心的崛起。

二、研究人员的联系特征

科研合作是研究人员之间的合作，研究人员是知识网络及其多中心演化的根本力量。研究人员之间的合作虽发生在个人之间，但受到政策设计的影响。粤港合作联席会议 2001 年第四次联席会议把人才培训和交流列为重要合作领域（秦伟，2014）；2012 年粤港澳三地联手建立了粤港澳人才合作示范区。这些政府政策都推动了三地间的人才流动，具体合作方式有学术交流、合作研究和异地兼职等。在人才流动性增加的背景下，广州和深圳加大了人才培育和引进力度，使得两市人才储备快速增长，成为粤港澳大湾区属性多中心增加的重要推力之一。

三、科研机构的联系特征

作为落实政策的主体和研究人员的依托，科研单位是知识网络构建与演变的重要支撑和中坚力量。第一，广深二市新增了一大批科研机构，缩小了与香港的差距。广东省高等学校由 1995 年的 42 家增长到 2016 年的 149 家，其中广州由 25 家增长到 82 家，深圳由 2 家增长到 12 家（据《广东统计年鉴 2017》《广州统计年鉴 2017》《深圳统计年鉴 2017》）。第二，广深二市在异地新建或承接科研机构上大做文章，极大地推动了异地科研合作。广州的中山大学和暨南大学等在深圳、珠海建立分校区，华南理工大学工业技术研究院在珠江三角洲多个城市建立分院（简兆权和郑雪云，2011）。深圳承接了香港 6 所国际知名高校建设的分支机构（胡罡和罗剑平，2016），密切了深港科研关系。第三，深圳联合共建科研机构，主动发挥粤港澳大湾区对外知识枢纽功能。自 1996 年深圳市政府和清华大学共建清华大学深圳研究院以来，已有 30 余所粤港澳大湾区以外的内地知名高校或研究机构进入深圳虚拟大学园建立分支机构；俄罗斯莫斯科大学、美国加州大学伯克利分校等国际知名高校的分支机构也落户深圳。

---

① 详见 http://www.szeb.edu.cn。

四、创新网络主体的联系动力机制

制度接近、地理接近和等级接近不同程度地作用于城市知识网络的构建和多中心性演化。广州的发展激发了香港依托体制和国际化优势（与全球知识城市的制度接近）发挥更大的全球尺度枢纽功能；香港的发展通过城市间联动带动了广州、深圳在全国尺度和全球尺度上发挥功能，激发广州发挥体制优势（与国家知识城市的制度接近和等级接近，刘承良等，2017），增强了广州在国家尺度上的功能；香港、广州和深圳三个核心城市建立了合作同盟（发挥同一城市群的地理接近优势），形成相互促进、彼此关联的关系，激发了所有城市依托自身的独特优势、寻找自己的合适定位、发挥更专长的职能，最终使粤港澳大湾区城市群的知识生产成为一个密不可分的整体。研究表明，虽然粤港澳大湾区城市群是一个存在制度差异和体制隔阂的城市群，内部的境界线带来各种联系障碍使得城市关系更加复杂；但在港澳回归祖国及 CEPA 的推进下，港澳同珠江三角洲的关系更加密切，其知识网络的多中心性和融合度总体不断提升。

本章小结

采用基尼系数测度多中心性的方法，使用 WOS 核心合集数据库中城市出版论文和城市间合著论文矩阵数据，对粤港澳大湾区城市群的知识多中心的演化过程与机制进行了研究，得到以下结论。

第一，粤港澳大湾区城市群知识多中心性程度在波动中增长的趋势十分明显，同时表现出明显的阶段性特征。这表明功能多中心性的演化同样具有尺度敏感性，演化趋势特征脱离不开自身空间尺度。城市群尺度的功能多中心性可能会不断趋近最大值，但全球尺度的功能多中心性波动发展中不会突破一条不确定的"红线"，只有少数城市能够发挥城市群轮轴/枢纽作用的格局难以改变。

第二，功能多中心性的尺度规律得到进一步证实。对粤港澳大湾区城市群的功能多中心性研究结果进一步证实了"地理尺度越大其功能多中心性越小"的规律性。当然，这一规律性还需要在不同全球化程度的城市群区域开展更多的实证检验，并持续关注。

第三，受地理接近、制度接近和等级接近的影响，粤港澳大湾区城市在与同区域内部城市、国家城市和全球城市建立科研联系时，会尽可能发挥自身地理优势、制度优势和等级优势，进而产生了不同核心城市在不同地理尺度上的知识多中心功能差异。然而，核心城市在形态多中心程度和功能差异化发展过程中，又相互促进、彼此关联，共同构成了知识合作与创新同盟，为粤港澳大湾区城市群的全面协同创新奠定了良好基础。

第四，由于知识流具有自身独特属性，知识转出方的知识存量并不减少，而且交流双方都可能会受到激发并产生新的知识（Ma et al.，2014），因此，知识网络多中心性程度越高，表明交流越频繁越深入，对双方城市都有正面影响，还会促进区域的知识创新与增长。知识的交流，特别是高水平的知识交流具有更大的跨越界限障碍的能力，这种交流相比物质流、资金流受体制的限制相对较小，且可能会对物质流、资金流产生正向影响。研究结果表明粤港澳大湾区城市群知识网络在向着区域科学创新共同体的方向快速发展。粤港澳大湾区知识网络多中心性研究还可为其他类型（流）网络的多中心性研究提供参照，共同助力于粤港澳协同创新区的建设。

当然，也应看到知识具有多种类型，科学知识的载体不只有论文。代表技术知识的专利（Ma et al.，2015）以及高技术人才（马海涛，2017）、高技术企业对城市间知识交流的影响也很重要，都值得研究，特别是粤港澳大湾区的技术合作更需要加强研究。如何推动粤港澳大湾区城市群知识多中心的健康发展，进一步推动科学研究的跨境融合和协同创新，也需要在系列研究基础上提出有针对性的政策和建议，以便更好地服务于粤港澳大湾区的协同创新发展进程。

第六章　粤港澳大湾区科技建设的目标体系

20世纪初熊彼特（Schumpeter，1934）首次提出创新理论；20世纪50年代，技术创新经济学、制度创新经济学的发展使创新在经济学界受到重视，但直到20世纪80年代，学者们才开始重视创新的区域问题。此后，创新已成为促进经济发展，促进城市和区域竞争力和可持续发展的关键（Parrilli et al.，2016；吕拉昌，2018）。随着创新的空间维度重要性日益凸显，经济地理学、区域研究学者对创新地理现象进行了广泛研究，对城市和区域创新的认识和理解不断加深。区域创新目标体系是在相关理论基础上，充分考虑区域发展的实际基础上制定的，具有科技创新发展远景的指导意义。

第一节　目标体系确立的依据

一、理论基础

创新资源全球配置，城市群成为创新活动与创新资源的集聚区，全球城市、国际性的核心城市及所在区域组成的全球城市区域（global cityregion）成为世界创新资源的主要集聚区，也成为参与国际分工和国际竞争最重要的地域单元，全球城市区域已成为国家经济中产业创新和增长的主要动力，国家竞争在某种程度上是这些国家全球城市区域的竞争。全球城市区域能够促进创新，具有创新效应的重要原因是（Diez and Berger，2005）：第一，集聚了多样化的专业人才以及大学、研究机构、资本、风险投资和各类创新服务基础设施，提供了大量潜在的合作伙伴，成为全球及地区创新资源富集区及创新网络的密集区。对于发展中国家而言，创新基础设施更加集中于城市群区域。第二，全球城市区域能够促进空间、技术和组织邻近，并可以提供特定资源，这些能够产生意义重大的外部性。第三，相比国家创新系统，全球城市区域的创新治理更具针对性和灵活性，也更易协调和操作。

（一）全球城市区域

1957 年法国城市地理学家戈特曼（Gottmann）提出了城市连绵带（Megalopolis）或城市群的概念，即把城市与城市以及城市与区域结合起来。1960 年以后，城市地理的研究尺度，由地区、区域走向世界，城市地理研究不再只注重城市间（inter-urban scale）与城市内（intra-urban scale）两个分析尺度，而是从全球尺度中发掘城市空间变化的动力，霍尔提出了世界城市（the world city）概念。1980 年以后，伴随全球化的发展，全球尺度的研究更进一步受到重视。费里德曼提出了世界城市假设（The World City Hypothesis），萨森提出了全球城市（global city）概念，斯科特将国际化、区域化以及城市化复合在一起，提出了全球城市区域概念。城市地理的研究从单一城市尺度研究过渡到全球城市区域的尺度研究（吕拉昌，2010）。

全球城市区域既不同于普通意义上的城市范畴，也不同于仅有地域联系形成的城市连绵区，而是在国际化高度发展的前提下，以经济联系为基础，由国际城市及腹地内经济实力较为雄厚的二级城市扩展联合而形成的一种独特空间现象（余丹林和魏也华，2003）。其特点主要体现在三方面：其一，该现象的出现与经济国际化有着极其密切的关系，城市的扩展与联合是经济国际化的直接后果；其二，这种由点及面的扩展在空间联系上远远超出城市本身，但在此空间区域中，无论是经济联系还是文化、政治联系，都远较其他地区的联系紧密；其三，国际城市区域不仅是经济国际化的结果，同时也是全球经济的驱动力之一（魏也华、吕拉昌等，2005）。国际化与全球城市区域的发展不过是一个整体的两个不同的侧面而已，因为正是在这种有着高度联系的全球城市区域中，才有足够的人力资源、资本、基础设施以及相关服务行业支撑具备国际水平的产业。国际化是这一现象出现的主要动力，各城市在国际化及地方氛围中联系更为紧密，但只谈城市已经无法充分解释国际化时代的产业竞争与发展，而城市区域不仅是城市在空间上的扩展，也是城市功能升级、产业扩散、空间扩展、经济联系日趋紧密过程中形成的地域现象，从而为国际化时代的区域经济发展提供了适当的空间解释。国际城市区域一方面成为具有全球影响力的区域，另一方面，国际城市区域的城市在全球城市体系中担任重要功能。全球城市区域是全球化时代国家或区域参与全球竞争的主要空间载体，是全球经济增长的重要引擎、全球竞争的主要力量、全球经济体系的重要功能节点和国家参与国际劳动分工的基本地域单元。

粤港澳大湾区已经基本具备了全球城市区域的特征（武前波和马海涛，2016）。

第一，全球城市区域是以全球城市（或具有全球城市功能）为核心的城市区域。全球城市区域形成的前提条件是区域内相互联系的诸多城市均参与到经济全球化的进程中，核心城市和二级城市都属于高度全球化或国际化的城市。作为"世界工厂"的粤港澳大湾区，香港作为区域内的中心城市之一，在全球经济体系中的地位不断提升，已是具有较高级别的全球城市；广州和深圳等城市，在全球及区域的影响力日益增强，将建成一批次级全球性城市。粤港澳大湾区呈现出全球城市区域具备的多中心、网络化发展的空间结构（李红卫等，2005；李晓莉，2008；于涛方等，2009；晁恒等，2014）。

第二，粤港澳大湾区空间经济一体化特征显著。要素的空间流动打破了原有的"行政区经济"界限，降低了边界效应，边界地区增长加快，开始崛起。从早期"香港—深圳跨境城市经济区"的跨边界区域（薛凤旋等，1997），转向"跨境自由贸易区"，跨境资本流动、跨境贸易、跨境人流等促进了粤港澳的区域一体化（易峥等，2002；徐江，2008；罗小龙等，2010）。不过跨境管治涉及多中心多层级，具有相当的复杂性（杨春，2008；刘云刚等，2018），需要政府干预以弥补市场缺陷（马学广，2012）。此外，跨行政边界的基础设施，如广佛同城化、深莞惠规划信息平台等，重构了不同层级政府的边界（刘超群等，2010；吴蕊彤等，2013；李凤珍等，2016；魏宗财等，2016；陈慧灵等，2018）。李郇等（2018）基于2013—2017年VIIRS灯光数据，发现粤港澳大湾区边界地区、湾区（东岸）地区得到快速增长，包括深莞、深惠、莞惠、广莞、广佛、佛中等边界地区，以小型工业园为代表，洼地区域正在成为新的机会空间，呈现去边界化的趋势。

第三，全球城市区域是多核心的城市扩展联合的空间结构，而非单一核心的城市（周振华，2007）。粤港澳大湾区具备2个核心区，分别为广佛核心区和港深核心区。广佛核心区呈现同城化结构，港深核心区则呈现双城中心结构（李郇等，2018）。在市场和政府的共同作用下，广州和佛山逐步形成了同城化核心区。这一核心区集聚了高端服务要素，广佛两个城市产业互补，具有较强的关联性。港深建成区呈现香港中环—九龙、深圳罗湖—福田—前海的双城中心结构，双城中心由环状道路和过关通道连接。香港、深圳产业关联性强，已初步形成"香港研发、深圳孵化中试"合作模式，同时金融产业具备成为联合体的潜力。根据世界知识产权组织（以下简称"WIPO"）和美国康奈尔大学等机构在纽约发布的"2018年全球创新指数报告"，中国的深圳—香港地区位居"最佳科技集群"。深圳和香港人口往来频繁，自改革开放以来，深圳一直是香港人移居内地的首选城市。

第四，粤港澳大湾区内部专业化分工不断加深，已形成功能网络。改革开放后，香港、澳门与珠江三角洲地区形成"前店后厂"的跨地域分工模式。2000年后，珠江三角洲地区产业格局开始转变。近年来，香港生产性服务业已形成以广深中心城区为主、以其他城市中心城区为辅的产业功能联系（黎智枫，2016）。珠江三角洲地区内部出现了产业同构化和产业集聚现象（丁焕峰，2010；李燕等，2013；徐骏，2013；王鹏等，2016；曹宗平等，2017），制造业出现了产业转移和产业重构（李燕等，2013；金利霞等，2015；曹宗平等，2017；许树辉，2017）；也有研究从交通、金融等方面来描述珠江三角洲地区的城市功能联系（冯长春等，2014；刘涛，2015；刘涛等，2015）。功能化网络中产业集聚区作为功能区参与全球竞争。粤港澳大湾区已形成众多产业集聚区，制造业围绕通信设备、电气机械及器材制造、金属制品、纺织业、交通运输五大核心产业形成功能网络，具有显著的集聚效应，吸纳大量劳动人口，凭借特定主导产业成为功能性城市区域。这些功能性城市区域是全球城市区域功能化网络上的功能区块，功能区块在全球产业链中具备竞争优势，代替城市参与全球竞争（李郇等，2018）。

综上所述，粤港澳大湾区已经具备全球城市区域的基本特征。未来可借助全球城市区域理论框架，以期指导与规划粤港澳大湾区的建设与发展。

（二）区域创新系统

弗里曼（Freeman，1987）提出了国家创新系统，兰德韦尔（Lundvall，1988）、纳尔森（Nelson，1993）等从不同角度做了研究，20世纪90年代波特提出了国家创新系统的钻石理论（Porter，1990），兰德韦尔（1992）及佩特尔和帕威特（Patel and Pavitt，1994）分别构建了国家创新系统的理论结构图，OECD（1996）揭示了国家创新系统的政策意义。伴随国家创新系统的研究，这一概念很快被推广到区域，库克（Cooke，1992）较早较为全面地对区域创新系统进行了研究。创新环境学派强调地区环境的孵化器功能（Aydalot，1988），强调"集体学习""制度厚度""学习行为""社会合作及社会空间协作"对地区创新的重要性并对一些高新技术区域进行分析（Antonelli，1999；Batten，1995；Camagni，1991；Cooke and Morgan，1993；Lundavall，1992；Storper，1996）。

无论是对国家创新系统还是对区域创新系统，研究的主要问题具有如下相似性：①关注国家或区域创新环境的研究（Maennig，2011；Trippl，2014；Titova，2016）。②关注国家或区域的创新系统结构研究（Freeman，1987；Porter，1990；Lundvall，1992；Pavitt，1994；Lee，2010；Garifullin，2015）。③关注国家或区域创新系统的空间结构研究（Lundvall and Sydow，1992；Hassink and Wood，1998；Martin，2013）。④关注区域创新系统功能研究（Hekkert，2009；Jacobsson，2011），如Lawson和Lorenz（1999）对明尼拿波里斯和剑桥地区的实证研究。⑤关注国家或区域创新过程研究。一方面，把学习机制与组织学习机制作为重要的创新过程（Argyris，1990；Amburgey et al.，1993；Chiva，2014；Grφnning，2015）；另一方面，是研究集体学习机制（Keeble and Wilkinson，1999；Capello，1999；Vallance，2014；Hardeman，2014）。⑥关注区域关系、合作与网络。关系的研究集中于建立在客户—供应商联系上的价值链关系和各类组织间的合作关系，少数研究关注区域创新中的竞争和竞合关系，以及非正式关系、社会资本和信任（Doloreux and Porto，2017）。互动学习和组织关联是区域创新系统理论的核心，使用社会网络分析方法和创新主体间的关系数据，区域创新网络结构和特征得到了更为精确的定量化描述（Stuck et al.，2016）。区域创新系统强调互动学习和知识交换过程中区域的重要性，但跨区域知识联系的重要性也得到了广泛认同（Trippl et al.，2015），通过全球管道的全球知识流动也受到重视（Bathelt et al.，2004；Anttiroiko et al.，2016；刘承良等，2017）。这种不同知识源对于不同类型的区域创新系统的重要性不一样，对区域内企业的创新影响存在差异（Tödtling et al.，2011；Chaminade and Plechero，2015）。通过跨国公司合作等形式获取外部知识、人力资本和金融资本对中国区域创新系统的发展起到了重要作用，大都市区和城市群创新系统仍表现为碎片化，但内部特定产业制度厚度加深，网络化程度较高（Wu，2007；Liefner and Zeng，2008；Wei，2012；Zhang，2015；Li and Phelps，2018）。近年来，演化经济地理学重视区域创新系统的演化，区分了三种区域产业发展路径：路径扩展、路径更新和路径创造。认为其关键过程是区域创新系统结构作用于区域产业的多元化，包括产业内相关多样性（related variety）和产业间非相关多样性（unrelated variety）（Frenken et al.，2007；Boschma，2017；Coenen et al.，2017）。

城市群作为区域创新系统的一种极为重要的类型与研究范式，其重要性日益增长。另外，城市群作为区域尺度最为重要的空间尺度单元将全球与地区联系起来，全球城市（global city）(Friedmann and Wolff，1982；Sassen，1991）及全球城市区域（global city regions）(Scott，2001）成为全球创新网络的重要节点（Castells and Hall，1994），并通过全球管道（global pipeline）相连接，影响世界的创新与经济。

（三）区域创新网络

随着知识经济、全球化进程的不断加深，区域发展的资源、动力、方式和政策等方面发生了一系列变化，区域创新成为解释区域发展的重要理论。而"网络"成为重要的创新资本，是理解创新发生过程的关键，区域创新网络理论成为一种新兴的分析区域创新和发展的理论框架。

区域创新网络是指地方行为主体（企业、大学、研究机构和地方政府等组织及个人）之间在长期正式或非正式的合作与交流关系的基础上形成的相对稳定的系统。苗长虹等（2011）在国家创新体系的基础上，结合区域发展与创新的实践，认为区域创新网络由以下五部分组成：①创新的主体，主要包括企业、客户、大学、科研机构、地方政府和创新服务机构（如中介组织等）；②创新的资源，主要包括人才、智力、知识、专利、信息和资金等；③创新基础设施，主要包括技术标准、数据库、信息网络、各种科研机构设施、图书馆等；④创新环境，主要包括法律法规、管理体制、财政与金融服务、政府政策、区域历史传统和社会文化等因素；⑤创新的内容，主要包括技术创新、组织创新、制度创新和管理创新等方面。其中，知识流动和地方产业集群促进区域创新主体之间的相互学习，进而实现创新。

（四）全球—地方创新网络

地方产业集群提供了知识流动的环境，是创新最具活力的区域，但知识流动并不局限于这个区域。创新系统的空间配置日益复杂，跨越不同地点和多种空间尺度下的创新网络和制度环境（Carlsson，2006；Grillitsch and Trippl，

2014）发展出"全球创新系统"（global innovation system）概念。创新网络具有多空间尺度特征，并不局限于地方和区域尺度，国家和全球尺度的创新联系同样重要。区域创新网络的国际化能够带来在国内无法获得的互补性创新资源以及新的市场关系和非冗余信息，丰富城市和集群的知识基础，增加异质性，促进城市创新（Dohse et al., 2018）。对于发展中国家，仅依靠本地资源将导致知识和技术的缺乏以及低水平锁定风险（Martin and Sunley, 2006），来自发达国家新颖和多样化的外部知识的流入对于促进本地创新十分必要（Malmberg and Maskell, 2002；Bathelt et al., 2004；Lengyel et al., 2015）。此外，需要通过城市创新网络，增强外资企业在国家创新系统中的根植性，以充分发挥外资的知识溢出效应，推动城市的持续创新（Gassler and Nones, 2008）。这种发达国家与新兴经济体之间通过城市网络形成的知识和技术流动，构成新兴经济体城市创新能力发展的基础（Awate et al., 2012；Perri et al., 2017）。

（五）区位机会窗口

Scott 和 Storper（1987）、Storper 和 Walker（1989）等提出"区位机会窗口"（window of locational opportunity）的概念，即导致新兴产业本地化的一个触发性事件。新兴产业之所以出现在某个空间而不是在其他地点，主要是地方的机会窗口引起的，原因在于新兴产业的要素投入需求很多，如劳动力技能、基础设施、资源禀赋、资本等，而已有的区位条件很少能够完全满足这些需求，因此企业就有了区位选址的自由，机会就产生了。这一企业自由选择区位的时期即所谓的区位机会窗口。Boschma 等（1999）运用演化概念，如机会、选择性环境和收益递增等进一步拓展了区位机会窗口的理论和方法，用来描述新兴产业借助于不确定性、创造力和偶然性所形成的空间格局。他们认为在新兴产业出现时，区位机会窗口会打开，同时为先进和后进区域的产业发展提供机遇，占据"先动优势"（firstmover advantage）的那些区域往往可以从中获取更大的外部性和收益递增。

基于以上理论，粤港澳大湾区科技创新的目标体系需要立足于建设全球城市区域，参与全球城市竞争。一方面，加强培育粤港澳大湾区区域内主体之间的创新网络，打造高效的区域创新系统。另一方面，注重与全球创新网络的链接，建设开放性的区域创新系统，融入跨国和全球创新网络，通过全球—地方网络获取来自发达国家的先进技术和知识溢出。此外，除了关注创新系统内部主体、网络、结构和功能之外,还需密切关注全球科技趋势,积极发现区位机会窗口,促进本地产业的多元化,以避免区域技术锁定与路径依赖。

二、科技创新规划演进

既往相关科技与创新规划可分为两大类型:一是广东省内部的城市群科技创新规划(珠江三角洲规划);二是将港澳纳入规划的大珠江三角洲科技创新规划。梳理相关规划可以发现,对粤港澳大湾区作为一个区域整体创新与发展的认知在不断加深,区域创新协同发展愈来愈受到重视,创新空间架构更加明确。

(一)《珠江三角洲地区改革发展规划纲要(2008—2020年)》:深化粤港澳科技合作,率先建成全国创新型区域和亚太地区重要的科技创新中心

《珠江三角洲地区改革发展规划纲要(2008—2020年)》提出要加强区域合作与国际合作,完善区域创新布局,加强创新能力建设,构建开放融合、布局合理、支撑有力的区域创新体系。深化粤港澳科技合作,建立联合创新区,支持联合开展科技攻关和共建创新平台。规划建设深港创新圈,加强穗港产学研合作,加快国家创新型城市建设,形成以广州—深圳—香港为主轴的区域创新布局。支持广州国家级开发区开展创新发展模式试验。实施企业国际合作创新试点,鼓励企业设立境外研发机构,积极承接跨国公司研发中心转移。完善创新平台的运行管理机制,建立健全科研设备和科技信息开放共享制度,强化创新平台的公共服务功能。加快建设深圳国家高技术产业创新中心、华南新药创制中心、广州国际生物岛等重大创新平台。到2020年,形成较为完善的区域性国际化创新体系。

(二)《广东省国民经济和社会发展第十三个五年规划纲要》:加强粤港澳科技创新合作,建成国际一流的创业创新中心

《广东省国民经济和社会发展第十三个五年规划纲要》(以下简称《广东省"十三五"规划纲要》)明确提出了要加强粤港澳科技创新合作,提出坚持创新驱动发展,着力构建以创新为主要引领和支撑的经济体系和发展模式,到2020年基本建立开放型区域创新体系,并明确了创新区域布局,将香港、澳门纳入

创新体系之中；推动形成以广州、深圳为引领，珠江三角洲地区为主体，带动粤东西北地区协同发展的区域创新格局，形成若干具有强大带动力的创新型城市和区域创新中心。发挥广州、深圳在全面创新改革试验和创新型城市建设中的创新引领作用，增强珠江三角洲地区汇聚创新资源的效能，鼓励支持珠江三角洲地区城市创建国家创新型城市，推动珠江三角洲地区各市形成各有特色、一体联动的创新驱动发展格局。整合深港创新圈、东莞松山湖高新区、广州科学城、中新（广州）知识城、惠州潼湖生态智慧区等地创新资源，建设珠江口东岸科技创新走廊；支持珠海西部生态新区、中山翠亨新区、江门大广海湾经济区、肇庆高新区等建设，推动珠江口西岸地区产业集聚和创新发展。增强珠江三角洲地区对粤东西北地区在人才、技术、产业等方面的对接帮扶和辐射带动，在粤东西北地区培育若干个省级创新型城市，努力在海洋经济、绿色农业、新型工业化等领域实现跨越式发展。《广东省"十三五"规划纲要》提出打造粤港澳大湾区，推动深圳与香港共建全球性金融中心、物流中心、贸易中心、创新中心和国际文化创意中心；加强粤港澳科技创新合作。深入推进粤港科技创新走廊、深港创新圈建设，制订粤港澳科技融合发展计划，鼓励引进港澳创新人才和创新资源，推动企业创新券或经费跨三地使用等，将粤港澳地区建设成为亚太地区重要的创新中心和成果转化基地。

（三）《"十三五"广东省科技创新规划》：全面深化与港澳台和泛珠三角地区科技合作，打造具有国际竞争力的创新高地

《"十三五"广东省科技创新规划》提出，加强粤港澳大湾区合作，继续推进粤港创新走廊建设，完善粤港澳科技创新合作发展计划和粤港联合创新资助计划，推动港澳台相关机构与广东共建产学研结合的国际化创新平台、联合实验室或联合研究中心以及国际级科技成果孵化基地和粤港澳青年创业基地等成果转移平台，加快香港科学园、应用科技研究院、高等院校等机构的先进技术成果向广东转移转化，努力将粤港澳大湾区打造成为具有国际竞争力的创新高地。

（四）《粤港澳大湾区发展规划纲要》：粤港澳大湾区由区域合作上升到国家战略，明确提出建设国际科技创新中心

2019年，《粤港澳大湾区发展规划纲要》（以下简称《规划纲要》）正式印

发，标志着粤港澳合作从区域合作上升到国家战略高度，以国家战略规划的方式，更好地协调粤港澳三地之间的区域合作。《规划纲要》从战略定位、空间布局等方面做出了总体规划和定性，提出粤港澳大湾区要建设国际科技创新中心。深入实施创新驱动发展战略，深化粤港澳创新合作，构建开放型融合发展的区域协同创新共同体，集聚国际创新资源，优化创新制度和政策环境，着力提升科技成果转化能力，建设全球科技创新高地和新兴产业重要策源地。

（五）《广东省推进粤港澳大湾区建设三年行动计划（2018—2020 年）》：形成广东省推进大湾区国际科技中心建设的"施工图"和"任务书"

2019 年 7 月，广东省推进粤港澳大湾区建设领导小组印发《广东省推进粤港澳大湾区建设三年行动计划（2018—2020 年）》。针对国际科技中心建设，提出了十四条具体任务，包括创建综合性国家科学中心，推进"广州—深圳—香港—澳门"科技创新走廊建设，打造深港科技创新合作区、南沙粤港深度合作区和珠海横琴粤澳合作区三大科技创新合作区，建设区域专业技术平台，推动设立粤港澳联合创新专项资金，实施关键核心技术攻关行动，加快集聚国际创新资源，积极参与中外科技伙伴计划，打造科技成果对接转化平台，设立粤港澳产学研创新联盟，设立粤港澳大湾区科研成果转化联合母基金，强化知识产权行政执法和司法保护，加强知识产权应用等。

总体来看，随着对区域创新和发展认识的不断提升，粤港澳大湾区科技创新规划对粤港澳大湾区的认知从相对独立的创新节点提升到作为整体的创新区域，由区域间的科技合作提升到区域更广泛的创新合作、再到区域创新一体化发展，并上升为国家战略，推动建设国际科技创新中心。

三、现实依据

粤港澳大湾区是中国最重要的经济区之一，总面积 5.6 万 km^2，仅占全国面积的 0.58%。2018 年，粤港澳大湾区总人口达到 7 116 万，占全国总人口的 5.1%。GDP 总量 11.3 万亿人民币，占全国 GDP 总量的 12.1%；进出口总额 16.9 万亿人民币，占全国进出口总量的 41.5%。与世界三大湾区相比，粤港澳大湾区人口最多，土地面积、制造业产值最大，GDP 规模第二，具有明显的人口规模、空间发展与制造业基础优势。

作为海上丝绸之路通往世界的重要枢纽，粤港澳大湾区内接腹地，有京广、京九两大重要铁路干线，有内地三大机场之一的白云机场。外接南海，毗邻南亚、东南亚，连接太平洋和印度洋，具备得天独厚的地理位置。粤港澳大湾区拥有世界上最大的海港群、空港群，以及高速、轨道系统等快速交通网络，泛珠三角区域作为粤港澳的重要腹地，是世界物流量最大的区域之一。

粤港澳大湾区具有良好的发展基础，经济规模大，开放程度较高，具备较为高端的产业结构，发达的交通网络，优良的生活环境，整体实力已愈来愈接近全球一流湾区。从创新机制、创新活力、创新主体和市场力量上看，粤港澳大湾区已具备成为全球科技创新中心的基础（马化腾等，2018）。

（一）粤港澳大湾区科技创新资源丰富

粤港澳大湾区已形成全过程科技创新链条。目前在粤港澳大湾区内，广东建立了由26个国家重点实验室、201个广东省重点实验室、64个广东省企业重点实验室等科研机构组成的多层次创新体系，并且正在建设另外4个国家重点实验室。香港有16个国家重点实验室伙伴实验室和6个国家工程技术研究中心香港分中心，澳门有1个国家重点实验室和1个国际实验室。香港大学、香港科技大学、香港中文大学、香港城市大学、香港理工大学在QS世界大学排名（QS World University Rankings）中位列前100名。在世界知识产权组织等机构发布的《2016年全球创新指数报告》中，中国香港在全球排名第14位，在亚洲排名第3位，仅次于新加坡和韩国。粤港澳大湾区的专利授权数量占全国总量的15.3%，超过纽约湾区、旧金山湾区在美国的占比。

（二）创新能力强，基本达到创新型国家或地区水平

粤港澳大湾区是世界重要的科技产业、金融服务业、航运物流和制造业中心，拥有比较完备的创新链、产业链和供应链，可以实现创意、资本、研发、制造、产业化等链式创新全过程。创新驱动发展战略深入实施，广东全面创新改革试验稳步推进，国家自主创新示范区加快建设。粤港澳三地科技研发、转化能力突出，拥有一批在全国乃至全球具有重要影响力的高校、科研院所、高新技术企业和国家大科学工程，创新要素吸引力强，具备建设全球科技创新中心的良好基础。其中，香港高等教育发达，高端人才储备丰富，科技金融、知识产权等现代服务业发达；深圳综合创新生态体系完善，创新创业氛围浓厚；珠江三角洲地区制造业发达，转型升级步伐加快；澳门积极谋求适度多元化发展，在中医药、对葡语系国家合作等领域具有独特优势。广东省研发经费支出

占比不断提升，2016年占比达到2.58%，超过2015年OECD成员的平均水平2.403%；有效发明专利量同比增长21%，PCT国际专利申请受理量同比增长55%，技术自给率高达71%，科技进步贡献率超过57%，区域创新能力综合排名连续9年位居全国第二，基本达到创新型国际和地区水平。

（三）高新技术企业数量众多，创新性突出

粤港澳大湾区拥有高新技术企业数量接近2万家，居全国第一；高技术产品产值超过5.3万亿元，约占工业总产值的40%。以深圳为创新龙头的珠江三角洲地区在新一代信息技术、智能制造和装备制造、新能源、"互联网+"等新兴产业领域取得长足发展，优秀本土企业不断逼近世界技术前沿，基于创新驱动的发展新动能正在不断培育和积累。粤港澳大湾区涌现出一批世界领先的创新型企业，包括华为、腾讯、中兴、大疆等，这些企业的PCT国际专利申请数量占全国的一半，接近韩国的申请数量。

（四）孵化器总数跃居全国第一

广东省加快实施科技企业孵化器倍增计划，推动各类投资主体建设"众创空间—孵化器—加速器"的全孵化链条，实现对企业全成长周期的服务。2016年，广东省科技企业孵化器达到634家，国家级孵化器达到83家，跃居全国第一。同时，大力发展低成本、便利化、全要素、开放式的众创空间，鼓励大中型企业和投融资机构联合创办专业化、市场化的众创空间。2016年，广东省被纳入统计范围的众创空间达到500家，其中有178家纳入国家级孵化器管理体系，数量居全国第一。

（五）具备鼓励创新的制度环境

粤港澳大湾区由于"一国两制三个关税区"制度的特殊性与复杂性，存在两种经济制度、三个关税区、三个金融体系以及三个要素市场等制度性差异。尽管不同制度的存在是三地深度合作的障碍，但从三地发展历程来看，三地能够率先发展也是"一国两制"制度优势的实践佐证。港澳地区特殊的经济制度使得两地能够更加顺畅地融入西方国家经济体系，并通过这种制度便利性反哺国内，而广东经济能够率先发展既得益于其毗邻港澳的区位优势，也在很大程度上发挥了高效的政策执行与资源调度能力等制度优势。正是由于两种制度的有机结合，才使得粤港澳能够更好地利用国内国外两个市场。

（六）华侨及新移民众多

早在 20 世纪 60 年代著名经济学家、诺贝尔经济学奖获得者舒尔茨就指出：人力资源是一切资源中最重要的资源。创新就要与世界最前沿的科学技术相对接。作为沟通海内外科技研发的桥梁，归侨在新兴产业的创新研发活动中具有天然的优势。归侨眼界开阔，在海外的所见所闻使他们能够对当下世界科技的发展路径产生新的认识，为找准创业方向奠定了非常重要的基础。从海外归来的青年还能够较好地理解和适应合作方的思维和做事习惯，从而促成国际合作的成功开展。经历了不同文化的碰撞，善于把握时代的机遇，这也是创业、创新的有利条件。

更多归侨扮演着"海鸥"的角色，往返于海内外，将世界先进的科学技术与创新理念带回中国。越来越多的海归青年投身国内高新技术研发领域，成为其中的生力军。据统计，中国科学院"百人计划"至今已从海外引进优秀人才 2 000 多名，入选人才平均年龄仅 37 岁。这些年轻的海归人才在许多关键技术领域都取得了重大突破。除了在科技创新方面之外，归侨们能够促进跨国经济网络，对投资及销售均有积极意义。因此，归侨资源是粤港澳地区的重要优势之一。

珠江三角洲地区的城市成为改革开放以后中国人口的净迁入地区，这些人口来自祖国的四面八方，成为新"移民"，带来了不同的文化，文化融合造就了创新与发展。作为移民城市的深圳，秉持"来了，就是深圳人"的开放、包容的城市精神，发展出独特的城市"蜂鸣"，城市的空气中弥漫着一种令人兴奋的和充满活力的氛围，产生具有吸引力的生活方式，不断吸引年轻创业者、高技术人才和创意人才集聚，视深圳为机遇之地。这种吸引年轻人的生活方式也是硅谷初期形成的关键要素。港澳地区在历史上的不同时期也是众多移民或侨民的聚居地，这是一种优势。

（七）粤港澳大湾区发展潜力仍有待挖掘和释放

世界级湾区大致经历了港口贸易、工业经济、服务经济和创新经济这四个阶段。经过多年发展，粤港澳大湾区正处于从港口、工业和服务经济向创新经济跨越的关键阶段，科技和产业引领作用尚未完全发挥。当前，香港的国际创新、科研教育资源对区域经济发展和对创新产业的驱动作用不足，发展动力有待提升，粤港澳三地创新创业合作案例不多，合作平台不完善；深圳企业在科技集成创新、"走出去"创新、原始创新等方面仍需发力；珠江三角洲制造业转型升级需要新的发展引领等。粤港澳大湾区"一个国家、两种制度、三个关税区、四个核心城市"的格局，既是其最大的特点，也是其最大的难点和痛点。粤港澳三地分属不同的关税区域，由于经济制度、法律体系和行政体系的差异，各类要素难以实现完全的自由流动，一些领域还存在不同程度的同质化竞争和资源错配现象，湾区城市群之间的资源整合相对不足，发展协同效应尚未充分显现。

四、国际创新趋势

近年来，随着新一轮科技革命和产业变革蓬勃兴起，科技创新已成为国家核心竞争力的决定性因素。世界主要国家和地区纷纷制定与推出国家和地区创新战略，加大创新投入，竞争全球创新资源与成果。与此同时，经济全球化的深入和产业价值链、创新价值链进一步分散，创新资源在全球范围内流动，加速形成全球创新网络（杜德斌，2018）。在此背景下，世界城市的功能发生重塑，全球科技创新版图正在重构，并呈现出以下新的趋势：第一，全球经济中心向全球科技创新中心转型；第二，全球科技创新中心由传统的欧美中心向新兴经济体扩散；第三，全球城市区域成为国家产业创新和增长的主要动力；第四，湾区是全球创新要素竞争的核心区；第五，创新活动加速迈向开放式创新与融合式创新。

（一）全球经济中心向全球科技创新中心转型

全球科技创新中心是全球创新资源的聚集中心和创新活动的控制中心。它代表着一个国家在全球分工体系中所能达到的最大能级。因此，在知识经济时代，积极规划建设全球科技创新中心成为许多国家和地区应对新一轮科技革命挑战和增强国家竞争力的重要举措，是提升综合国力的战略支点。近年来，纽约、伦敦、东京及中国的上海等国际经济中心城市先后提出了建设全球科技创新中心的目标，并出台了相应的战略规划（杜德斌，2018）。纽约市从金融城市向科技城市转型，提出"继续发展知识经济，成就科技纽约城市"，并引入康奈尔大学和以色列的大学合作共建纽约科技城，建设"硅巷"，打造美国东岸的科技重镇，让纽约成为美国的"新科技中心"。英国于2010年启动实施"英国科技城"国家战略，旨在将东伦敦地区打造为全球一流的国际技术中心。伦敦近十年来大力发展技术创新，致力于打造英国"硅谷"。由伦敦老街逐步发展而来的"硅环岛"和由此延伸出来的伦敦技术城，集聚了上万家创业公司。如今，

"硅环岛"已成为伦敦的技术创业核心地带,排在旧金山硅谷和纽约之后,号称第三大技术企业集群区。另外,东京、巴黎、新加坡、首尔等城市也纷纷谋划打造"全球或区域创新中心"的目标与科技创新方略,相继出台各具特色的战略规划。

(二)全球科技创新中心由传统的欧美中心向新兴经济体扩散

随着知识经济、信息化和全球化的深入,跨国公司研发活动全球化不断推进,全球科技和创新活动呈现出扩散图景,新兴经济体迅速崛起,在科技与创新活动中表现活跃,全球科技创新版图正在重塑。尤其是2008年金融危机之后,全球科技创新版图发生了深刻变化,科技创新活动从发达国家加速向发展中国家扩散,研发全球化进一步深化,新兴经济体科技创新实力有着显著提升。中国、俄罗斯、印度、土耳其、巴西等新兴经济体在全球科技创新中所占的比重不断提升,对全球科技创新的贡献率持续提升。亚洲地区特别是中国科技创新的崛起更是迅速。世界知识产权组织等机构联合发布的《2017年全球创新指数报告》显示,中国的深圳—香港创新集群迅速崛起,其创新能力超越美国硅谷,位居全球第2位,北京和上海分别位居全球第7位和第19位。

(三)全球城市区域成为国家产业创新和增长的主要动力

创新过程跨越国界及行政区域,知识创造和学习的区域化过程越来越重要。创新资源全球配置,科学、技术和知识在全球范围内流动,全球城市及国际性的核心城市及所在区域组成的全球城市区域,成为世界创新资源的主要集聚区,也成为未来参与国际分工和国际竞争最重要的地域单元,是国家经济中产业创新和增长的主要动力,未来国家竞争在某种程度上是这些国家的全球城市区域的竞争。以中国未来最有可能建成为全球城市区域的京津冀、长江三角洲、珠江三角洲三大城市群为例,其对国家创新战略实施具有决定性的作用,主导着中国的经济、科技与创新,具有国家战略意义。这三大城市群的面积仅占全国国土面积的5.06%,2017年人口占全国总人口的28%,GDP占全国经济总量的43.22%,专利授权数占全国专利总授权数的63.15%,科技人员数占全国科技人员总数的60.72%,三大城市群技术市场成交合同额占全国的65.23%,新产品销售收入占全国的63.23%,新产品出口收入占全国的70.51%。这三大城市群对我国的创新及经济作用巨大,对国家创新系统建设意义重大。

（四）湾区是全球创新要素竞争的核心区

湾区是全球创新要素集聚区。大量创新要素包括研究型大学、研究机构、先进的实验室和实验设备、高度密集的科技信息、风险与创业投资公司、顶尖科技企业和人才等汇聚到湾区。例如，旧金山湾区有139所大学和学院、5个国家实验室，拥有众多大学研究所及苹果、谷歌、英特尔、惠普、思科等世界领先科技企业，还汇集了美国40%以上的风险投资公司，有大大小小几百家专业投资新兴科技企业的风险投资公司。它们引领科技创新，研发前沿产品、下一代产品、技术应用标准等创新成果，成为全球、国家和区域之间争夺创新资源的核心区。着力吸引全球创新性资源，防止自身的创新性资源外移，在创新性资源竞争中立于不败之地，是世界顶级湾区最重要的发展策略。以德国的工业4.0、美国与欧盟的"再工业化"等战略和行动计划为代表的新一轮全球性工业升级行动，是在科技创新高度发展基础上的工业化，是充满了科技创新的工业化。已创新立足的湾区是催生新工业革命的沃土。

（五）创新活动加速迈向开放式创新与融合式创新

开放创新是经济全球化和创新网络化大背景下的发展趋势，实践已经显现出传统的封闭、独立、线性的创新方式和过程正逐步被开放、合作、网络化的创新模式所代替。经济全球化已经使得创新资源的配置方式和范围发生了巨大变化，传统的国内科技资源配置已经演进为全球范围内的科技资源配置，世界各国创新体系间的相互依赖度持续上升。实践表明，伴随着国际科技合作的日益深化，世界范围内的科技创新合作既有利于国际科技创新资源的互补共享，也有利于整合全球范围内的科技资源和创新要素，能够大大降低科技创新的成本和风险，不断提升科技创新的效率和水平。

（六）其他三大湾区的政策与规划

旧金山湾区利用财税杠杆吸引并留住高科技企业，创造就业机会。与此同时，政府更加支持科技公司融入城市管理。纽约湾区先后制定了4个区域规划。从最初的跨越行政边界，建设有活力、宜居、可持续的城市社区，到把曼哈顿建成全美的金融、商业、文化中心和密集型的就业次中心；再到从全球视角出发，通过投资和政策吸引重新建立经济、环境和公平，强调形成高效交通网络的重要性，提升区域的经济活力；最后，利用广阔的资源和创新能力把纽约湾区打造成一个公平、舒适、健康和可支付的湾区。日本政府通过制定合理的产业政策和重视科技创新，使以京滨、京叶工业区为核心的东京湾沿岸成为日本经济最发达、工业最密集的区域。

基于以上分析，粤港澳大湾区是中国少数具有建成全球城市区域潜力的区域之一，其他两个区域为以北京全球城市为核心的京津冀城市群地区、以上海全球城市为核心的长江三角洲城市群地区。粤港澳大湾区需要发挥自身的区位优势、产业优势，发挥香港在全球创新网络中的位置，建设开放性区域创新系统，集聚全球创新资源，成为中国国家系统中的重要创新极，在全球城市区域竞争中占据一席之地。

第二节 总体目标

2019年2月，中共中央、国务院印发《粤港澳大湾区发展规划纲要》，明确了粤港澳大湾区的战略定位和发展目标。

一、战略定位

充满活力的世界级城市群。依托香港、澳门作为自由开放经济体和广东作为改革开放排头兵的优势，继续深化改革、扩大开放，在构建经济高质量发展的体制机制方面走在全国前列、发挥示范引领作用，加快制度创新和先行先试，建设现代化经济体系，更好融入全球市场体系，建成世界新兴产业、先进制造业和现代服务业基地，建设世界级城市群。

第一，具有全球影响力的国际科技创新中心。瞄准世界科技和产业发展前沿，加强创新平台建设，大力发展新技术、新产业、新业态、新模式，加快形成以创新为主要动力和支撑的经济体系；扎实推进全面创新改革试验，充分发挥粤港澳科技研发与产业创新优势，破除影响创新要素自由流动的瓶颈和制约，进一步激发各类创新主体活力，建成全球科技创新高地和新兴产业重要策源地。

第二，"一带一路"倡议的重要支撑。更好发挥粤港澳在国家对外开放中的功能和作用，提高珠江三角洲九市开放型经济发展水平，促进国际国内两个市场、两种资源有效对接，在更高层次上参与国际经济合作和竞争，建设具有重要影响力的国际交通物流枢纽和国际文化交往中心。

第三，内地与港澳深度合作示范区。依托粤港澳良好的合作基础，充分发挥深圳前海、广州南沙、珠海横琴等重大合作平台的作用，探索协调协同发展新模式，深化珠江三角洲九市与港澳全面务实合作，促进人员、物资、资金、信息便捷有序流动，为粤港澳发展提供新动能，为内地与港澳更紧密合作提供示范。

第四，宜居宜业宜游的优质生活圈。坚持以人民为中心的发展思想，践行生态文明理念，充分利用现代信息技术，实现城市群智能管理，优先发展民生工程，提高大湾区民众生活便利水平，提升居民生活质量，为港澳居民在内地学习、就业、创业、生活等方面提供更加便利的条件，加强多元文化交流融合，建设生态安全、环境优美、社会安定、文化繁荣的美丽湾区。

二、发展目标

到2022年，粤港澳大湾区综合实力将显著增强，粤港澳合作更加深入广泛，区域内生发展动力进一步提升，发展活力充沛、创新能力突出、产业结构优化、要素流动顺畅、生态环境优美的国际一流湾区和世界级城市群框架基本形成。具体目标如下。

（1）区域发展更加协调，分工合理、功能互补、错位发展的城市群发展格局基本确立。

（2）协同创新环境更加优化，创新要素加快集聚，新兴技术原创能力和科技成果转化能力显著提升。

（3）供给侧结构性改革进一步深化，传统产业加快转型升级，新兴产业和制造业核心竞争力不断提升，数字经济迅速增长，金融等现代服务业加快发展。

（4）交通、能源、信息、水利等基础设施支撑保障能力进一步增强，城市发展及运营能力进一步提升。

（5）绿色、智慧、节能、低碳的生产生活方式和城市建设运营模式初步确立，居民生活更加便利、更加幸福。

（6）加快构建开放型经济新体制，粤港澳市场互联互通水平进一步提升，各类资源要素流动更加便捷高效，文化交流活动更加活跃。

到2035年，大湾区将形成以创新为主要支撑的经济体系和发展模式，经济实力、科技实力大幅跃升，国际竞争力、影响力进一步增强；大湾区内市场高水平互联互通基本实现，各类资源要素高效便捷流动；区域发展协调性显著增强，对周边地区的引领带动能力进一步提升；人民生活更加富裕；社会文明程度达到新高度，文化软实力显著增强，中华文化影响更加广泛深入，多元文化进一步交流融合；资源节约集约利用水平显著提高，生态环境得到有效保护，宜居宜业宜游的国际一流湾区全面建成。

第三节 科技创新目标定位

科技创新驱动经济发展已成为全球主要经济体的共识。粤港澳大湾区是我国开放程度最高、经济活力最强的区域之一，湾区内各个城市优势互补，拥有世界上最完备的制造业产业链，拥有世界一流的学科群，源源不断地吸引创新型人才集聚，具有众多国际知名高校，并且具有区位与信息优势，具备良好的国际科技创新中心建设基础，在国家发展大局中具有重要的战略地位。为了充分发挥粤港澳综合优势和创新引擎作用，深化内地与港澳之间的科技创新合作，进一步释放粤港澳大湾区的创新能量，建设粤港澳大湾区国际科技创新中心十分必要且具有重要意义。

一、发展定位

《粤港澳大湾区发展规划纲要》明确提出粤港澳建设国际科技创新中心的定位，指出要瞄准世界科技和产业发展前沿，加强创新平台建设，大力发展新技术、新产业、新业态、新模式，加快形成以创新为主要动力和支撑的经济体系；扎实推进全面创新改革试验，充分发挥粤港澳科技研发与产业创新优势，破除影响创新要素自由流动的瓶颈和制约，进一步激发各类创新主体活力，建成全球科技创新高地和新兴产业重要策源地。

粤港澳大湾区建设国际科技创新中心的定位蕴含以下内容。

一是服务国家创新战略。新一轮科技革命和产业变革正在孕育兴起，在某些科技和产业领域，中国发展完全有可能实现由"跟跑者"向"并行者"乃至"领跑者"转变。粤港澳大湾区创新资源丰富，有基础、有条件、更有责任在服务国家创新战略中展现更大作为，从服务国家大局出发，积极主动整合和利用好全球创新资源，代表国家参与全球科技产业合作与竞争。

二是培育新经济发展的策源地，引领经济社会发展。即发挥粤港澳的综合优势，汇聚全球科技创新资源，在新一代信息技术、人工智能、生物医药、新能源和新材料等领域形成自主创新能力，并在此基础上构建面向世界和面向未来的现代产业体系。

三是助推珠江三角洲制造业转型升级，增强该地区产业的技术创新能力，推动经济增长由数量规模型向质量效益型转变。

四是促进港澳经济结构优化，开拓粤港澳经济合作新模式，保持港澳经济长期繁荣和稳定。

粤港澳大湾区建设国际科技创新中心的定位，具有以下突出特点。

一是市场和政府力量的紧密结合，充分借助市场力量推动创新驱动发展，充分发挥粤港澳大湾区体制机制创新优势，突出政府的前瞻规划、政策引导和环境营造，形成市场和政府协同推进创新的格局，有效提高创新效率。

二是创新和全面深化改革的紧密结合，积极探索新型的产学研合作机制，推进科学发现、技术发明、产业发展"三发"一体化发展，有效克服科技与经济"两张皮"问题。

三是创新和开放的紧密结合，坚持开放式创新路径，通过开放集聚全球创新资源，在全球范围内引进创新机构和创新团队，不断支撑可持续创新。

四是创新和产业转型升级的紧密结合，将产业创新作为创新的重要组成部分，对战略性新兴产业和未来产业进行前瞻布局，培育经济增长新动能。

二、发展目标

到 2022 年，粤港澳协同创新环境更加优化，创新要素加快集聚，新兴技术原创能力和科技成果转化能力显著提升，形成国际科技创新中心的基本框架体系。基本形成适应创新驱动发展要求的制度环境，基本形成科技创新支撑体系，基本形成科技创新中心城市的经济辐射力，带动粤港澳大湾区区域整体创新发展，为中国进入创新型国家行列提供有力支撑。具体目标如下。

（1）区域协同创新共同体进一步形成，区域创新体制机制改革更加深化，创新要素跨境流动和区域融通更为便利，湾区内部科技创新合力加强，香港、澳门进一步融入国家创新体系。

（2）创新基础能力建设显著增强，创意资源配置进一步优化，基础研究水平提升，建设培育一批产业技术创新平台、制造业创新中心和企业技术中心。推进国家自主创新示范区建设，有序开展国家高新区扩容，将高新区建设成为区域创新的重要节点和产业高端化发展的重要基地。推进香港、澳门国家重点实验室伙伴实验室建设。

（3）区域创新环境更加优化，创新要素加快集聚，产学研融合不断加深，新兴技术原创能力和科技成果转化能力显著提升，区域创新体系优化，创新创业生态更加完善。

到2035年，大湾区形成以创新为主要支撑的经济体系和发展模式，经济实力、科技实力大幅跃升，国际竞争力、影响力进一步增强，形成具有全球影响力的国际科技创新中心的核心功能，在服务国家参与全球经济科技合作与竞争中发挥枢纽作用，为实现"两个一百年"奋斗目标和中华民族伟大复兴的中国梦提供强劲的科技创新动力，为中国经济提质增效升级作出更大贡献，创新驱动发展走在全国前头、走到世界前列。

本章小结

本章首先对粤港澳大湾区科技创新的目标体系建立的相关理论进行了探讨，从这些理论出发，大湾区的科技创新发展需要立足于建设全球城市区域，参与全球城市竞争；加强培育粤港澳大湾区区域内主体之间的创新网络，打造高效的区域创新系统；注重与全球创新网络的链接，建设开放性的区域创新系统，融入跨国和全球创新网络，通过全球—地方网络获取来自发达国家的先进技术和知识溢出。更需要密切关注全球科技趋势，积极发现区位机会窗口，促进本地产业的多元化，避免区域技术锁定与路径依赖。

为进一步明确目标体系的渊源，对珠江三角洲、大珠江三角洲以及粤港澳大湾区的相关规划进行了梳理，并探讨了科技创新目标建立的现实基础。主要包括：①粤港澳大湾区科技创新资源丰富；②创新能力强，基本达到创新型国家或地区水平；③高新技术企业数量众多，创新性突出；④孵化器总数跃居全国第一；⑤具备鼓励创新的制度环境；⑥华侨及新移民众多；⑦粤港澳大湾区发展潜力仍有待挖掘和释放。

在分析现代科技创新中心发展趋势的基础上，按《规划纲要》明确粤港澳建设国际科技创新中心的目标。瞄准世界科技和产业发展前沿，加强创新平台建设，大力发展新技术、新产业、新业态、新模式，加快形成以创新为主要动力和支撑的经济体系；扎实推进全面创新改革试验，充分发挥粤港澳科技研发与产业创新优势，破除影响创新要素自由流动的瓶颈和制约，进一步激发各类创新主体活力，建成全球科技创新高地和新兴产业重要策源地。

第七章　粤港澳大湾区科技中心建设与产业发展

《粤港澳大湾区发展规划纲要》将"建设国际科技创新中心"作为推进大湾区建设的重要工作，在深化粤港澳创新合作基础上，构建开放型融合发展的区域协同创新共同体。科技中心建设将对全球创新资源的流动具有显著的引领、组织和控制功能，是世界新知识、新技术、新产品、新产业的策源地。

科技创新是产业创新的强大动力，产业创新是科技创新的重要应用领域，要充分发挥企业主体作用，促进科技创新与产业创新的有效结合，促进生产方式和经济增长方式的现代化，提升增长效率。本章在分析粤港澳大湾区的产业发展现状的基础上，对产业创新效率进行评价，结合大湾区内部的产业特征和分工，分析在现存创新要素条件下，如何集聚创新资源，促进产业创新，打造全球产业创新中心。

第一节　产业发展的现状分析

粤港澳大湾区是国家建设世界级城市群和参与全球竞争的重要空间载体。建设国际科技创新中心要服务于产业创新，加强传统产业的技术改造，发展新兴产业，带动整个湾区创新能力的提升。本节对粤港澳大湾区的产业现状进行分析，以更加明确产业创新的条件与基础。

一、产业结构特点

粤港澳大湾区经济总量不断增长，呈现出强大发展潜力与竞争力。2018年粤港澳大湾区GDP总量已达到108 678亿元人民币。2018年中国293个地级市综合经济竞争力指数排名中，粤港澳大湾区的11个城市均排在前120名，特别是深圳和香港的综合经济竞争力指数排名分别为第1和第2，广州位列第4，东莞排名第10，佛山、澳门、中山、珠海、惠州、江门和肇庆的排名分别为第12、第14、第25、第29、第61、第113和第117，可见粤港澳大湾区综合经济实力强劲,具有强大的竞争力,在全国的经济发展中具有重要的地位。

从全球范围看,湾区经济的发展呈现由港口经济、工业经济向服务经济、创新经济演化的过程。目前,从粤港澳大湾区的三次产业结构特征来看,已由工业经济向服务经济阶段迈进。粤港澳大湾区的三次产业结构呈现"三二一"格局,第二产业占比逐渐减小,第三产业平均占比由2011年的52.87%上升到2018年的58.52%,第一产业平均占比不到4%。服务业在大湾区产业结构中的地位不断上升,增长方式由工业拉动向服务业拉动转变,已形成以先进制造业、高科技产业和现代服务业为主的产业结构(图7-1)。

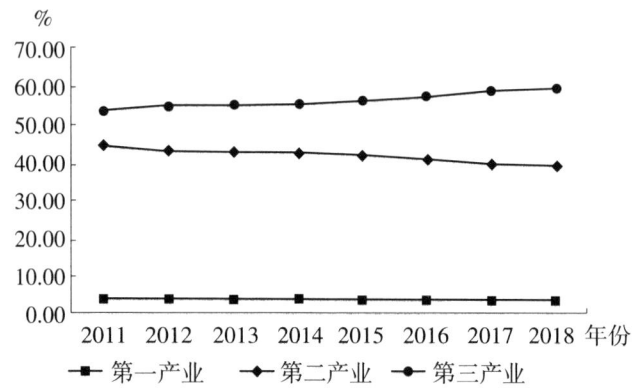

图7-1 粤港澳大湾区三次产业结构占比变动情况

粤港澳大湾区虽然从总体上向服务经济转型,但湾区内部各城市产业结构差别较大,呈现出多阶段、混合型的产业结构特征。香港、澳门服务业占比超过90%,服务业发展相当成熟;广州、深圳、东莞等城市服务业占比超过50%,服务业占比较高,正逐渐向服务经济迈进;大湾区的其他城市则处在以第二产业为主的工业经济阶段。

粤港澳大湾区西岸、东岸以及港澳地区产业发展也存在一定的差异。目前,粤港澳大湾区西岸主要为技术密集型产业带,以先进制造业、装备制造业为主。其中包括新材料、新能源、家电、电子加工、制造外包等。东岸主要为知识密集型产业带,以新兴产业与高科技为主,其中包括互联网、人工智能、电子信息等。沿海则为生态保护型产业带,包括先进制造业、现代服务业(表7-1)。

表 7-1 2018 年粤港澳大湾区"9+2"城市群产业与经济状况对比

城市	产业结构	GDP/亿元
香港	0.1:7.7:92.2	24 020
澳门	0:6.95:93.05	3 609
广州	1:27.3:71.7	22 859
深圳	0.1:41.1:58.8	24 222
珠海	1.7:49.2:49.1	2 915
佛山	1.5:56.5:42.0	9 936
中山	1.7:49.0:49.3	3 633
东莞	0.3:48.6:51.1	8 279
惠州	4.3:52.7:43.0	4 103
江门	7:48.5:44.5	2 900
肇庆	15.8:35.2:49.0	2 202

说明：香港的产业结构数据为 2016 年数据；本表根据 2019 年《广东统计年鉴》、2019 年《香港统计年刊》、澳门统计暨普查局数据整理。

二、产业创新现状

知识生产、知识转化和产品应用构成科技创新中心的三大支撑条件，它们是相互依赖和相互促进的循环体系（陈广汉等，2018），对产业的发展至关重要。粤港澳大湾区经过三十多年的发展，已形成以制造业、生物医疗、金融和信息技术服务业等为代表的支柱性产业。在供给侧日益饱和的今天，为保持产业发展竞争力，产业创新将成为应对危机的唯一出路。产业创新是对旧产业结构的创造性破坏，不仅是传统产业的升级创新，还意味新型战略产业的发展、高新技术产业的发展、产业的融合发展以及产业发展质量的进一步提升。

（一）形成了一批产业集群，传统产业面临转型升级

改革开放以来，珠江三角洲地区凭借其特殊的地理区位、低廉的劳动力、土地等生产要素，吸引了大量的外资企业投资，促进了珠江三角洲地区劳动密集型产业的迅速发展，产业集聚效应使得更多劳动密集型企业不断集聚，形成了石油化工、服装鞋帽、玩具加工和食品饮料等中低端产业集群与专业镇，这些集群的发展有力地支撑了珠江三角洲地区经济的发展。但随着珠江三角洲地

区劳动力、土地成本等的上升以及环境问题的突出，使得传统的粤港澳大湾区形成的这种垂直专业化分工逐步削弱，广东与港澳两地的产业合作模式随着分工的深化不断变化，粤港澳三地优势互补的层次已从简单的加工与贸易的互补发展到更高的层次——现代化制造业与先进的服务业之间的互补，进而再提升至服务业之间的合作发展（黄群慧等，2019），广东产业面临新的升级换代。广东产业转型方向是朝价值链的两端延伸，前端是技术研发环节，后端是市场拓展环节，深圳、广州的科技、金融等第三产业发达，佛山、江门、中山等城市以制造业为主，产业升级潜力巨大；香港主要产业只有两类服务业，一是金融业，属于高增值低就业型的行业；二是低增值高就业的产业，如物流、旅游、商贸等，缺乏科技、研发、制造等中间产业；澳门产业结构较为单一，博彩业一家独大，也面临着产业适度多元化的问题。广东九市的传统产业面临转型升级，"腾笼换鸟"发展新型制造业、高新产业以及服务业，而港澳虽然现代服务业发达，但也需要与区域内制造业的转型升级相配套发展，加强大湾区产业对接，提升产业发展的协作发展水平。

（二）形成了传统的优势产业体系

粤港澳大湾区在原有产业结构的基础上形成了一些传统产业优势，又在科技革命浪潮和产业结构转移过程中发展了科技含量较高的新兴产业，形成了金融、制造业、医疗健康和信息技术服务业等四大优势产业。从总体上看，大湾区形成了以电子信息、汽车、家电等为主导的新兴产业体系，11个城市形成了不同类型、各具特色的优势产业。

作为全球金融中心的香港特别行政区，贸易及物流业、金融服务业、专业及工商业支援服务业、旅游业并列为四大支柱产业。澳门特别行政区是全球最大的博彩业中心，其支柱产业有博彩旅游、出口加工、建筑地产和金融服务，澳门在集成电路、中医药领域、芯片技术等领域成果迭出。

广东省九个市的优势产业具体如下。广州市：石化产业、汽车制造业、电子产品制造业、食品加工、纺织服装等。深圳市：金融服务、电子信息、生物医药、新能源、新材料等。珠海市：电子信息、石油化工、家电电气、精密机械制造、生物医药、电力能源。佛山市：机械设备、家电、陶瓷、金属加工、家具制造。中山市：电子电器、五金家电、灯饰光源、装备制造、健康医药、纺织服装。东莞市：电子信息、电器机械、纺织服装、家具、玩具、造纸及纸制品业、食品饮料、化工。惠州市：电子信息产业、石化产业、汽车产业及现代服务业。江门市：交通及海洋装备、石油化工、电子信息、包装印刷及纸制品、食品饮料、现代农业。肇庆市：金属加工、电子信息、汽车零配件、食品饮料、生物制药、林产化工、农业（表7-2）。

表7-2 粤港澳大湾区核心城市优势产业

城市	产业门类
香港	贸易、物流业、金融服务业、专业及工商业支援服务与旅游业
澳门	博彩旅游、出口加工、建筑地产、金融服务
广州	石化产业、汽车制造业、电子产品制造业、食品加工、纺织服装
深圳	金融服务、电子信息、生物医药、新能源、新材料
珠海	电子信息、石油化工、家电电气、精密机械制造、生物医药、电力能源
佛山	机械设备、家电、陶瓷、金属加工、家具制造
中山	电子电器、五金家电、灯饰光源、装备制造、健康医药、纺织服装
东莞	电子信息、电器机械、纺织服装、家具、玩具、造纸及纸制品业、食品饮料、化工
惠州	电子信息产业、石化产业、汽车产业及现代服务业
江门	交通及海洋装备、石油化工、电子信息、包装印刷及纸制品、食品饮料、现代农业
肇庆	金属加工、电子信息、汽车零配件、食品饮料、生物制药、林产化工、农业

资料来源：《粤港澳大湾区建设报告》，广东省社会科学院编制。

（三）产业创新生态良好

创业创新需要良好的支撑条件，近年来，粤港澳大湾区在科技、人才、研发环境等创新生态环境方面取得重要进展，促进了良好的产业创新生态环境的形成。粤港澳大湾区的发明专利受理量在不断提升，2018年发明专利量达到了163 170项，主要集中于电子产品制造领域和先进制造领域。2018年粤港澳大湾区发表的论文数达到57 020篇，其中有3 401篇高被引论文和热点论文。

粤港澳大湾区的高端创新要素加快聚集，2018年，粤港澳大湾区的研发人员达68万人，从事研发的科学家和工程师达45万人。香港拥有世界100强大学4所，广东省拥有国家工程实验室12家、国家工程（技术）研究中心23家、国家认定企业技术中心87家，涌现出华为、腾讯、比亚迪、大疆等一大批创新型企业。从目前来看，科技研发投入最高的地区仍集中于长江三角洲和珠江三角洲地区，珠江三角洲地区的创新能力综合排名连续9年位居全国第二，达到创新型国家和地区水平；高新技术企业数量近2万家，居全国第一，量大质优；国家级孵化器达83家，科技企业孵化器达634家，全国第一；在高新技术企业培育、研发机构建设、企业技术改造、孵化育成体系建设、自主核心技术攻关等方面成效显著。

据《粤港澳大湾区独角兽白皮书（2018）》，2018年粤港澳地区共有118家独角兽相关企业，包括2家超级独角兽、33家独角兽、26家准独角兽和57家潜在独角兽企业。118家企业市值综合约1 200多亿美元，行业分布主要聚集于高端装备和智能硬件制造、互联网金融、电子商务、互联网服务、生物医药等行业，呈现出强劲的产业创新活力。

（四）新兴产业体系正在形成

粤港澳大湾区对传统产业升级改造的同时，一批新兴产业逐渐崛起，新兴产业体系正在形成。新一代信息技术、生物技术、高端装备制造、新材料等四类新兴支柱产业正形成端倪。一批重大产业项目如新型显示、新一代通信技术、5G和移动互联网、蛋白类等生物医药、高端医学诊疗设备、基因检测、现代中药、智能机器人、3D打印、北斗卫星应用等投入运营或建设。依托香港、澳门、广州、深圳等中心城市的科研资源优势和高新技术产业发展，信息消费、新型健康技术、海洋工程装备、高技术服务业等战略性新兴产业正在崛起。

广州作为大湾区重要的中心城市，在广州市战略性新兴产业"十三五"规划框架下，进一步聚焦新一代信息技术、人工智能、生物医药、新能源、新材料等重点领域，出台了《生物医药产业发展实施意见》《新能源汽车发展若干意见》等政策措施；分别成立了总规模均达100亿元的生物医药、人工智能、轨道交通等产业发展基金；2016—2018年共安排专项资金31.4亿元支持一批战略新兴产业项目，推动形成了6大新兴产业集群。为更好地推动战略性新兴产业发展，广州将加强与港澳进行城市协作，规划建设粤港产业深度合作园、粤澳合作葡语国家产业园等。同时，依托中新广州知识城、广州科学城以及南沙科学城等创新平台，打造氢能创新中心、天然气水合物产业基地以及石墨烯创新中心等新能源项目。2018年，全市战略性新兴产业实现增加值4 090.98亿元，占GDP的比重为17.9%；高新技术产品产值占规模以上工业总产值比重达48%，新能源汽车、集成电路产量分别增长2.5倍和2倍。战略新兴产业正成为广州经济发展的新增长点。

深圳战略性新兴产业发展水平全面提升，涌现出了一批具有国际竞争力的跨国公司和产业集群，形成创新要素集聚、市场活力迸发的产业发展新生态，努力建成具有全球影响力的新兴产业创新发展策源地。战略性新兴产业规模超过3万亿元，新兴产业增加值占地区生产总值的比重达到42%以上，产值超千亿元的战略性新兴产业龙头骨干企业达到6家左右，产值超百亿元的行业标杆优势企业达到25家左右，经济发展主引擎作用更加突出。全社会R&D投入占地区生产总值的比重达到4.25%以上，每万人拥有发明专利达到64件，国家级高新技术企业超过10 000家，在新一代信息技术、生命科学、超材料等技术领域掌握了一批具有自主知识产权的关键核心技术，部分领域达到世界领先水平；一批集聚发展具有国际竞争力的创新型产业集群正在形成。以产业链协同发展为途径，围绕通信设备等领域培育规模超万亿的产业集群，打造全球信息经济和生命经济高地，在新能源汽车、智能装备、新材料等领域形成规模超千亿的高端特色产业集群，进一步提升产业集群发展能力和国际影响力。作为国家创新城市、"创客之都"，新能源、基因检测、生物科技、无人驾驶汽车等新兴产业在深圳大放异彩。2016年，深圳战略性新兴产业对GDP增长的贡献率达到53%，先进制造业占工业的比重超过70%；全社会研发投入占GDP的比重比肩世界发达国家，PCT国际专利申请量连续13年居全国首位，诞生了一批诸如华为、中兴、腾讯、大疆、华大基因等优秀企业。

香港是国际金融中心、航运中心、贸易中心；澳门是世界旅游休闲中心，中国与葡语国家商贸合作服务平台；香港及澳门具有先进的国际市场经验，这一点是广州和深圳目前来说无法比拟的优势（李晓莉等，2017）。广东与香港将在广州南沙自贸区建立"粤港深度合作区"，产业发展将紧紧围绕研发及科技成果转化、国际教育培训、金融服务、专业服务、商贸服务、休闲旅游及健康服务、航运物流服务、资讯科技等八大产业推进。在粤港澳大湾区整体中，港澳地区发挥着促进向外发展、加强对内融合的作用。其中，香港作为全球金融中心之一，成为对外开放渠道，担任贸易中心、航运中心等角色。据统计，截至2018年上半年，战略性新兴产业A股上市公司与总体相比，上市公司数量占总体的比重达到42.4%，营收增速比总体高85.3%，研发投入强度比总体高44.7%，利润率比总体高12%，香港在战略性新兴产业的金融方面起着重要的作用。

(五) 新型的产业创新合作模式正在形成

粤港澳大湾区通过创新驱动，实现产业的转型升级，打造拥有自我创新能力和自主知识产权的产业体系，形成具有竞争力的产业链，打造全球产业与科技创新中心。粤港澳大湾区产业协作已改变过去"前店后厂"的传统合作模式，充分发挥香港、澳门、广州、深圳核心城市在现代服务业和先进制造业领域对珠江三角洲地区的引领和外溢作用；巩固和提升香港国际金融、航运、贸易中心的功能，强化全球离岸人民币业务枢纽地位和国际资产管理中心功能，发挥香港"超级联系人"的作用，对接全球的新兴产业；澳门建设世界旅游休闲中心以及中国与葡语系国家商贸合作服务平台，共同促进经济创新性、多元化发展，促进产业创新要素的互动与互融，共同形成合作共融的产业创新发展模式。

第二节 产业创新的优势与问题

粤港澳大湾区创新氛围浓厚，具有多样化的产业结构，拥有一批优秀的高等院校、众多的民营企业，这些因素对产业创新是至关重要的。目前，大湾区内国家高技术企业总数已超过1.89万家，居全国第一位，PCT国际专利申请量占全国56%，且拥有香港大学、香港中文大学等世界一流大学，科研能力强劲，依靠0.6%的土地面积创造了中国13%的GDP，在人才、资本、产业等创新要素聚集的密度上领先全国，是中国科技创新和产业升级的领导者（黄群慧等，2019）。

一、产业创新的优势

创新是将生产要素的"新组合"引入生产体系，本质在于生产要素的重新安排和使用。创新要素指的是人、财、物及其组合的机制，包含人才、科研资金投入、设备工具、高等院校及重点实验室、创新政策和机制等。

(一) 产业基础

大湾区具有较好的产业创新基础。一是形成了一个相对完整的产业体系。香港、澳门经济发达，先进服务业发达，广东产业结构以先进制造业和现代服务业为主，上下游供应链完备，具有"世界工厂""世界制造业中心"的美誉。

二是产业互补性强。珠江三角洲地区已经步入一个较为成熟的发展时期,各城市能充分发挥自身优势,已经形成了一种较为默契的分工与合作关系。珠江三角洲地区强大的实体经济有助于弥补香港"工业空心化"的缺陷,香港则以强大的对外平台反哺珠江三角洲地区制造业和对外贸易。深圳的科技创新产业可以与东莞、惠州的制造基地形成互补;广州高端服务业和先进制造业可以与佛山的产业基础互补,通过产业升级与改造,粤港澳大湾区实现信息化与工业化的融合,推动产业链向价值链发展。近年来,广东通过实施创新驱动战略,成效显著,科技综合实力和自主创新能力稳步提升,2018年区域创新能力综合排名位居全国第一。粤港澳大湾区的国际影响力不断增强,拥有华为、中兴、比亚迪、大疆等全球著名科技公司,电子信息产业与装备制造业蓬勃发展,区域对全球资源的配置能力不断提高。

(二) 人才资源

人才是现代经济发展最重要的要素,是决定新经济成败的关键。改革开放以来,大批国内外人才迁入粤港澳大湾区,据相关资料,大湾区的研发人才数量到2016年已达516 105人,这些研发人才成为科技研发与产业开发的中坚力量(图7-2)。

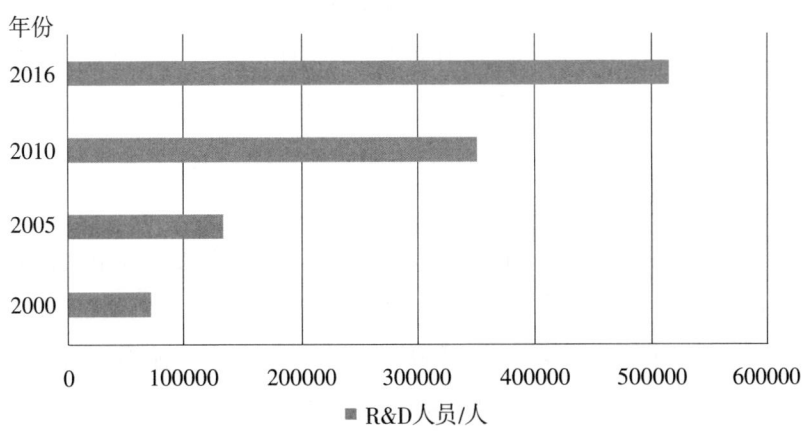

图7-2 粤港澳大湾区R&D人员数量

香港为吸引人才,针对精英人士、高层次的科研人员、研究人员、研究生和本科生进行不同的人才定位。从国际科技界、相关科技领域具有崇高地位的人才中引入精英人士,通过科技精英的国际声望、社会关系,香港特区政府再辅以经费和良好的基础设施吸引高层次的科研人员。香港特区政府也通过"输入内地专业人才计划"引进内地人才。近年来，香港推出"科技人才入境计划"、公布"中长期人才培养行动方案"等，通过包括项目奖励金、购房补贴、人才绿卡、子女入学、配偶就业等一系列优惠政策，吸引高层次人才落地，构建多层次人才体系。澳门的《澳门中长期人才培养计划·五年行动方案》，落实"人才培养考证激励计划""海外人才回流考察计划"，吸引海外澳门人才投入特区建设，继续完善人才资料库功能，做好人才服务工作。

深圳一直秉持"来了，就是深圳人"的理念，实行开放包容的人才政策，2017年全年引进应届毕业生约10万人，在职人员约13万人，其中海外留学归国人才约1.8万人。截至2018年第一季度，深圳市共有全职院士29名，累计认定海内外高层次人才10547人，发放高层次人才奖励补贴18亿元，引进归国留学人员超过10万人。

粤港澳的人才资源可以形成互补优势。香港具有较多的基础性人才，深圳的应用性、创新性人才较丰富，加强人才的聚集和交流是粤港澳大湾区创新能力发展的重要环节。如深圳龙岗的国际大学城，已吸引香港中文大学（深圳）和北理莫斯科大学，通过国际大学城的平台，基础研究较薄弱的城市能引进优秀的教育资源和高端人才，推动粤港澳大湾区的发展。粤港澳的知名高校，如香港大学、香港科技大学、香港中文大学、中山大学、华南理工大学、南方科技大学等，为大湾区的创新提供了非常丰富的人才资源。通过加强通关便利化硬件完善、粤港澳大湾区人员的签注优化等便利措施，加强人才自由流动，使得大湾区的人才通道顺畅，人才引进和交流无障碍。

从高水平人才或创新人才角度来看，粤港澳大湾区各城市之间均能形成良好的互补关系。广东省的城市以信息和通信技术、制造、消费品等行业为重心，港澳则在教育、金融、公司服务等领域具备较大优势，强强互补，形成粤港澳大湾区巨大的发展动力。据调研，粤港澳大湾区的城市中，深圳对人才的吸引力最强，远超其他城市，在湾区内部更是人才聚集的中心，尤其在数字人才方面更加明显，凸显了深圳在粤港澳大湾区人才领域的吸引力和核心地位。香港紧缺科技人才，创业科技企业积极吸纳生物科技、人工智能、网络安全、数据分析、金融科技等方面的人才，从海外和内地积极引进人才。香港大力发展创新科技业，为发展增添新动力，通过引进中科院旗下生物医药健康研究机构以及中科院自动化研究院,成立粤港澳大湾区院士联盟,拨款促进企业培训,建立创新人才公寓等措施,发展高新技术产业。同时,香港、澳门的金融管理人才也向内地流动,将先进的管理经验和模式输入创业企业,带动内地企业的发展,更好地服务粤港澳大湾区的产业融合。

(三)高等院校及科研院所

大学作为科技第一生产力、人才第一资源和创新第一动力的结合点,通过聚集创新要素和优化创新资源,发挥支撑引领产业转型升级和提升产业核心竞争力的功能(钟韵,2008)。粤港澳大湾区拥有一大批国际一流的研究型大学和众多科研院所,依托高等院校和科研机构建设,凝聚了各种创新资源,在科技研发及产业创新方面发挥着重要作用。大湾区有众多的高校及研究机构,在校大学生200多万人。其中香港有香港大学、香港科技大学、香港中文大学、香港城市大学、香港理工大学等5所世界100强大学。香港有国家重点实验室4个,国家重点实验室伙伴实验室[①]16个,国家工程技术研究中心香港分中心6个;澳门有国家重点实验室和国际实验室各1个;珠江三角洲九个城市有国家重点实验室26个,省重点实验室201个,企业重点实验室64个,重点实验室包括材料学、资源环境、工程学、化学、信息、农学、医学等多专业门类(表7-3)。

表7-3 粤港澳大湾区高等院校、科研院所和重点实验室情况

城市/地区	高校	科研院所与重点实验室
香港	香港大学、香港科技大学、香港中文大学、香港城市大学、香港理工大学、香港浸会大学	伙伴国家重点实验室、国家工程技术研发中心香港分中心、香港应用科技研究院、香港创新科技署研发中心、香港科技园公司、香港数码港
澳门	澳门大学、澳门科技大学、澳门城市大学、澳门理工学院、澳门旅游学院、澳门镜湖护理学院	模拟与混合型超大规模集成电路国家重点实验室、智慧城市物联网国家重点实验室、月球与行星科学国家重点实验室、中药质量研究国家重点实验室

[①]国家重点实验室2005年在香港实施伙伴实验室计划,香港已建有16个伙伴实验室,涵盖多个科技领域。

续表 7-3

城市/地区	高校	科研院所与重点实验室
广东九市	中山大学、华南理工大学、暨南大学、华南师范大学、华南农业大学、广州中医药大学、深圳大学、华南农业大学、广东医科大学、广东药科大学、广州大学、广州工业大学、惠州学院、肇庆学院、广州体育学院、广州美术学院、广东财经大学、星海音乐学院、南方医科大学、五邑大学、广东外语外贸大学、南方科技大学、深圳技术大学、深圳北理莫斯科大学等	广东省稀土合金材料重点实验室、广东省矿物物理与材料研究开发重点实验室、广东省遥感与地理信息系统应用重点实验室、广东省金属新材料制备与成形重点实验室、广东省建筑工程新技术研究重点实验室、广东省现代表面工程技术重点实验室、广东省信息安全技术重点实验室、发酵与酶工程重点实验室等

（四）研发投入

研发投入是创新的基础及重要的条件。近些年来，粤港澳大湾区的研发投入持续增长，推动了创新创业及科技与产业的发展（表 7-4）。2016 年深圳研发投入占 GDP 的比重达 4.1%，研发投入强度仅次于北京；2017 年，研发投入持续增长，全社会研发投入超过 900 亿元，占 GDP 的比重提升至 4.13%。

香港尽管目前研发投入占 GDP 的比重不高，但特区政府近年来高度关注创新，致力于创造一个充满活力的生态系统，让政、产、学、研在优越的硬件和软件环境下充分合作，发挥创新活力。香港科学园和数码港是主要的科技基础设施，为科技企业提供一站式的基础设施服务。科学园共分为三期建设，共计约 117.21 亿港元，特区政府出资 68.09 亿港元。截至 2018 年 3 月，科学园整体租用率为 86%，提供约 13 000 个就业机会。数码港计划是特区政府采用的公私合作发展模式，特区政府负责拨地、提供道路、污水处理等基本的基础设施，特区政府出资 79.3 亿港元。除此之外，香港特区政府与深圳市政府在落马洲河套地区共同发展"港深创新及科技园"，占地面积约 0.87 平方千米，提供最大楼面面积 120 万平方米。作为科研合作的重点基地，创科园会提供高等教育、文化创意和其他配套设施。香港特区政府在 2017—2018 财政年度拨出 5.1 亿港元资助这些机构营运，以期提升工商界在创新及科技方面的能力。

表7-4 2018年粤港澳大湾区城市R&D投入情况

城市	R&D投入占GDP的比重/%	城市	R&D投入占GDP的比重/%
香港	0.79	澳门	0.2
广州	2.5	深圳	4.13
佛山	2.7	东莞	2.5
惠州	2.05	肇庆	1.5
珠海	2.9	中山	2.4
江门	2.1		

资料来源：http://gd.qq.com/a/20180131/019481.htm。

澳门的研发投入占GDP的比重较低，2015年占比0.1%，2016年占比0.2%，2017年占比0.2%，同比下降26.31%，但总体趋势处于不断增长的状态。在教育方面的津贴覆盖全面，对于非高等教育的学生，每年分别给予中学生、小学生和幼儿书簿津贴3 300元、2 800元和2 200元。对家庭经济困难的学生给予学费援助、膳食津贴和学习用品津贴。对于高等教育阶段的澳门学生给予学习用品津贴3 000元，对在粤就读的澳门学生给予学费津贴6 000~8 000元。推动"教育兴澳，人才建澳"的发展，落实"人才培养考证激励计划"，加强培养科技人才、葡语人才，打造澳门旅游教育培训基地等。

（五）创新政策与规划

近年来，为鼓励创新，政府不断出台各方面的创新政策。2015年9月，国务院批复同意广州、珠海、佛山、惠州仲恺、东莞松山湖、中山火炬、江门、肇庆等8个国家高新技术产业开发区建设国家自主创新示范区。珠江三角洲国家自主创新示范区自获批以来，已逐步形成以深圳、广州为龙头，珠江三角洲其他7个地市为支撑的"1+1+7"建设格局。

2018年广东省委、省政府印发《广深科技创新走廊规划》（以下简称《规划》）。《规划》提出要打造中国"硅谷"，形成全国创新发展重要一极，全面支撑国家科技产业创新中心和粤港澳大湾区建设，为全国实施创新驱动发展战略提供支撑。广深科技创新走廊范围为沿广深轴线区域，具体为北起广佛交界处，经广州主城区、东莞松山湖、深圳主城区，南至深圳大鹏，沿广深高速、广深沿江高速、珠三环高速东段、穗莞深城际、广九铁路等复合型交通要道所形成的创新要素集聚区域，长度约180 km。

各市为推动产业创新活力,出台和实施了提升自主创新能力的政策规划。佛山高新区为加快发展高新技术产业,激发企业创新活力,推进国家自主创新示范区建设,开展了"瞪羚企业"认定及扶持工作,并出台了相应的扶持办法。深圳市人民政府出台《关于实施"鹏城英才计划"的意见》。广州市人民政府正式印发《关于珠三角国家自主创新示范区(广州)先行先试的若干政策意见》,提出广州市推动国家自主创新示范区开展先行先试的政策措施和工作内容,完善海外高层次人才引进政策,开展科技成果转移转化专业机构建设试点,强化科技成果转移转化平台建设和服务体系建设,促进知识产权服务业发展,支持运行环境和基础设施建设,打造特色价值创新园区体系等17方面共20条政策意见。肇庆市全面实施"西江人才计划""1+10+N"系列政策,编制《肇庆市关于促进金融服务业发展的扶持奖励办法》,设立总规模10亿元政府投资引导基金,优化创新创业环境。珠海市实施高新技术企业树标提质行动,组建了100亿元"独角兽"投资基金和5亿元政策性天使基金,加快推进国家级科学研究平台"天琴计划"项目建设,争取广东省海洋实验室落户等。

香港特区政府在科技创新的过程中起着主导作用,通过一系列的激励措施和支援计划,鼓励创新。为鼓励私营机构增加对研发活动的投资,以及与指定本地公营科研机构加强合作,香港特区政府于2010年4月推出投资研发现金回赠计划,在该计划下,获创新及科技基金资助或与指定本地公营科研机构合作进行研发项目的企业,可就符合规定的研发开支享有现金回赠。

澳门特区政府在2000年制定科技政策纲要,2002年成立科技委员会和2004年成立科技发展基金,科技发展取得了里程碑式的突破。在2005年又签署成立内地与澳门科技合作委员会,和内地合作更加紧密。到2010年更在科技部支持下获批成立中医药和集成电路两个国家重点实验室,把澳门科研提升到一个新的层次。2011年又通过澳门科技奖励规章,更好地鼓励和认可科技人员的努力和贡献。2018年又增补"企业创新研发资助计划",鼓励产学研合作加快产业转化等,大力推动了澳门科技创新发展。推出青年国情考察、青年湾区创业创新和青年志愿扶贫等计划,推动本土人才的培养教育。在发展主要的博彩业和旅游业之外,澳门特区政府积极引入新兴产业,设专项资助、协助企业打造时装设计、文化展演和出版等文创品牌。结合国家重点实验室的技术力量,把原创性科研成果转化为科技产业化产品。

（六）体制机制

粤港澳大湾区涉及"一个国家、两种制度、三个独立关税区"的特定政治经济环境。其中，香港、澳门是成熟的发达市场经济体，是自由贸易港，它们在经济运行、社会治理、规则标准、政府管理等方面与国际更加接轨。广东省是内地经济总量最大的省份，是改革开放的先行区。粤港澳同处一个湾区，文化同源，人缘相亲，产业各有优势，各具特色，彼此紧密合作，必将产生协同效应和放大效应。港澳目前仍是独立的关税区，有发达的国际通道、专业的服务、国际公信力以及世界一流的营商环境。宜高水平地利用港澳的制度优势，提高对外开放水平，形成全面对外开放新格局。

广东具有改革开放先行先试优势，实行的社会主义市场经济，既强调发挥市场在资源配置中的决定性作用，也主张更好地发挥政府作用，在新一轮的产业发展中发挥组织、配置和重组技术资源的优势，逐渐形成科技创新市场化和产业化的新机制，在技术、人才方面具有发展优势。香港是国际金融、贸易、航运中心和自由港，澳门是世界旅游休闲中心和中葡经贸合作的平台，港澳一直是内地对外开放的门户枢纽。香港和澳门拥有广泛的国际联系和市场，具备发达的信息基础设施、竞争性的市场环境、充沛的资金供给和完善的法律体系以及人才流动的环境，香港的生产性服务的中介体系十分发达，能为粤港澳大湾区的高新产业发展提供服务和平台。

二、存在问题

粤港澳大湾区是中国经济活力最强的区域之一，产业创新方面虽然取得了一些进展，但仍存在一些问题。

（一）产业发展梯度明显，产业创新协调有待加强

粤港澳大湾区内的各城市产业结构梯度明显，呈现多阶段、混合型的湾区产业发展特征。香港、澳门的第三产业占比超过90%，服务业发展成熟，广州、深圳、珠海、东莞服务业占比虽然与港澳有一定差距，但第三产业占比超过50%，正逐渐向服务经济模式转型，大湾区内的其他城市则以第二产业为主，处于工业化阶段。

改革开放以来，珠江三角洲地区的制造业迅速发展，各城市虽然有一定的创新合作，但也存在相互竞争，在城市资源整合、产业互动发展上仍有待加强。

广州与中山、江门在机电装备产业存在着明显的同构现象（眭文娟等，2018），大湾区内产业发展不协调，容易造成城市的重复建设和资源浪费。电子信息产业是广州、中山、东莞、惠州等城市的优势产业，石油化工是广州、珠海、惠州、江门等城市的优势产业，行业内部分工仍不十分明确，导致产业同质化竞争。深圳、广州中心城市虽然因辐射而形成的产业圈影响力逐渐扩大，以深圳、广州为创新中心带动其他城市传统产业的转型升级，但大多数城市仍然以传统制造业为主，产业发展惯性大，同质化竞争的现象仍然存在，城市产业发展融合度不高，产业创新协同仍需要加强。

另外，珠江三角洲地区大量迅猛崛起的专业镇及产业集群区域，推动了珠江三角洲的快速发展，目前已经形成了300多个各具特色的产业集群，涉及产业多样，包含陶瓷、纺织、家具、家用电器等轻纺工业和汽车配件、石化生产、钢铁制造等重化工业，但缺少高素质人才、研发力量不足、创新公共设施较少，需要培育创新网络，实现传统产业集群向创新集群的转型。

（二）基础研究力量需要加强，产业创新面临挑战

粤港澳大湾区产业转型及高端产业发展，需要具备自主研发创新能力，推动产业结构的转型与新兴产业的发展。基础研究是企业进行产业创新的基础，很多发明创造产业化的前提就是基础研究的发现。而基础研究的主体是高校和科研院所，虽然粤港澳大湾区具备一定的基础研究能力，但仍是大湾区的短板，也是该地区科技创新发展的限制性要素。一方面，粤港澳大湾区科技协同创新投入不足。尽管近年来粤港澳大湾区投入基础研究和应用研究经费大幅增加，但相对整个财政投入总量来说所占份额仍然偏小。当前，粤港澳大湾区研发投入经费支出在全国处于较高水平，但其中基础研究所占份额偏低，占全省研发经费的比重不足3%。另一方面，粤港澳大湾区高水平科研机构不多。作为中国自主创新示范区，粤港澳大湾区承载珠江三角洲地区甚至全国基础研究任务的科研机构在国际国内知名的数量并不多，在工业领域具有重大原始创新能力的科研院所更少，缺少世界顶级的研发创新机构，重大原始创新和基础创新的体制机制仍不完善，很多关键产品和设备严重依赖于进口。另外，基础研究人员待遇亟待提高，基础研究具有时效性和阶段性的特点，其研究成果很难在短期内产生明显的经济效益，因此从事基础研究领域的研究人员的待遇也就很难得到提升，这对基础研究领域人力资源的发展造成了阻碍，导致基础科技研究

人力资源缺乏。

(三) 经济体制与合作机制影响产业协同创新

粤港澳大湾区具有"一个国家、两种制度、三个独立关税区"的特点,这对于各自特色发展是难得的优势,但对于实质性合作而言却又存在不少障碍。在"一国两制"的制度背景下,港澳特区拥有高度自治权,大湾区三地的政策沟通与协调面临着缺乏法制基础和难以克服本地主义治理倾向的难题。珠江三角洲各市与港澳之间,虽然民间合作很广泛,政府高层也有很多会晤和交流,但尚未形成健全有效的合作机制,粤港澳仍缺乏法制化、常态化、有约束力、可问责的政策协调机制,甚至珠江三角洲各市之间也缺乏有效的合作机制,虽然签署了《粤港合作框架协议》和《粤澳合作框架协议》,建立了粤港、粤澳联席会议等政策协调机制,但广佛同城、广佛肇经济圈等仍缺乏全面的湾区治理渠道与机制。

粤港澳三地在经济制度、法律体系、行政体制和社会管理模式等方面,在经济自由度、市场开放度、营商便利度及社会福利水平等方面也都存在不小的差异。这些差异决定了粤港澳大湾区建设面临其他湾区所没有的制度和体制机制难题,大湾区内货物、人员、资金、技术等要素跨境流动仍存在障碍。如,港澳居民在港澳获得的专业资格在内地不被认可;粤港澳三地实行不同关税制度,查验标准和行政管理体制差异较大,信息难以共享,通关效率较低。行业与产品的技术标准差异,都会阻碍双向货物和人员的顺畅跨境流动。在产业布局方面,还没有形成科学有效的利益协调和共享机制,各地区各自为政的局面仍未改善,对于新兴热点领域,都存在较强的招商冲动,地区间联动发展、协作发展意识不足,地区间产业互补和协同效应有待提升。

第三节 产业创新效率评价

产业创新效率是产业创新重要的评价视角,本节在对粤港澳大湾区产业发展特征及产业创新的分析基础上,分析大湾区在产业发展过程中在不同时期的产业创新效率,对进一步分析大湾区的产业创新有重要意义。本节运用DEA运算方法,选取2000年、2005年、2010年和2016年为代表年份,通过不同时间节点的比较,分析粤港澳大湾区产业创新效率及影响因素。

一、计算方法

利用 DEA 方法（数据包络分析方法），以各类投入指标和各类产出指标为基础，通过线性规划的方法用于评价同类型单位的相对有效性。在规模收益不变的前提下，运用 DEA 方法计算综合效率、纯技术效率和规模效率，一方面可以看出决策单元是否具有有效性，另一方面能够分析导致决策单元无效是规模原因还是纯技术的原因（刘伟，2015）。

DEA 模型用于多投入多产出的复杂系统的有效性评价，由于它在分析时不必计算综合投入量和综合产出量，因此避免了使用传统方法时由于各指标量纲等方面的不一致而寻求同度量因素而产生问题。基本公式引入松弛变量 s^+ 和剩余变量 s^-，变不等式约束为等式约束，得到以下计算公式：

$$\text{s.t.} \begin{cases} \sum_{j=1}^{n} X_j(t)\lambda_j + s^- = \theta X_j(t), \\ \sum_{j=1}^{n} Y_j\lambda_j - s^+ = Y_0, \\ \sum_{t=1}^{n} \lambda_i = 1, \\ \lambda_j \geq 0, j \in J, s^- \geq 0, s^+ \geq 0. \end{cases}$$

对于 DEA 的有效性，能用 CCR 模型判定是否同时技术有效和规模有效，其中技术有效是指相对于最优生产效率水平的目前投入要素的浪费情况，规模有效是指按照最优生产效率水平所能获得的最大产出情况。如果 $\theta=1$，且 $s^+=0$，$s^-=0$，则决策单元 j_0 为 DEA 有效，决策单元的经济活动同时为技术有效和规模有效；如果 $\theta=1$，但至少某个输出或者输入大于 0，则决策单元 j_0 为弱 DEA 有效，决策单元的经济活动不是同时为技术效率最佳和规模最佳；如果 $\theta<1$，决策单元不是 DEA 有效，经济活动既不是技术效率最佳，也不是规模最佳。

二、指标选择

DEA 模型的投入产出指标的选择要根据研究目标、指标间非强相关与可获得性等要求。创新效率评价是通过投入与产出的计算而得，因此，产业创新效率的投入和产出的指标选择对于评价影响显著。

在以往对产业创新效率的分析中，科技创新投入一般从人力、物力和财力几个方面进行评价，创新产出一般从高新技术产业发展和创新成果等方面进行评价。如刘琪（2019）选择R&D人员折合全时当量、新产品开发的经费支出、R&D经费内部支出作为投入指标，将新产品的销售收入作为产出指标，对区域高新技术产业的创新效率进行评价。危怀安（2019）等用财政科技支出、从事科技人员数量和企业R&D内部经费作为科技创新投入的指标，而科技创新产出的指标以高新技术产业增加值、新产品开发项目数和专利授权量来测度。韩京葆（2017）利用R&D人员投入、R&D经费支出等作为投入指标，产出指标选择申请授权的发明专利数和新产品收入。科技财政投入或者人员投入都是对科技创新活动的支持，而评判创新产出的多少除了采用授权专利指标外，还能通过新产品的销售所获得的经济收益，如新产品销售收入、高新技术产业增加值来体现。薛娜等（2017）利用DEA模型对江苏省高技术五大行业产业的创新效率进行分析，选择R&D活动人员折合全时当量、R&D经费内部支出、技术改造经费支出、技术引进经费支出和消化吸收经费支出作为投入指标，产出指标采用了专利申请数和新产品销售利润。综上可知，对创新效率的评价，在评价指标选择上，多数学者均采用R&D活动人员数量、R&D经费内部支出、新产品开发的经费支出、发明专利数量和新产品收入等。考虑到数据的可获得性以及可操作性，本节在创新产出的指标选择上用发明专利受理量作为产出指标，在投入指标的选择上采用R&D人员数量、R&D活动经费和R&D活动经费占GDP比重作为投入指标（表7-5）。

表7-5　粤港澳大湾区创新效率评价指标

类别	具体指标
产出指标	发明专利受理量 Y
投入指标	R&D人员数量 X_1
	R&D活动经费 X_2
	R&D活动经费占GDP的比重 X_3

DEA方法对于投入指标和产出指标数量没有具体要求，同时若有指标数量较多而造成模型区分能力不足时，还需要减少高度相关性的指标。本节采用具体指标较少，但是指标选择上能反映出投入和产出指标的基本关系，基本可以体现粤港澳大湾区的创新效率。采用的数据来源于《广东省统计年鉴》、香港特

区政府统计处、澳门统计暨普查局,选取了较为典型的 4 个年份——2000 年、2005 年、2010 年和 2016 年分析大湾区在不同时期的产业创新效率。

三、结果分析

(一) 时间截面效率评价

通过 DEAP2.1 软件的计算,得到不同时间节点的技术效率和规模效率。综合技术效率(crste)是决策单元 DMU 在一定投入条件下的生产效率,是对资源配置能力、资源使用效率有效水平的综合评价。当综合技术效率小于 1 时,表示当前的规模与投入数量、产出数量不匹配,需要增加或者减少规模。纯技术效率(vrste)是制度和管理水平所影响的效率。规模效率(scale)是规模因素所影响的生产效率,表示在纯技术效率一定的条件下,实际规模与最优生产规模的差异。当纯技术效率等于 1,规模效率也等于 1 时,表示样本单元的资源配置是有效的;当纯技术效率等于 1,而规模效率小于 1 时,表示该样本单元本身的资源配置弱有效;当纯技术效率小于 1,规模效率等于 1 时,表示该样本单元的资源配置无效。

表 7-6 粤港澳大湾区创新效率

年份	综合技术效率 C	纯技术效率 V	规模效率 S
2000	0.764	1.000	0.764 irs
2005	0.671	0.949	0.707 irs
2010	0.731	0.796	0.918 irs
2016	1.000	1.000	1.000 -

注:规模效率(scale)中,drs 表示规模报酬递减;-表示规模报酬不变;irs 表示规模报酬递增。

计算结果显示(表 7-6),2000 年、2005 年、2010 年、2016 年四年的综合技术效率、纯技术效率和规模效率的平均数值分别为 0.792、0.936 和 0.847。可以看出,粤港澳大湾区的综合技术效率在 2000 年、2005 年和 2010 年均小于 1,说明该时间段内,粤港澳大湾区产业创新的规模与投入产出数量不匹配。2016 年的综合技术效率达到 1,说明该年度粤港澳大湾区的综合效率较好,投入产出与创新规模匹配。

就纯技术效率来看,2000 年和 2016 年均达到 1,说明粤港澳大湾区所投入的资源对创新是有效的。2000年的纯技术效率为1，综合技术效率小于1，对于大湾区的技术效率而言，技术效率的投入产出不需要变动，既不需要减少技术投入，也不需要增加技术产出。而2005年和2010年的纯技术效率小于1，且存在下降趋势，直至2016年再次达到1，说明纯技术效率才再次提升到有效水平。

从规模效率来看，2005年的值较低，而2010年和2016年的规模效率接近或者达到1。同时，irs表示规模报酬递增，说明随着投入的增加，对于产业创新有促进作用，可见在2000年、2005年和2010年，虽然有的时间段可能综合技术效率没有达到匹配的状态，但是规模效率都是报酬递增的。2016年的规模效率等于1，为规模报酬不变的情况，说明2016年粤港澳大湾区的产业创新增加投入是有效的，投入得到有效配置。

2016年粤港澳大湾区产业创新的综合效率和纯技术效率都是1，创新效率表现为DEA有效，表明粤港澳大湾区的产业创新投入产出结构合理，产出与投入均达到最优，达到最好的规模效益。但是良好效率的保持，仍需要随着产业的调整，对创新投入的要素进行同步的调整。其余三个时间上创新效率表现为DEA无效。2000年纯技术效率为1，而规模效率小于1，导致DEA无效。而2005年和2010年纯技术效率和规模效率均小于1，共同导致创新效率DEA无效。

（二）粤港澳大湾区的创新效率现状

利用2016年粤港澳大湾区11个城市的创新效率评价数据和DEAP2.1软件进行运算分析，得到各城市的各种创新效率指数（表7-7），可以看到各城市的创新效率存在着较大的差异。11个城市的综合技术效率、纯技术效率和规模效率的平均值分别是0.488、0.581、0.828。

就综合技术效率来看，广州市和香港特别行政区达到1，说明这两个城市的产业综合创新效率良好，创新规模与投入产出相匹配。深圳市的综合技术效率达到0.964，创新规模与投入产出基本匹配。佛山市的综合技术效率为0.506、东莞市的综合技术效率为0.494，珠江三角洲地区其他城市的数值较低，说明这些城市创新规模与投入产出不完全匹配。

就纯技术效率来看，广州市、深圳市和香港、澳门特别行政区的纯技术效率为1，表明所投入的资源对创新是有效的，这些城市的技术效率投入不需要减少、产出不需要增加，即技术效率的投入产出匹配，不需要变动。其他城市的纯技术效率都小于1，表明在目前的技术效率上投入资源的使用没有发挥应有的效率。

从规模效率来看，广州市和香港特别行政区的规模效率为1，在规模报酬不变的情况下，说明2016年粤港澳大湾区产业创新增加投入是有效的，投入得到有效配置。深圳市在规模报酬递减的情况下，其纯技术效率为1，表明深圳目前的技术效率没有影响综合技术效率的发挥，而是规模不协调，需要适当地减少规模以实现产出效率的提高。澳门是纯技术效率为1而规模效率为0.343，导致综合技术效率小于1，但是处于规模报酬递增的状态，说明澳门的技术效率没有投入和产出增减的需要，而是要增加创新规模来提高综合技术效率。其他的城市虽然规模效率小于1，但是都处在规模报酬递增的状态，实际规模的不断提升有助于提升综合效率。

表7-7 2016年粤港澳大湾区城市创新效率

城市	综合技术效率 C	纯技术效率 V	规模效率 S	
广州市	1.000	1.000	1.000	-
深圳市	0.964	1.000	0.964	drs
珠海市	0.176	0.211	0.831	irs
佛山市	0.506	0.507	0.999	irs
江门市	0.148	0.219	0.677	irs
肇庆市	0.194	0.310	0.856	irs
惠州市	0.291	0.341	0.963	irs
东莞市	0.494	0.513	0.850	irs
中山市	0.249	0.293	0.963	irs
香港	1.000	1.000	1.000	-
澳门	0.343	1.000	0.343	irs

注：规模效率（scale）中，drs表示规模报酬递减；-表示规模报酬不变；irs表示规模报酬递增。

2016年广州市和香港特别行政区的产业创新的综合效率和纯技术效率都是1，创新效率表现为DEA有效，表明城市的产业创新投入产出结构合理，产出与投入均达到最优。其余城市的创新效率表现为DEA无效，深圳市和澳门特别行政区的纯技术效率为1，而规模效率小于1，导致DEA无效。珠海市、佛山市、江门市、肇庆市、惠州市、东莞市和中山市的纯技术效率和规模效率均小于1，共同导致创新效率DEA无效。珠海市、江门市、肇庆市、惠州市和中山市的纯技术效率拉低整体的效率，所以更加需要提升创新能力和管理水平，提升其投入资源的使用效率。

第四节 产业创新发展的战略路径

面对粤港澳大湾区发展的实际以及新的发展机遇，粤港澳大湾区需要开拓互动发展的新形式、新内容，提升产业发展的层阶，促进产业创新集群的发展，全面提升粤港澳大湾区的产业创新效率。

一、加强传统产业的技术改造，优化产业结构

要实施科技计划，以创新驱动促进传统制造业加快升级，实现由"制造"向"创造"转变、由生产型制造向生产服务型制造转变。要加强传统产业的新技术嫁接以及科技成果的不断应用；制定鼓励中小企业购买、租赁高技术设备的法规，从自动化生产设备到信息化的管理等加速高技术的扩散，对广东的传统产业集群以及专业镇进行技术革新；推进信息技术在传统产业领域中的渗透、改造和广泛应用；在升级传统产业的同时也积极培育了新兴产业的发展。与此同时，要促进高新技术产业的发展，提升高新技术产业的质量与水平；加速高端生产性服务业的发展，并形成较为灵活的为实体经济服务的机制；要充分重视与激发企业活力，尤其是体现产业发展趋势的独角兽和瞪羚企业，促进产业结构的优化。

二、以具有产业优势的城市为依托，通过国家相关部门协调，建设产业共同体

目前，粤港澳三地仍实行不同的社会制度、采用不同的法律体系、分属不同的关税区，各个城市之间的经济发展水平、产业创新水平及产业创新效率均存在差异，城市间的利益与诉求也不尽相同，且跨境协调机制尚不完善，推高了人流、物流、资金流、信息流等要素流动的成本，不利于创新要素与创新主体的跨区域流动。在这一背景下，深化粤港澳大湾区的体制机制，实现粤港澳三地的制度衔接，构建科学合理的创新发展机制，形成一体联动的发展格局就显得格外重要。粤港澳大湾区是拥有社会主义和资本主义两种制度的"中国特色"湾区，两种制度都有各自的优势。在产业创新的过程中，应该把两者的长

处结合起来，在"一国两制"制度的前提下，做好粤港澳三地产业协同创新的顶层设计，支持香港、澳门融入国家发展大局，保障港澳切实融入粤港澳大湾区建设中，加强各城市的协调与沟通，打造产业共同体。

产业共同体的构建，可以大湾区的城市为依托，以国家重点实验室、国家级研究机构为重点，建设协同创新研究院并作为载体，打造科技成果转移转化平台，以相关金融机构及社会投资机构整合建立绿色金融服务平台，整合生产企业、技术服务优势单位、高校和科研院所、金融机构，统筹"政府部门—生产企业—技术服务企业—高校和科研院所—金融机构"各方资源，打通创新服务链条，使企业、研究机构、高等院校、金融机构真正地发挥优势，建设产业创新共同体。

三、构建产业创新联动的发展机制

需要理顺相关的政策体系，对粤港澳大湾区现行相关创新政策进行系统清理，废除障碍性的政策法规，系统制定自主创新激励与奖励政策体系。在《深化粤港澳合作推进大湾区建设框架协议》基础上，加快构建粤港澳科技与产业合作的常态化机制，逐步统一市场准入和市场监管制度，统一技术研发、使用、考核等标准，推动大湾区一体化发展（辜胜阻等，2018）。探索建立大湾区科创与产业联席会议协调机制、科技创新战略框架、科技创业合作框架、标准体系合作机制，建立符合创新规律的跨区域政府管理和协调制度。完善跨境金融联动机制，提升专业化服务水平，协助湾区创新型科技企业开展境外兼并重组和跨界并购，为湾区孵化更多科技创新巨头。吸引民间资本进入创投行业，为产业创新提供民间力量和更多的资金选择，以资本力量推动技术创新，进而驱动产业创新，实现产业链、创新链的融合发展。

四、构建全方位、高层次的产学研用创新合作网络

粤港澳大湾区经济发展水平全国领先，产业体系完备，集群优势明显，经济互补性强，香港、澳门服务业高度发达，珠江三角洲九市已初步形成以战略性新兴产业为先导、先进制造业和现代服务业为主体的产业结构。新时代的现代产业创新要凝聚粤港澳三地的创新资源优势，构建全方位、高层次的产学研用创新合作网络，促进不同创新主体在互惠共生的合作环境中优势互补，形成

"创新驱动—应用牵引"的产业创新体系。这就需要优化科技创新的营商环境，着力建设制度、规则、知识产权保护以及人才、资金等创新要素供给和集聚高地。

在产学研合作方面，加强与珠江三角洲国家自主创新示范区的联动发展，推动与港澳在科技金融、技术研发和转化、知识产权保护和运用、人才引进和培养、科技园建设和运营方面的交流与合作。实施粤港澳科技创新合作发展计划和粤港澳联合创新资助计划，推动成立促进粤港澳产学研创新的社会组织。建设粤港澳产业发展数据库、技术路线图数据库、创新主体信息数据库和高端人才信息数据库，整合、发布粤港澳创新资源和科技合作供需信息。合力建设广深港澳科技创新走廊，加强粤港澳三地企业、高校和科研机构联动，联合共建共享研发机构、科研设施与仪器，搭建"科学家—工程师—企业家"对接平台和各类科技创新服务平台，促进科技与经济良性互动。

在国家政策支持和大湾区战略背景下，利用各种行业协会和非正式社会网络，发挥粤港澳各界共商共议，共同促进大湾区各领域的科技合作，使产业链向高端转型升级。优化制造业布局，以珠海、佛山为龙头建设珠江西岸先进装备制造产业带，以深圳、东莞为核心在珠江东岸打造具有全球影响力和竞争力的电子信息等世界级先进制造业产业集群。依托粤港澳中心城市的科研资源优势和高新技术产业基础，培育壮大战略性新兴产业。支持香港纳米科技及先进材料、资讯及通信技术、物流及供应链管理应用技术等研发中心以及国家科技兴海产业示范基地等落户自贸试验区。支持粤港澳共建国家级科技成果孵化基地和科技企业孵化器，促进港澳及国际研究机构的先进技术成果向内地转移转化。要依托国际科技创新中心、珠江三角洲国家自主创新示范区和广深科技创新走廊等战略契机，推动科技成果转化，促进产业化的发展。同时构建高效运作的市场机制，破除行政区划壁垒带来的资源错配和效率损失，以粤港澳大湾区要素协同配合机制来整合配置科技创新资源。用资本链条链接产业和创新，加快推进企业新旧动能转换，充分释放"制度红利"，并将其作为科技创新和产业升级的新引擎。

五、优化产业分工与产业链融合创新

粤港澳大湾区内的11个城市各具优势，在核心城市的引领下，粤港澳大湾区将珠江三角洲地区的制造业与港澳两地的服务业有机结合，形成了以香港为核心的大珠江三角洲的金融、航运、贸易中心圈，以深圳为核心的"硅谷"创业创新高端产业中心圈，以及以整个区域为基准的智能制造及教育文化旅游产业圈，使湾区发展兼顾经贸、科技、教育、文化和生态环保等各类领域，推动了城市群的可持续发展。在产业创新的发展过程中，应更加注重创新效率的提升，这就需要在发挥各城市比较优势的基础上，更加明确产业的分工与合作。

粤港澳大湾区产业创新要改变过去"前店后厂"的传统合作模式，充分发挥粤港澳三地在产业上的互补优势，加强分工合作，培育高端引领、协同发展的开放型、创新型产业体系，推动三地产业链全面融合创新，加快向全球价值链顶端迈进，成为推动粤港澳大湾区产业转型与升级的引擎。充分发挥香港、澳门、广州、深圳核心城市在现代服务业和先进制造业领域对珠江三角洲地区的引领和外溢作用。巩固和提升香港国际金融、航运、贸易中心地位，强化全球离岸人民币业务枢纽地位和国际资产管理中心功能，提高在金融、商贸、物流和专业服务等方面的商业附加值，发展创新及科技事业。支持澳门建设世界旅游休闲中心以及中国与葡语系国家商贸合作服务平台，进一步发展服务业，加强粤港澳对外的交往，促进经济适度多元化发展。着力把广州打造成国家创新中心城市，把深圳打造成国家创新型城市、国家自主创新示范区和具有世界影响力的国际创新中心。支持澳门和珠海共建国际化创新城市、粤港澳创新合作重要先行区。发挥佛山、惠州、东莞、中山、江门、肇庆六个城市的产业创新优势，共同培育分工合作的区域创新体系。

在生产制造过程中，充分发挥港澳技术创新优势和广州、深圳创新研发与运营总部的优势，以及佛山、东莞、惠州、中山、江门、肇庆等地高端制造、协作配套的优势。在产业链条较长、发展空间较大的重点领域，加强对接协作，落实智能制造工程，引导合理分工。具体而言，在实施智能化技术改造和示范应用方面，广佛肇主要聚焦在汽车制造、生物医药、食品加工、造纸、石化等领域；深莞惠主要集中在3C产品制造、生物医药、汽车制造、港口物流等领域；珠中江主要集中在家电、装备制造、纺织服务、五金加工等领域。在实施网络协同创新方面，重点在：①先进制造技术，如智能装备制造、机器人的关键技术、新型成形制造、仿生机械技术等；②智能化产品的研发和产业化，如智能家电、服务机器人等；③制造过程的智能化，如产品设计智能化、关键工序智能化、供应链优化管控；④智能基础设施建设，如行业智能制造单元、智能生产线、智能车间、智能工厂；⑤培育跨区域优势产业链，如依托汽车、通信装备、船舶及海洋工程装备、电子信息、新能源装备、节能环保装备、光电准备等构建现代化产业链。

本章小结

科技中心建设将对全球创新资源的流动具有显著的引领、组织和控制能力，是世界新知识、新技术、新产品、新产业的策源地。科技创新是产业创新的强大动力，产业创新是科技创新的重要应用领域。粤港澳大湾区建设国际科技创新中心要服务于产业创新，加强传统产业的技术改造，发展新兴产业，带动整个湾区创新能力的提升。

本章首先分析了粤港澳大湾区的产业现状。粤港澳大湾区虽然从总体上向服务经济转型，但湾区内部各城市产业结构差别较大，呈现多阶段、混合型的产业结构特征，产业创新的特征主要表现在：①形成了一批产业集群，传统产业面临转型升级；②形成了传统的优势产业体系；③形成较为良好的产业生态；④新兴产业体系正在形成；⑤新型的产业创新合作模式正在形成。粤港澳大湾区在产业创新方面也存在障碍与问题：①产业发展梯度较大，产业创新协调还有待加强；②基础研究力量仍相对较薄弱，大学、科研机构对产业创新的支撑仍需要加强；③合作机制与经济体制机制仍影响产业协同创新。

为测度粤港澳大湾区的产业创新效率，使用 DEA 运算方法，通过不同时间节点的比较，分析粤港澳大湾区的产业创新效率及影响因素。分析表明：2016年广州市和香港特别行政区产业创新的综合效率和纯技术效率都是 1，创新效率表现为 DEA 有效，城市的产业创新投入产出结构合理；其余城市的创新效率表现为 DEA 无效；深圳市和澳门特别行政区的纯技术效率为 1，而规模效率小于 1，导致 DEA 无效；珠海市、佛山市、江门市、肇庆市、惠州市、东莞市和中山市的纯技术效率和规模效率均小于 1，创新效率 DEA 无效。

未来粤港澳大湾区的产业创新路径需要关注：第一，加强传统产业的技术改造，优化产业结构；第二，以具有产业优势的城市为依托，通过国家相关部门协调，建设产业共同体；第三，构建产业创新联动的发展机制；第四，构建全方位、高层次的产学研用创新合作网络；第五，优化产业分工与产业链融合创新。

第八章 粤港澳大湾区科技中心建设的空间体系与格局

第一节 科技中心建设的空间支撑体系

一、理论基础

近年来,对全球科技中心建设的研究逐渐增加,相关理论可以溯源到创新型城市、创新都市圈的研究。学者们对全球创新型城市、国家创新型城市、创新都市圈及城市内部诸如创新区、科学园、开发区、大学城、科技孵化器等不同形式的创新空间载体进行了广泛研究,相关研究成果能够对科技中心建设提供理论基础和启示。

(一) 全球科技创新中心及其特征

1. 全球科技创新中心研究

20世纪80年代以来,资本主义生产方式由福特主义的大批量生产模式转向柔性专业化生产,一系列"新产业区""新产业空间"出现并快速发展,以硅谷为代表,其成长为具有国际影响力的科技活动中心。2000年,《在线》杂志最早提出"全球技术创新中心"(global hubs of technological innovation)的概念,并按照四个指标对全球技术创新中心进行评选。四个指标分别为:当地高校和研究机构具备培养有技能的工人或具有开发新技术的能力;提供专业技术和带来经济稳定的企业;人们创办风险企业的积极性;风险资本的可获得性。随后,联合国《2001年人类发展报告》在此基础上提出了"科技成长中心"(technology growth hubs)概念,即集聚大量研究机构、创业型企业和风险投资者的地区。

目前国内关于科技创新中心的研究总体还比较少,主要涉及科技创新中心的概念内涵、演变规律及案例总结分析。杜德斌(2015)认为全球科技创新中心是指全球科技创新资源密集、科技创新活动集中、科技创新实力雄厚、科技成果辐射范围广大,从而在全球价值链中占据领导和支配地位的城市或地区。肖林(2015)认为未来的全球科技创新中心不是狭义的知识中心和科技成果转化中心,而是科技、经济、文化高度融合,创新、创意、创业相互交织的综合性创新中心。邓丹青等(2019)归纳总结了全球科技创新的共性特征:一是能够集聚各类创新要素和有影响力的科研组织,吸引高素质人才和拥有发达的资本市场;二是拥有比较完整、适宜的创新链和产业链,在形成一批具有国际影响力的科技成果和创意的同时也能就地实现产业化;三是拥有大量高成长、活力迸发和国际影响力的创新型企业,在若干产业领域具有领先水平;四是具有"宜居""宜业"的生活和商业环境和容忍失败、多元包容的文化氛围。此外,空间的共生性也是全球科技创新中心的重要特征之一。受技术和知识溢出的地理临近性规律支配,在城市层面,科技企业的空间分布具有集聚倾向;在区域层面,存在多个科技创新城市彼此共生的现象(杜德斌,2015)。我们认为,全球科技中心应是在全球的创新链中处于创新链高端的研发城市及产业化城市,对全球的创新发展具有决定性的影响力,并且创新与创业要素集聚,创新活动、创业活动集聚;具有持续不断的创新能力与影响。

2. 世界全球科技创新中心空间体系规律

当前,国际上关于全球科技创新中心并无完全统一、权威的评价,澳大利亚智库 2thinknow 的"全球创新城市指数"评选的全球创新城市,基本代表了全球科技创新中心的发展方向,其空间分布也基本反映了全球科技创新中心的空间格局。2thinkknow 的"2018 全球创新城市指数"(Innovation Cities^{TM} Index 2018)数据显示,全球科技创新中心高度集中于美国、西欧等发达国家和地区,形成北美和西欧两极主导格局。在国家或区域内部尺度上,则高度集中于世界主要城市群地区(杜德斌,2015)。

尹稚等(2018)根据对欧美主要城市群的统计发现,科技创新城市体系与城市群结构体系高度一致。世界级城市群和国家级城市群科技创新空间体系均呈现出金字塔形体系结构。城市群等级越高,创新能力越强。第一等级城市群的创新城市体系比第二等级城市群的创新城市体系规模更大、实力更强。世界级的城市群包括美国的加利福尼亚州城市群、美国东北地区城市群和五大湖地区城市群,以及欧洲的英国城市群和莱茵河流域经济带城市群,平均每个城市群拥有至少 2 个一级创新城市、4 个二级创新城市和 5 个三级创新城市(表 8-1)。

表 8-1 欧洲和美国创新城市情况统计

单位：个

城市群等级	区域		一级创新城市	二级创新城市	三级创新城市	四级创新城市	合计
第一等级	欧洲	英国城市群	2	4	9		15
		莱茵河流域经济带	2	15	7		24
	美国	加利福尼亚州	3	5	8	1	17
		东北地区	3	5	5		13
		五大湖地区	1	4	12	2	19
	小计		11	33	41	3	88
第二等级	美国	卡斯卡迪	1	1			2
		皮德蒙特地区		4	3	1	8
		得克萨斯三角地带		4			4
		佛罗里达州		3	3		6
		落基山脉山前地带		2	3		5
		沿海湾地区			3		3
		亚利桑那阳光走廊			2		2
	小计		1	14	14	1	30

资料来源：尹稚，等. 科技创新功能空间规划规律研究［M］. 北京：清华大学出版社，2018.

（二）全球科技创新中心空间模式

全球科技创新中心的发展需要基于特定的创新空间载体。20世纪80年代以来，伴随着信息技术革命的发生，以硅谷、筑波等为典型代表的科技园、科学城模式成为创新空间的主流。这种以"硅谷化"（siliconization）模式为代表的高技术城市化在全球范围内扩展。它们往往位于大都市的郊区或远郊新城，依托大学及研究机构形成高科技产业集群，带动城市区域即国家的经济发展。进入21世纪以来，随着互联网和文化创意产业等新经济的发展，科技企业和人员开始追求多元化、高品质的生活环境，传统相对孤立的科学城和科技园区在公共交通、高端服务、住房配套、文化娱乐等方面日显不足，许多新兴的高技术企业开始向大都市中心城区集聚，创业城市化（start up urbanism）在不同国家、不同城市中兴起，并显现出不同于高技术城市化的特征。

熊鸿儒（2015）指出全球科技创新中心应具备以下地理特征：①创新要素集聚在地理空间上的"极化"，空间形态上体现为一个或多个创新集群在某一地理区域内的"极化"；②具有相对集中的研究型大学和各类科研机构；③高素质人才可以持续集聚和自由流动；④多数科技创新中心体现为一个区域性的概念。世界性的科技创新中心已突破了某个科技园区或某座城市的地理界限，更多地体现为一个"大区域"的概念，具有科技先导性、产业带动性和经济辐射性。

张帆等（2018）结合上海建设科创中心的目标，提出结合区位条件、资源禀赋和产业现状基础，进行全市域创新功能的科学布局，打造不同类型的创新空间载体，促进科技创新和产业升级，划分了以下三类城市创新空间模式（表8-2）。

第一，科学城模式。科学城模式是指依托大学、研究机构密集区发展形成的产学研高度融合的城市功能区。科学城的功能主要是综合性的基础研究和应用研究，并通过技术转化与开发促进新兴产业的发展，同时具备居住、服务等功能。从国际经验来看，科学城一般是由政府组织建设，主要侧重于科学研究，特别是基础科学研究机构的集聚，以促进科技成果的产生为目标。同时强化科学城与产业创新的互动，加强科学城与外界联系，激励科学创新研究的动力。早期科学城一般在远郊地区，近年来鉴科学城对高端综合型公共服务的需要，建设布局在中心城的边缘区或者近郊地区。从产业类型来看，科学城适合布局高度依赖于科学研究的产业领域，如信息技术、生命科学等。

第二，创新创业社区模式。创新创业社区是以社区作为空间载体，通过各类创新要素的微循环，形成的便利化、全要素、开放式的集工作、生活和社交三位一体的创新创业空间。创新的主要模式是针对特定的技术问题，通过应用或组合现有知识实现渐进式的创新。从社会层面来看，企业之间与员工之间通过正式与非正式的社会网络进行频繁的互动交流，促进专业技能的转移与知识溢出，在创新创业社区内部形成一种"创新氛围"。

第三，创新城区模式。创新城区是创新企业、大学、科研机构密集、服务配套丰富的中心城区，是城市创新枢纽和经济活力的核心，也是未来城市创新空间发展的趋势所在。近年来，创新区（innovation district）成为欧美城市创新空间发展的新趋势。布鲁金斯学会的研究报告显示美国大都市区呈现出3种不同类型的创新区：一是枢纽型模式创新区，是指围绕支柱型创新机构，在周边形成大规模混合功能开发区域，主要位于大都市区中心城市的中心城区；二是城区更新型模式创新区，一般都源自城市老工业区、老的滨水港口工业区或仓储区，通过产业转型并改造物理空间，塑造新的产业功能和城市形态；三是城市化科技园区模式创新区，一般位于城市远郊区，从传统孤立的科技园区逐渐提高城市化水平。创新区主要强调经济资产、空间资产与网络资产，具有公共交通通达、公共网络分享，知识共享与技术合作，居住、办公与商业等功能混合布局，公共服务完善等典型特征。

表8-2 创新空间载体的类型与特征

类型	科学城	创新创业社区	创新城区
区位	中心城边缘区	郊区	中心城
创新功能	研发+转化	生产+研发	研发+设计
产业类型	科学研究型	工程技术型	客户导向型
典型产业	信息技术、生命科学	汽车、电子信息	互联网、文化创意

资料来源：张帆，卢柯，王周杨，等. 上海建设全面新型城市的规划思考 [J]. 上海城市规划，2018，140（3）：81-86。

（三）国际创新城市及其特征

1. 国际创新城市研究

Peter Hall（1998；2000）撰文分析了处于不同黄金时期众多城市作为创新环境的历史嬗变过程，他认为那些拥有高度创新性的城市往往具备一些特质，如多处在新旧秩序的交替变迁之中，是社会和意识形态剧烈动荡的中心；多为大的贸易城市，是吸引世界各方天才的磁石等。并将都市创新分为三类：文化/智能；技术/生产；技术/组织（夏铸九，2003）。Landry（2000）首次系统性地提出了创新型城市的概念，指出创新型城市拥有开放的思想、多元化与宽容性、独立的个性、可达性、弹性及富有活力的公共空间、高质量的人居环境以及基于本地性的全球化导向等内涵特征。Florida 提出了著名的创新城市发展"3T"（technology、talent、tolerance）理论，之后又增加了一个"T"（territorial assets，地域资产），于是就有了所谓的"4T"理论。而 Glaeser 提出的"3S"理论（skill、sun and sprawl，"技能、阳光和城市蔓延"）也强调地点质量（quality of place）对于创意阶层的重要意义，如阳光地带（sunbelt）是吸引创意阶层的一个重要因素（Florida R. and Tinagli I., 2004）。Hospers（2003）认为创新型城市是孕育知识经济的地方，知识经济要求城市创新，一个富有竞争力的城市是集聚性、多样性、不稳定性和良好声望的结合体。

Landry（2000）认为创新型城市的实现需要软件和硬件设施的结合。软件主要指高技能和高弹性的劳动力；活跃的思想者、创造者及执行者；大量的正式、非正式智力设施和老牌大学；释放个性的空间；城市内外的密切交流以及全面应用于社会或经济目标的企业文化。硬件则是指承载上述软件的设施与空间。创新氛围由硬件和软件集合而成，使得城市成为创造思想和发明的容纳空间。同时，他还指出创新型城市的建设不仅需要精英阶层的加入，更需要不同阶层的共同参与。

2005年，世界银行以新加坡为研究范本，发布了《东亚创新型城市》的研究报告，同样从软硬件的角度提出了一系列建设创新型城市的先决条件，硬件方面包括优良的基础设施、功能完善的城市中心区、充足的文化及学术活动场所设施等，软件方面则主要有研究开发能力、高素质的劳动力队伍、高效的服务型政府以及基于社会多元的多文化融合等（Poh Kam Wong, 2005）。

除软硬件视角之外，国外学者还倾向于从经济集聚、文化多样性等角度来探讨城市创新产生的机制。Simmie（2001）等认为本地经济集聚将促进同一产业门类公司的空间集结，带来城市化经济规模进程的加速，并能够在全球化驱动下深化城市与国际市场的联系程度，进而构成城市创新的主要来源，在创新型城市的构建过程中，高质量的知识劳动力和便利的基础设施及通信是两项最为核心的城市资产。Florida（2002）强调了创意阶层人才（talent）、技术水平（technology）以及宽容的态度（tolerance）的重要性，而宽容的态度实际上就意味着城市对于多元文化的包容。在文化多样性之外，人口集中性、城市处于非稳定状态以及积极的城市声誉亦是激发城市创新形成的重要因素（张辉鹏、石嘉兴，2004）。

国内学者在借鉴国外研究成果的基础上，多将创新型城市的构成要素与形成条件纳入系统论的理论框架之下，强调其综合性。杨冬梅和赵黎明等（2002）指出创新型城市的形成必须具备主体、资源、制度与文化四个基本要素，由企业、大学、研究机构等组成的创新主体是最为重要的能动要素，其余皆为创新型城市的环境支撑要素。相类似的观点还包括,城市创新系统的运行离不开政府调控、研究开发、企业创新和创新服务四大体系的有效支撑;产业创新、基础设施建设以及制度创新是创新型城市构建的三大要素等(邹德慈,2005)。在产业发展层面,毛荐其和俞国方(2006)强调了企业、产业链、产业集群三个层面构成的协同创新网络对于创新型城市建设的基础性推动作用。在空间视角层面,有学者指出城市的创新空间是知识经济或创新产业在空间上的集群,该集群以创新、研发、学习、交流等知识经济主导的产业活动为核心内容,是各种硬件物质要素(研究开发园区等)和软件机制文化要素的综合体(曾鹏、曾坚,2008)。

在全球化日益深化发展的背景下,学术界也逐步将研究的视野从城市内部转向城市外部,开始关注推动城市创新发展的外生力量源泉。例如,王德禄等(2012)认为城市能否实现创新取决于城市与全球创新尖峰链接的程度,实现成功链接的关键桥梁在于人脉网络。人脉网络中凝结的技术、资本、产业链三个核心链接机制能够达成对全球创新资源的有效利用。倪鹏飞(2011)等同样指出城市与全球市场的联系是决定创新系统效率的关键因素,对于城市科技与创新竞争力的培育与提升具有十分积极的影响。

2. 国际创新城市评价

从创新型城市评估指标分析,目前国际上创新型城市评判的代表性指标包括:2000年欧洲委员会提出了由投入、公司活动、产出3个一级指标,人力资源、研究系统、资金和支持、企业投资、联系及创业、智力资产、创新者、经济效应8个二级指标,以及24个三级指标组成的欧盟创新记分牌(European Innovation Scoreboard,EIS);2000年Porter和Stern提出了由科学家及工程师比重、创新政策、产业集群创新环境和联系质量4个一级指标,以及9个二级指标构成的国家创新能力指数(National Innovative Capacity Index);2006年美国学者Richard Florida提出了由人才(talent)、技术(technology)和容忍度(tolerance)组成的3T创新指数(The Creative Index);2010年Augusto López-Claros提出了由制度环境、人力资本培训和社会包容、监管和法律框架、研究和开发、采纳和利用信息和通信技术5个一级指标,以及12个二级指标和52个三级指标组成的国家创新能力指数(Innovation Capacity Index);2011年波士顿咨询集团(BCG)和美国全国制造商协会(NAM)提出了由制度、人力资本、基础设施、市场完善度、商业完善度5个创新输入指标和科学输出、创新输出2个创新输出指标构成的全球创新指数（Global Innovation Index）等；2011年澳大利亚创新研究机构2thinknow构建了包括文化资产、人力资本、市场网络和专利授予四大方面，由162个指标构成的全球创新城市评估指标体系；同时，英国知名智库组织罗伯特·哈金斯协会依据人力资本理论和经济增长的内生模型，编制了以知识经济为主导的城市竞争力判断模型——WKCI模型（方创琳等，2014）。

国内创新型城市评判代表性指标体系有国家科技部创新型城市建设监测评判指标体系、中国科学院科技发展战略研究小组中国区域创新能力评判指标、中国科学院创新发展研究中心的区域创新能力评判指标、中国人民大学国家创新评判指标、创新城市评价课题组的中国创新城市评判指标、创新型国家建设报告课题组的创新型城市评判指标、国家创新体系建设战略研究组的创新型城市评判指标、中关村创新指数、深圳创新指数和张江创新指数等。

方创琳等（2014）指出，综合分析国际国内关于创新型城市的评估标准，可将中国创新型城市建设的评判标准确定为由"一个1万美元、三个5%、三个60%和三个70%"组成的十大判断标准：①人均GDP超过10 000美元；②全社会R&D投入占GDP的比重超过5%；③企业R&D投入占销售总收入的比重超过5%；④公共教育经费占GDP的比重大于5%；⑤新产品销售收入占产品销售收入的比重超过60%；⑥科技进步对经济增长的贡献率超60%；⑦高新技术产业增加值占工业增加值的比重大于60%；⑧对内技术依存度大于70%；⑨发明专利申请量占全部专利申请量的比重大于70%；⑩企业专利申请量占社会专利申请量的比重大于70%。凡是满足以上十大标准的城市就可认定为达到了创新型城市的建设标准，这是城市实现可持续发展的重要标志。

（四）创新型都市圈、科技创新城市群研究

随着开放式、网络化创新模式逐渐替代封闭的线性创新模式，开放型的城市区域正在取代单一的城市节点，并作为创新资源配置和创新活动开展的新的空间载体。"创新型城市"向建设"创新型都市圈"转变，在都市圈范围内重新组织创新要素和生产过程，实现区域创新活动的范围经济并扩大创新型城市自身的辐射能力。创新型都市圈作为一种创新型城市集合体，承载着区域空间内的相关创新活动。王兴平（2014）将创新型都市圈定义为在区域同城化背景

下，在日常通勤时距范围内，以区域高快速交通网络为依托、以区域公共创新服务体系为支撑、以创新要素在圈内城际间的扩散共享和相互协同为特征的若干城市所组成的新型都市圈。他指出都市圈内各城市研发机构、高新技术人才或者战略性新兴产业密集，依靠创新推动发展，具有适应和鼓励促进创新的区域空间环境，创新要素通过完善的公共创新服务体系在创新空间内部和创新主体之间自由流动和扩散，圈内城市相互之间创新合作与交流密切。与创新型城市相比，由于创新要素在相对更广的区域空间范围内展开，使得创新型都市圈具有"创新要素多区位、创新活动多区域、创新主体多层次、创新链条多环节"的特点，且多为与跨政区的城市集合类似的概念。

骆建文等（2015）从城市群角度出发，提出了城市群科技创新中心建设，认为城市群科技创新中心是指具有密集的科技创新资源、雄厚的科技创新实力、发达的创新文化、浓郁的创新氛围、较强的科技辐射与带动城市群发展的中心城市，并扮演了新知识、新技术和新产品创新源地和产生中心的角色。他们将世界典型城市群科技创新中心划分为两大发展模式：核心城市以极强的辐射力带动其他城市发展的模式（纽约、东京）和多中心齐头并进的城市群发展模式（巴黎、柏林）。以此为出发点对上海全球科技创新的建设进行了研究，提出应依托长三角城市群，形成以各城市优势产业为主导的多核心分散型空间布局，设立长三角城市群分工与协作体系，各城市协作发展。建立区域科技创新技术交易中心，形成以上海为中心、以长三角其他地区为外围的宏观架构，以区域特色产业群整合为着眼点，突破行政区划限制，变"行政区经济"为"都市带经济"。

李万等（2018）基于上海科创中心的形成和发展以及长三角协同创新，提出世界级科技创新城市群建设，认为科技创新城市群是指那些以科技创新为核心功能的城市群。在这些城市群中，城市等级及其关联关系主要是以科技创新为关键尺度。科技创新城市群的核心功能和价值取向是促进科技进步和创新发展，并推动着城市群的整体优化和升级。科技创新城市群拥有丰富的科技创新资源和多元的科技创新主体。大量的科学家、工程师、企业家、创业者、设计师、青年科技创新创业人才等云集，大学、科研院所、孵化器、检测平台等科技创新功能性机构遍布。世界级的科技创新城市群具有全球科技创新资源配置的实力和能力，链接全球、影响全球的跨国研发与创新机构密集，成为全球科技浪潮的重要发源地。

二、粤港澳大湾区科技创新空间结构及其演变

根据前文对粤港澳大湾区科技创新能力的评价结果，通过Arcgis软件，利用自然断裂法，将粤港澳大湾区城市科技创新能力划分为四个不同的创新等级（表8-3），并呈现在空间上，勾勒出1996—2016年粤港澳地区城市科技创新在空间上的格局及其演化过程（见图8-1～图8-4）。

表8-3表明，粤港澳地区科技创新发展的空间分布格局随着时间的推移不断变化，其变化与粤港澳地区经济发展、全球化等发展程度有关。

表8-3 2000—2016年粤港澳大湾区科技创新能力空间分布类型

创新类型	2000年	2005年	2010年	2016年
一级科技创新城市	香港	深圳市、香港	深圳市	深圳市
二级科技创新城市	广州市、深圳市	广州市	香港、广州市	广州市、香港、东莞市
三级科技创新城市	澳门、东莞市、佛山市、珠海市、中山市	佛山市、东莞市、中山市、珠海市	东莞市、佛山市、中山市	佛山市、惠州市、中山市、珠海市、江门市
四级科技创新城市	惠州市、江门市、肇庆市	惠州市、江门市、澳门、肇庆市	珠海市、惠州市、江门市、肇庆市、澳门	肇庆市、澳门

（一）工业化前期阶段——初级产品生产时期（1993—1996年）

20世纪80年代以来，良好的开放政策为广东的经济崛起创造了条件，随着深圳、珠海、汕头等经济特区的设立及广州、湛江等沿海城市的开放，广东省与港澳两地的经济交往日益密切。受内地廉价的土地及劳动力等要素的吸引，港澳的劳动密集型产业逐步向广东转移。20世纪90年代初，广东的经济呈现以劳动密集型产业为主，高新技术产业、非公有制经济和外向型经济并存的产业结构。随着劳动型密集型产业的内迁，香港的产业结构完成了以劳动型密集型产业为主到服务型经济的转变，为其经济的长期高速发展创造了条件。这一时期，粤港澳地区的科技创新活动主要集中在港澳地区，香港在该地区的经济发

展中起到重要的引领作用。广州、深圳等地的科技创新活动因子初见端倪,但在经济发展中的作用并不十分明显。

(二) 工业化的实现阶段——工业化初期 (1996—2003 年)

2000 年,香港在粤港澳地区中的科技创新能力得分最高,处于该地区科技创新活动的顶端,是该地区最具发展活力的城市,是当之无愧的一级科技创新城市;广州、深圳两个城市科技创新得分较为接近,均高于区域科技创新发展平均水平,处于同一层级,具备进军一级科技创新城市的潜力,归类为二级科技创新城市;澳门、东莞市、佛山市、珠海市、中山市创新发展水平低于区域科技创新发展平均水平,科技创新能力有待加强,定义为三级科技创新城市;惠州市、江门市、肇庆市科技创新能力得分较低,与香港、广州等地的科技创新发展存在较大差异,定义为四级科技创新城市。

如图 8-1 所示,工业化发展初期,粤港澳地区的科技创新能力发展以香港为核心,是该地区发展中重要的增长极。在广东省内部,广州、深圳两地创新能力遥遥领先,广州作为广东省省会和该省的经济文化中心,深圳作为改革开放的发源地,以良好的政策环境和邻港、沿海的区位优势得到快速发展,在广州和深圳两地形成新的增长极,并产生极化效应,技术、信息、资金、人才等

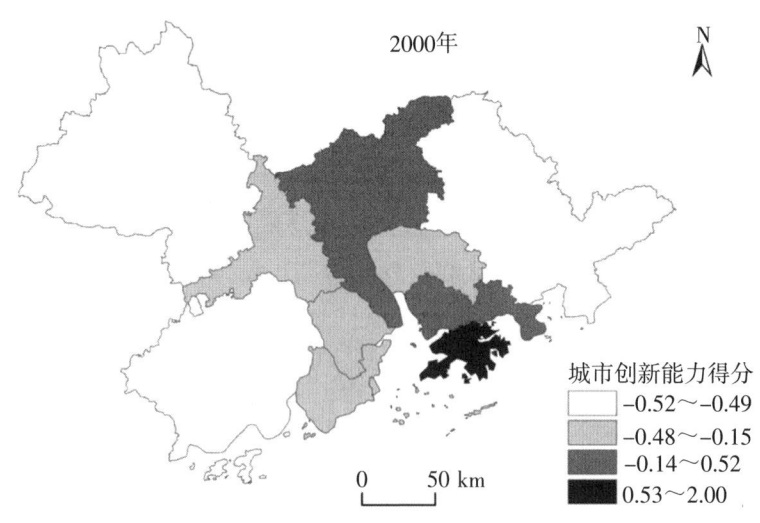

图 8-1　2000 年粤港澳地区城市科技创新空间格局

创新要素在此集聚，更加促进了两地科技创新能力的增强，但周围地区的科技创新发展水平仍然较弱，表现为距离香港、广州、深圳三地越远的城市科技创新能力越差，这一阶段该地区呈现出明显的"中心—外围"结构。

随着中国互联网时代的到来和香港、澳门的相继回归，"一国两制"政策的施行为粤港澳地区的经济发展与合作提供了持久的动力，粤港澳三地之间的关系发生了根本性的变化，由内地与海外的关系转变为一个国家的地区关系。1998年，中国的互联网进入了高速发展时期，也是在这一时期，广东省的高新技术产业迅速崛起，大批互联网企业及集团化的民营科技企业蓬勃发展，并且产生集聚效应，高新技术产业区初步形成，并呈现以珠江三角洲为核心，带动东西两翼发展高新技术产业的发展格局。这为粤港澳三地的进一步合作提供了新的机遇，也为其他城市的科技创新水平发展提供了新的可能。

（三）工业化的实现阶段——工业化中期（2003—2008年）

2003年，粤港澳地区进入了工业化发展的中期阶段。这一阶段中粤港澳地区的科技创新发展空间格局发生了明显的变化，深圳的科技创新能力在工业化中期大幅提升，2005年其科技创新能力得分已超越香港，和香港共处于第一等级，之前在以香港为核心的"中心—外围"格局中，中心范围得以扩大，区域发展的极化效应更为明显。广州的科技创新能力有所下降，但仍处于较高的创新水平，与其他城市的创新水平差异明显，处于创新结构的第二等级，作为二级科技创新城市。澳门在这一时期的科技创新发展水平下降，跌至第四等级，与惠州市、江门市、肇庆市共同定义为四级创新城市。

从图8-2中可以看出，工业化中期粤港澳地区的"中心—外围"格局更加显著，科技创新能力空间分布呈现出显著的异质性，香港、深圳两地是科技创新活动最密集、科技创新发展最活跃的地区，紧邻香港、深圳的珠江三角洲地区相对其他地市科技创新能力较强，粤港澳地区内部的科技创新资源依然向创新能力较强的地区集聚。

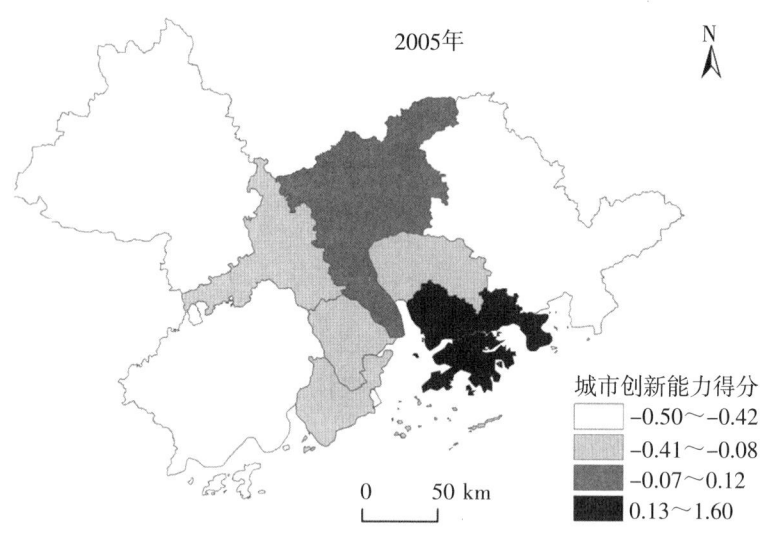

图 8-2　2005 年粤港澳地区城市创新空间格局

这一时期,广东省政府为解决经济发展过程中产生的"民工荒"和"石油荒"的问题,出台了《关于提高自主创新能力、提升产业竞争力的决定》《广东省促进自主创新若干政策》等多项政策。广东省开始支持重视自主创新的发展,良好的创新政策及广阔的发展前景吸引了大批优秀的人才集聚于此,成为粤港澳地区自主创新的重要骨干力量,为该地区的经济腾飞奠定了坚实的基础。

(四) 工业化的实现阶段——工业化后期 (2008—2015 年)

2008 年,粤港澳地区的经济发展又迈上了新的台阶,进入工业化后期。这一阶段,深圳科技创新能力继续发展,成为粤港澳大湾区科技创新发展的排头兵,成为该区域唯一的一级科技创新城市。香港的科技创新能力与深圳相比有所下降,与广州一起位列第二等级,成为较次于深圳的二级科技创新城市。珠海市的科技创新等级也呈现下跌状态,加入了位于第四等级的惠州市、江门市、肇庆市、澳门特区的行列,被定义为四级科技创新城市。

如图 8-3 所示,工业化后期,创新能力发展的空间格局依然呈现"中心—外围"结构,创新发展的核心逐渐向广东地区转移,空间上的极化效应相对减弱,并呈现向粤北、粤东等地扩散的趋势,东莞市、惠州市凭借临近广州、深圳两个创新增长极的发展优势,其科技创新能力在这一阶段有了很大的提升,表现出发展成为更高等级的科技创新城市的潜力。

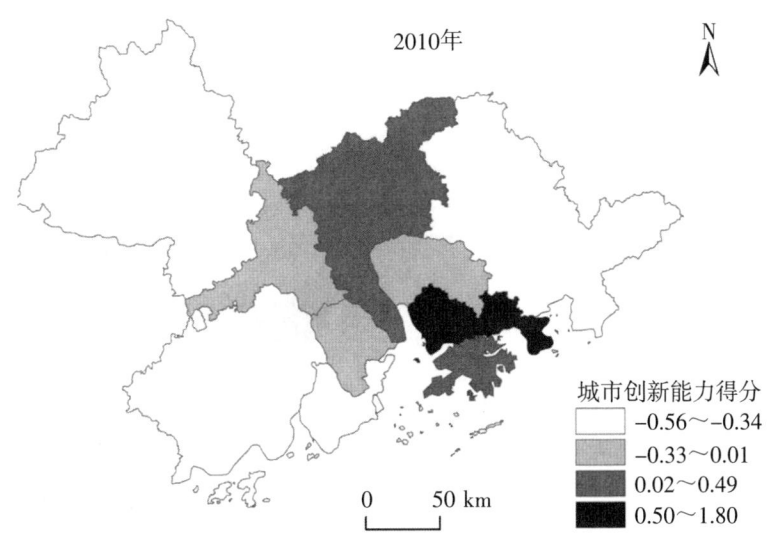

图 8-3 2010 年粤港澳地区城市创新空间格局

这一阶段,深圳的经济在保持多年高速增长的情况下,科技创新能力继续突破,经济总量直逼香港,成为粤港澳地区发展的中坚力量。2013—2014 年,"湾区经济"在粤港澳地区逐渐发展起来,对于深化粤港澳创新合作,促进区域内部创新要素的流动,创新人才的交流具有重要作用。

(五)后工业化阶段——工业化成熟期(2015 年至今)

2015 年,粤港澳地区仅仅经历十余年的高速发展,就由工业化初期进入了后工业化阶段。粤港澳地区创新能力空间格局继续深化,深圳市在区域内仍保持科技创新能力居于第一列位,而东莞市的科技创新能力产生了新的突破。根据 2016 年数据分析结果,东莞市以超越区域科技创新能力平均水平的得分(0.14 分)与香港和广州处于同一等级,升为二级科技创新城市。珠海市、惠州市、江门市经过发展,科技创新能力有所提升,与佛山市和中山市共同列为三级科技创新城市。但肇庆市和澳门特区的科技创新发展仍与其他城市之间存在差异,其科技创新能力有待提升。

如图 8-4 所示,工业化成熟期,在粤港澳地区创新能力空间格局中,深圳的中心性依然显著,在区域内部发挥了科技创新带动作用,其科技创新向周围的扩散作用进一步增强,周围地区的科技创新能力也得到了较好的提升,出现东莞市、惠州市等新的增长极,多极化发展的空间结构初步显现。

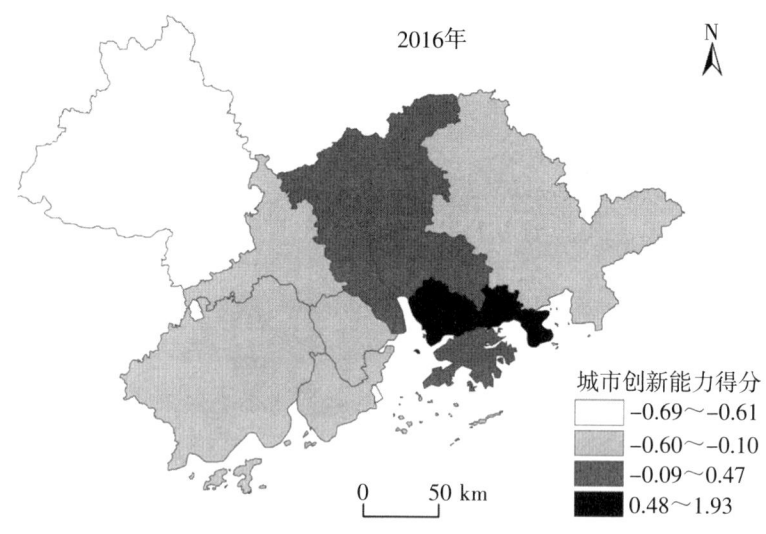

图 8-4 2016 年粤港澳地区城市创新空间格局

2015 年世界银行报告指出,珠江三角洲已取代东京大都市区成为全球规模最大的"巨型城市区域",以深圳为代表的湾区城市逐渐赶超香港,现已形成广州、深圳、香港三足鼎立的局势。粤港澳地区区位条件优越,交通网络健全,城市之间联系紧密,产业体系发达,现已形成以高新技术产业、先进制造业、现代服务业、金融业为主体的产业体系;科技创新能力极强,拥有多所世界百强大学和众多研发机构、知名企业,科技创新技术和创新产业蓬勃发展。《推动共建丝绸之路经济带和 21 世纪海上丝绸之路的愿景与行动》《深化粤港澳合作 推进大湾区建设框架协议》《粤港澳大湾区发展规划纲要》等政策的出台有利于深化粤港澳大湾区创新合作。在将来的发展过程中,粤港澳大湾区的创新能力将会向着协调、稳定的方向进一步演化。

三、粤港澳大湾区科技创新中心建设的空间体系规划

根据已有研究,将中国创新城市划分为四个等级,即:全球创新型城市、国家创新型城市、地区创新型城市和创新发展城市(吕拉昌等,2010;方创琳等,2014),不同等级城市对应的创新地位、基本功能和创新载体不同,如表 8-4 所示。

表8-4 国家创新型城市建设分级标准

等级与级别	创新地位	基本功能	创新载体
一级 全球创新型城市	参与全球创新城市竞争	全球城市；国际大都市；国家中心城市	高等级创新平台：国家级高新区、国家自主创新示范区； 精细化创新服务：科技金融、中介、孵化、人才培训、交流等完善的创新服务； 高等级创新要素：具有较强科研能力和产业转化能力的国家级高校与科研机构、跨国公司研发中心、国家级企业技术中心（大型国有企业、高新技术企业）、开放式创新公共平台
二级 国家创新型城市	国家创新中心	国家中心城市；区域中心城市	高等级创新平台：国家级高新区、国家自主创新示范区； 精细化创新服务：科技金融、中介、孵化、人才培训、交流等完善的创新服务； 高等级创新要素：具有较强科研能力和产业转化能力的国家级高校与科研机构、国家级企业技术中心（大型国有企业、高新技术企业）
三级 地区创新型城市	承担区域创新功能	区域中心城市；地区中心城市	企业创新服务：产学研联盟、专业研发机构； 省级及市级创新要素：省级企业技术中心、高职院校
四级 创新发展型城市	专业化创新城市；创新节点	区域次中心城市	基础创新服务：一般服务支撑； 企业创新要素：企业技术中心、产学研联盟、专业研发机构

资料来源：尹稚，等.科技创新功能空间规划规律研究［M］.北京：清华大学出版社，2018.

基于区域空间结构理论及世界主要创新型区域科技创新空间体系的一般规律，在对粤港澳大湾区城市科技创新空间结构及演化特征分析的基础上，结合已有研究中划分国家创新型城市建设的分级标准，我们提出粤港澳大湾区科技中心空间支撑体系为"一核、一廊、多节点"（图8-5）。其中，"一核"为深圳、香港组成的深港创新核，"一廊"为"广州—深圳—香港—澳门"科技创新走廊，其余城市作为重要的创新节点，构成一个点、轴、面联动的科技创新空间支撑体系。

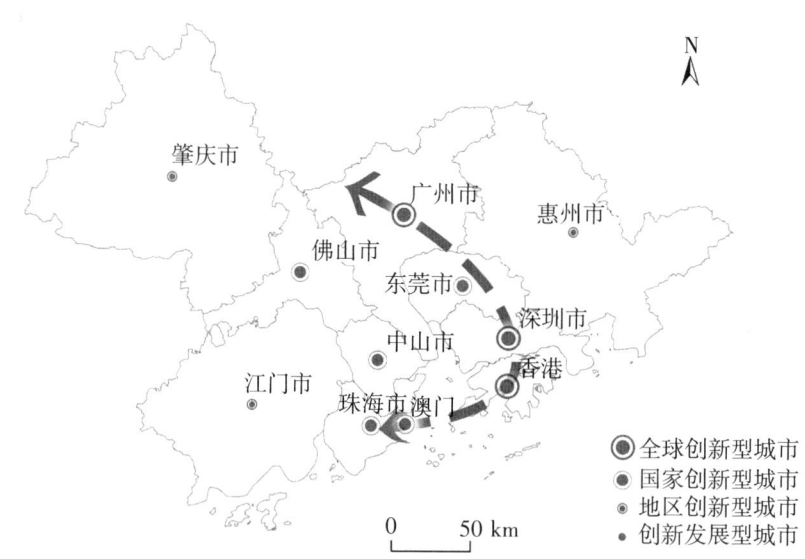

图 8-5　粤港澳大湾区科技中心建设空间支撑体系规划示意图

"深港创新核"是深港创新圈功能的升级版,是粤港澳大湾区国际科技中心建设的核心功能区,具有政策和实践支持。一方面,深港创新核具有政策基础。早在 2007 年,深圳市人民政府与香港特别行政区政府签署了《香港特别行政区政府、深圳市人民政府关于"深港创新圈"合作协议》,提出以科技合作为核心,整合各类创新要素全面推进和加强深圳、香港两地科技、经济、人才培训等领域的广泛合作,形成创新资源集中、创新活动活跃的区域。2018 年 7 月,"深港创新圈"计划项目管理办法出台,扩大了"深港创新圈"计划项目类别,且新增类别允许资助资金跨境使用,以促进科研资金便利流动,推动粤港澳大湾区产学研融合。《粤港澳大湾区发展规划纲要》提出极点带动、轴带支撑、辐射周边的湾区发展格局,指出要发挥香港—深圳、广州—佛山、澳门—珠海强强联合的引领带动作用,深化港深、澳珠合作,加快广佛同城化建设,提升整体实力和全球影响力,引领粤港澳大湾区深度参与国际合作。另一方面,在康奈尔大学、欧洲工商管理学院和世界知识产权组织每年发布的全球创新指数(GII)排行榜上,深圳—香港科技创新集群位居全球第二位。因此,"深港创新核"名副其实。

通过"广州—深圳—香港—澳门"科技创新走廊建设,串联创新极点,形成创新轴带支撑。发挥香港—深圳、广州—佛山、澳门—珠海强强联合的引领带动作用，深化港深、澳珠合作，加快广佛同城化建设，提升整体实力和全球影响力，引领粤港澳大湾区深度参与国际合作。依托以高速铁路、城际铁路和高等级公路为主体的快速交通网络与港口群和机场群，构建区域经济发展轴带，形成主要城市间高效连接的网络化空间格局。通过信息和交通基础设施的建设，实现时空的进一步压缩，促进区域范围内创新和服务职能的进一步分工，形成多中心网络化城市区域，从城市等级体系和城市网络两个维度不断优化粤港澳大湾区科技中心空间结构，辐射带动泛珠三角区域发展。

第二节 科技中心建设的城市定位与分工

粤港澳大湾区未来将成为充满活力的世界级城市群、具有全球影响力的国际科技创新中心、"一带一路"建设的重要支撑。作为粤港澳大湾区区域发展的核心引擎，香港、澳门、广州、深圳四大中心城市应该发挥各自优势，完善和提升从研发、制造、产业运作到贸易运输的创新链和产业链，打造一个层次更为丰富完整、覆盖面更全的科技湾区形态。继续发挥比较优势，做优做强，增强对周边区域发展的辐射带动作用。在科技创新方面，粤港澳大湾区城市尤其是四大核心城市各有优势和不足，因此在粤港澳大湾区科技创新建设中有着不同的定位。

（1）香港。香港需要整合科技创新，强化全球城市地位，由全球金融中心向全球创新中心转型。要发挥香港"超级联络人"角色，为科技产业创新牵线搭桥。香港高校密集、基础研究能力强，与其他全球科技创新中心联系紧密，在人才、科研、资本、法治等创新软硬环境上均具备世界级水平，但科技应用和产业化是其面临的问题。香港科技产业薄弱，缺少全球性的科技创新产品和企业，尚未形成科技创新生态。创新能力相对薄弱和市场规模相对较小等科技创新短板已导致香港综合竞争力下滑，与纽约、伦敦、新加坡等城市或国家相比，香港在科技创新领域布局上已然落后，应加快从全球中心向全球金融创新中心的转型。未来大力发展创新及科技事业，培育新兴产业。依托香港特有的金融、服务和制度环境，发挥法律、财务、咨询、知识产权等领域的专业服务优势，利用国际金融中心实力地位，加快发展创业投资、风险投资、科技服务产业，推动专利技术创业孵化、应用转化，搭建覆盖粤港澳、联通国际的技术和知识产权交易平台，建设创新技术与产品的供需市场。

（2）澳门。澳门需要进一步拓展科技创新产业，推动本地创意科技产业发展，充分利用"一中心一平台"的发展目标和定位，促进内地与国际之间、中国与葡语国家之间的科技创新合作，扮演科技孵化、引入新知识和新技术的桥梁角色，通过多元渠道与国际性科技机构及企业建立合作关系。通过发展科技创新，培育新的经济增长极，推动经济产业适度多元化发展。

（3）广州。应发挥高校、科研院所集聚的优势，建成具有国际影响力的国家创新中心城市和国际科技创新枢纽。

（4）深圳。应发挥高新技术企业集聚、市场化程度高的优势，加快建设国际科技、产业创新中心，打造具有全球竞争力的创新先行区。深圳以企业为主体、以市场为导向，并初步形成了产学研紧密结合的创新体系及国际科技和产业创新中心架构。但深圳仍缺乏高质量的研究型大学和世界级的基础性、前沿性研究平台。亟须建设与世界级科技创新和产业创新中心相匹配的科技创新基础设施平台、产业转化平台、产业孵化平台，提升科技创新综合竞争力。

（5）粤港澳大湾区其他城市。珠海、佛山、惠州、东莞、中山、江门、肇庆等城市则要充分发挥自身优势，深化改革创新，增强城市综合实力，形成特色鲜明、功能互补、具有竞争力的重要节点城市。结合《广东省"十三五"发展规划》《"十三五"广东省科技创新规划》《广深科技创新走廊规划》，珠海未来将建设成为珠江西岸核心城市、国际化创新型城市；佛山市将建设为中国制造业一线城市、珠江西岸先进装备制造业龙头城市、创新驱动发展先锋城市、传统产业转型升级典范城市，以佛山市、珠海市为龙头打造万亿级珠江西岸先进装备制造产业带；惠州市建设成为世界级云计算智能终端产业集聚区、国家智慧城市、战略性新兴产业基地、高新技术成果转化基地；东莞市发挥制造企业和工业园区集聚的优势，建设成为国内领先的创新型城市、具有全球影响力的先进制造基地、国家级粤港澳创新创业基地、华南科技成果转化基地和中国制造样板城市；中山市建设成为世界级现代装备制造业基地和区域科技创新研发中心；江门市建设成为珠江西岸先进装备制造产业基地、全国小微企业创业创新示范市；肇庆市建设成为粤港澳与大西南科技产业链接中心和重要区域创新节点。

第三节 粤港澳大湾区城市创新互动模式

一、理论基础

(一) 区域创新网络与知识流动

城市创新互动的核心是知识在城市间的流动。知识流动是实现创新最重要、最基本的形式之一，创新是知识流动的结果，知识流动是区域创新主体内部以及创新主体之间交互学习的过程（顾新，2001）。知识流动的实质是促进创新要素的有效组合。在这个过程中，只有能够提供实现创新所需的新生产要素，并对生产要素重新组合的实现做出贡献的组织或机构，才能参与知识流动。知识溢出、知识扩散、知识转移属于知识流动的三种方式，其中知识溢出是被动的知识流动，知识扩散是主动的知识流动，知识转移是知识流动的高级形式，知识共享是知识流动的最终目的。

在知识经济时代，知识溢出（knowledge spillovers）已经成为地理学研究的主题。新经济增长理论认为知识溢出是现代经济增长的重要动力。在新经济地理学研究中，学者从地区层面出发，提出知识溢出是特定区域内知识的外部性，通过区域内各主体间正式或非正式的联系，促进知识和信息的流动，创造更多的创新机会。大多数学者从知识外部性来解释知识溢出效应，认为知识溢出效应源于知识的外部性特征。外部性使得知识资产在使用或消费上具有公共资产或公共物品的部分属性。私人资产或私人物品在消费或使用上具有竞争性和排斥性，而知识资产的外部性决定了它只具有部分的竞争性和排斥性。根据主体之间互动、交流形式的不同，知识可以通过不同途径和方式在个人和区域之间的互动过程中发生溢出，知识溢出的发生机制至少可以分为以下四类。

（1）基于知识人才流动的发生机制。知识尤其是隐性知识可以通过人才流动传播和扩散。知识人才在不同空间范围的流动并与周围群体发生互动和交流，一方面促进了新知识的创造，另一方面加快了知识在不同群体之间的传播（Almeida and Kogut，1999）。特别是在产业活动空间集中的区域或人口密度多样化的城市中，知识人才在不同企业和区域的流动以及与不同群体的互动交流，促进了知识在不同群体和区域之间的传播扩散，进而促进技术进步。此外，基于社会关系网络的人才流动是促进知识流动和传播的重要途径（Agrawal，2006）。

（2）基于研发合作的发生机制。创新主体之间的合作关系是知识溢出的重要渠道，也是创新的重要途径（王缉慈，1999）。产学研合作能够促进知识溢出。通过产学研合作网络，使得知识溢出能够在更大的范围内发挥作用（Ponds，2009）。大学研发机构和企业研发部门被内生增长理论看作是知识创造和溢出的重要源泉。产学研之间的交流和研发合作为知识溢出创造了可能，特别是那些建立稳定合作关系的产学研创新网络，公司技术人员、大学研究人员以及企业家通过非正式交流或各种正式的学术研讨会交换异质性知识，实现技术知识的溢出或扩散。

（3）基于企业家创业的知识溢出机制。位于同一区域的企业家能够获得更好的面对面交流的机会，促进隐性知识的传播。通过企业家发生的知识溢出与新企业的建立和成长有关。Zucker 和 Brewer（1998）对新生物科技企业与明星科学家区位分布关系的研究证明，大学内的明星科学家能够在新创企业运用他们的知识，在新创企业中存在明星科学家的知识溢出效应。具有新知识的主体内生地利用知识溢出表明，知识存量产生了知识溢出，企业家创业活动在知识溢出过程中发挥了重要的作用。

（4）基于贸易投资的知识溢出机制。知识和技术可以体现在商品上，随着商品贸易而传播。商品和服务进口较多的国家可以从知识溢出中获得较多的收益（Coe D T，1995）。贸易是技术知识溢出的重要渠道，落后区域通过模仿嵌入了先进技术的贸易商品中的技术知识，掌握应用这些创新知识进行模仿创新，提高自身的技术水平和竞争力。此外，跨区域投资，特别是跨国公司 FDI（foreign direct investment，外商直接投资）同样是知识溢出的重要渠道。FDI 可以产生知识溢出，并且外部和本地集群之间的相互学习可以产生知识的创新（Bathelt，2014）。公司也可以通过参加商品博览会（trade fairs）获得产品的信息和技术（Maskell，2014）。

郑展等（2009）认为区域创新网络中的知识流动不仅包括创新主体间的知识交流，还包括主体自身的知识创造、知识吸收能力和知识扩散能力，并认为创新网络中知识总量越丰富、知识能力越强，其创新性和竞争性越强。创新网络能够确保知识的流动，处于网络中心位置的组织能够带动网络中的价值发生，以至于能够成功地激励知识流动。

区域创新网络中，知识流动的主要形式包括：①企业间的技术合作及其相互之间的正式、非正式联系。区域创新系统中企业是创新的主体，企业之间的联系是最重要的知识流动。企业间的合作可共享技术资源，提高企业的创新绩效，获得协同效应。企业间的非正式联系，包括用户和生产者之间的联系以及竞争者作为创新源泉和动力的作用，是知识和技术诀窍转移非常重要的渠道，有助于系统创新能力的提高，但往往难以测度。②客户、大学、科研机构、创新服务机构、政府与企业的合作。客户、科研院所和大学作为企业创新的主要知识来源，是技术供方，双方直接或通过中介组织进行联合研究、技术转让、共享专利、合作出版以及其他正式、非正式联系（苗长虹，2011）。③知识和技术扩散。面向企业的知识和技术扩散是区域创新系统中传统的知识流动类型，它通过模仿、改进和创新，能够促进新技术、新思想在区域创新体系中的快速传播。企业的创新绩效越来越依赖于消化和吸收外来的创新与产品。由于创新在空间上的不均衡性，知识和技术的扩散不仅受到创新中心动态创新能力的影响，也受扩散地创新接受条件和扩散模式的影响。④人才流动。人才是隐含知识的载体，人才的流动以及由此导致的隐含知识的流动是区域创新系统的主要流动形式。人与人之间正式或非正式的联系是企业内部和企业与大学或科研院所之间知识转移的重要渠道。人才流动所带来的知识的转移更多的是创新的一般方法和解决问题能力的转移，同时带来企业吸收能力的提高。劳动力不仅局限于区域中的企业、大学、研究机构以及其他组织之间的流动，而且更能够通过高级人才的流动实现知识从一个区域到另一个区域的转移。伴随着人才流动，知识在区域间循环作用，不仅提升了区域间产业的创新优势，还有助于区域经济增长和区域发展（吕拉昌，2018）。⑤区际和国际知识流动。区域创新体系是开放的系统，它只有与其他区域进行不断的知识流动，才能实现知识的不断创新。经济的全球化和企业活动的国际化，导致知识流动的日益国际化，与多种形式国际知识流动有关的区域创新系统开始形成。知识的流动形式有：以资本品和中间产品的形式从国外获取技术；购买外国专利和许可证；不同国家企业间的技术合作；技术服务贸易（技术咨询）；国外直接投资和国际合著论文等。

马旭军（2007）将知识流动对区域创新系统的促进作用概括为以下三点：①知识流动促进区域创新系统中的资源有效配置和高效率使用，从而使区域内的经济发展质量水平不断提高；②知识流动使区域内创新活力增强，从而可以实现区域创新的增长；③知识流动通过技术扩散促进产业发展，最终使区域内的科技实力和经济实力不断增强。

（二）知识转移和技术创新扩散理论

知识的转移多强调技术的转移。企业的技术通常包含隐性知识（know-how），这种技术的转移伴随而来的往往是知识的转移。Teece 早在 1977 年就提出了知识转移的思想，他认为企业通过技术的国际转移能积累大量有价值的知识，并促进技术扩散，缩小地区之间的技术差距。Kogut 和 Zander（1992）认为企业转移知识的能力是企业存在的重要方面。知识转移的目的是吸收新知识和有效利用新知识，从而使组织获得竞争优势。企业有效地进行知识转移，对企业提高竞争优势至关重要。

Davenport 和 Prusark（1998）认为，知识转移是把知识从知识源转移到组织中其他人或部门的过程。知识转移多强调技术的转移，在转移的过程中没有确定的方向，存在一对一或一对多的转移形式。同时知识转移是一种有意识的、主动的知识流动和吸收过程，是知识流动的高级形式。该过程更强调知识流动的结果，只有知识接受者真正掌握了知识，才能算一个转移过程的完成（华连连，2010）。这个过程可以使知识得到吸收、发展、创新。

Maskell 和 Malmberg（1999）认为隐性知识在创新中具有关键作用。知识存在于特定的区域中，其原因是区域中的高技术员工的诀窍是隐性的，创新最重要的是这些知识得以扩散（Rogers，1983；Winter，1987）。而且决定创新在公司间传播速度的不是知识被编撰的程度，而是个人所拥有的隐性的知识（Kogut and Zander，1992；Zander and Kogut，1995）。为了促进隐性知识转移，人类和组织之间密切的面对面交流是有必要的，地理邻近性可以促进这种交流，进而提高创新绩效（Gertler，2003；Antonelli，2000）。"学习区域"理论认为隐性知识不容易传播，是因为传递最好是面对面的交流，且双方共享一些基本的共性：相同的语言、共同的交流"代码"、共享的文化和规范以及建立在成功合作与信息互动的过往基础上的个体知识。Spencer（2015）研究了城市形态与知识密集产业之间的关系，指出"创意"产业倾向集中在临近高密度的市中心，这为个人和公司之间的社会互动提供了最大的机会，因此城市形态影响企业的学习过程。知识的生产主要通过使用者—生产者的互动机制产生（Lundvall，1988）。知识不是从科技生产者到技术使用者的单向传播，相反，使用者向生产者提供隐性知识，后者能设计创新的方法来解决前者在实践中遇到的问题；同时，通过向使用者提供创新科技，生产者也同样与客户共享其拥有的隐性知识（Gertler，2003）。但也有学者指出，知识在企业之间的扩散效率，相较于知识本身的类型（隐性知识或显性知识）来说，可能更依赖于这一知识是否与企业知识结构相融合。从某种程度上说，由知识结构相似性形成的集群认知社区决定了其内部知识扩散的效率。

知识的转移不仅受到地理的塑造和限制，制度、组织在知识的转移过程中也起到了重要的作用。随着对于不同形式的邻近性和关联性的认知的增强（Nooteboom，2000；Boschma，2005；Boschma，Frenken，2010），也引发了对于空间距离在控制知识创新和知识流动的作用方面的质疑，而关注点越来越集中在知识采纳和利用过程中社会邻近性和认知邻近性所起到的作用（Huber，2012）。

Howells 重点关注知识的消费。涉及市场的直接或间接的知识可以通过出版物或许可证协议、研究协议或合同研发，或者直接招聘关键科学家、设计师、工程师来获得。然而，大量的知识需求是在非市场范围内的，是通过非市场机制交换的。例如，是通过谈判交换和非正式技术交易（Hippel，1987；Knoedler，1993）或通过合资公司操作的互惠进行知识共享的。最重要的是没有明确的市场机制来促进隐性知识的直接转移。

不少应用于西方国家的实证研究证明了空间距离与技术扩散程度成负相关关系（Jonathan，Kortum，1999；Keller，2002）。在中国，周密（2010）发现空间距离对区际技术扩散起着基础性的作用，并且技术性因素与空间距离在一定条件下呈现替代关系。同时，技术扩散地区的人力资本投资、产业结构调整和专业化不仅能够带动自身的技术进步，而且能够促进其他省区的技术进步。

当然，影响技术扩散的不仅仅是距离，技术势能和扩散通道也受到国内外学者的普遍关注。技术势能表现为特定地域技术水平的高低，是影响技术扩散的决定性因子之一。由于技术势能在地理空间上分布不均匀，引起技术扩散在空间上的不连续性。适当的技术势差是顺利实现技术扩散的必要条件，只有引入"合适技术"才能实现技术的最终扩散，并且技术扩散的速度与技术势差是成正比的。由于技术在空间扩散过程中也会受到各种自然与社会因素的影响，从而表现出不同的技术扩散空间路径。许多学者从不同角度阐述了技术扩散通道的内涵，并指出技术扩散通道具有非均质性和动态性等特点，并一致认为畅通的技术扩散通道有利于技术扩散，反之则阻碍技术扩散（林兰，2010）。

在微观层面，研究者更多关注个人的决策过程。在地理学中，最重要的微观尺度的分析源于哈格斯特朗的早期成果——距离创新较近的人更有可能采纳创新（Hegerstrand，1965）。地方层面的创新扩散关注知识的空间溢出过程，其中非正式交流起到关键性的作用，它既是创新扩散的主要渠道，又是创新的主要源泉（王辑慈等，2001）。

二、城市创新互动模式

（一）基于创新成果市场交易的城市创新互动

贸易是技术知识溢出的重要渠道，落后城市和区域通过模仿嵌入了先进技术的贸易商品中的技术知识，掌握应用这些创新知识进行模仿创新，提高自身的技术水平和竞争力。因此，建设开放互通的市场，促进市场交易是粤港澳大湾区城市创新互动的重要模式之一。

对于知识和技术创新市场交易而言，知识产权保护和运用极为重要。《粤港澳大湾区发展规划纲要》指出，要依托粤港、粤澳及泛珠三角区域知识产权合作机制，全面加强粤港澳大湾区在知识产权保护、专业人才培养等领域的合作。强化知识产权行政执法和司法保护，更好地发挥广州知识产权法院等机构的作用，加强电子商务、进出口等重点领域和环节的知识产权执法。加强在知识产权创造、运用、保护和贸易方面的国际合作，建立和完善知识产权案件跨境协作机制。依托现有交易场所，开展知识产权交易，促进知识产权的合理有效流通。开展知识产权保护规范化市场培育和"正版正货"承诺活动。发挥知识产权服务业集聚发展区的辐射作用，促进高端知识产权服务与区域产业融合发展，推动通过非诉讼争议解决方式（包括仲裁、调解、协商等）处理知识产权纠纷。充分发挥香港在知识产权保护及相关专业服务等方面具有的优势，支持香港成为区域知识产权贸易中心。不断丰富、发展和完善有利于激励创新的知识产权保护制度，建立大湾区知识产权信息交换机制和信息共享平台。这些知识产权保护和运用措施将极大程度地促进粤港澳大湾区内部城市间知识和技术创新市场交易。

继续扩大香港、澳门的外资企业在湾区其他城市的投资，将是实现知识溢出、促进城市创新与发展的有效途径。

(二) 基于知识人才流动的城市创新互动

创新要素形成的"流"在城市、区域的动态集聚与扩散，形成和塑造了城市的创新空间和景观。作为知识和创新的载体，知识人才是创新的核心要素之一，是知识经济、创意经济发展的基础。与一般劳动力相比，知识人才具有更高的流动性。知识人才在不同空间尺度上的流动和迁移对创新有着不同的影响。一方面，知识人才在创新主体包括企业、高校、科研机构、政府及其他组织之间的密集流动构成了区域集体学习和知识转移的核心机制，是高技术产业集群和区域创新系统实现动态发展的基础。另一方面，知识人才的国际和全球迁移带来了城市和区域创新的外部联系，对于发展中国家区域创新系统的发展尤为重要。知识人才迁移已成为区域、国家和国际创新系统跨边界联系和整合的重要因素。

深圳改革开放前是我国的一个边陲小镇，经过40多年的发展，一跃成为我国重要的创新城市，深圳近年来在我国主要大中城市的创新能力比较中位居北京、上海之后，位居全国第三。深圳前20年的增长，用传统的城市化理论是可以解释的。改革开放政策，吸引大量的内地和我国港澳台以及国外资本进入，国内廉价的劳动力形成的"孔雀东南飞"局面、资本与劳动力结合的跨域城市化以及出口导向型工业促进了深圳的发展。但近十多年来，伴随全国的全方位改革开放，深圳特区政策优势已不明显，但深圳仍然保持良好的发展势头，创新方面成就显著，传统的城市化理论难以解释这一现象。

基于知识人口流动的"创新城市化"（Innovation-based Urbanization）理论很好地解释了深圳的发展原因。深圳开放的政策吸引了大量知识人口的移入，输入的人口以大学以上学历为主，这与珠江三角洲地区的其他城市有明显的差别。深圳城市人口年龄中位数低，是我国大中城市中最年轻的城市。这些知识人口来自全国不同的地域，带来不同的文化，在深圳良好的民主氛围及学习机制下，多样化的人才及文化融合、创新，使深圳保持了持续的竞争力。

深圳市能吸引知识人才的主要原因有：第一，开放、包容的城市精神。"来了，就是深圳人"观念深入人心。作为紧邻香港的经济特区，深圳发展出独特的城市"蜂鸣"，城市的空气中弥漫着一种令人兴奋和充满活力的氛围，产生具有吸引力的生活方式，不断吸引年轻创业者、高技术人才和创意人才集聚，成为年轻人的"机遇之地"。这种城市"魅力"与当年美国硅谷初期发展时类似，是创新城市形成的关键要素之一。年轻人、生活方式和移民之间的相互作用催生了创新生态系统，并作用于城市化过程。第二，发展高等教育，通过高校建设培养、吸引人才。已有研究表明许多大学生在毕业之后仍会选择在大学所在城市就业，这种迁移人力资本带来的知识溢出要远比大学和本地企业之间的非正式溢出更加重要。深圳市先后创办了清华大学研究院、香港中文大学（深圳）等多所高等院校。数据显示，这些高校较高比例的毕业生均留在深圳就业，为城市的创新和发展作贡献。第三，政府的人才政策和制度保障。对北京、上海和深圳供给型政策工具的比较结果显示，北京和上海采用最多的均为资金投入政策，而深圳采用最多的则为人才政策。深圳市先后出台了《关于引进国内人才来深工作若干规定》《关于实施引进海外高层次人才"孔雀计划"的意见》《关于促进人才优先发展的若干措施》《促进创客发展三年行动计划（2015—2017年）》《深圳市人才安居办法》《深圳市留学回国人员引进实施办法》等政策，为知识和技术人才提供了政策保障，营造了良好的创新创业环境，有利于吸引海内外人才汇聚深圳，进而促进城市的创新与发展。

粤港澳大湾区城市应加强户籍制度改革与创新，促进知识人才在湾区城市间的自由流动，促进知识和技术的流动与知识溢出，促进城市创新互动，实现区域创新系统的动态发展。

（三）基于研发与科技合作的城市创新互动

创新主体之间的合作关系是知识溢出的重要渠道，也是创新的重要途径。为了促进粤港澳大湾区城市间的科技创新合作，《粤港澳大湾区发展规划纲要》提出一系列措施，包括：①推进"广州—深圳—香港—澳门"科技创新走廊建设，探索有利于人才、资本、信息、技术等创新要素跨境流动和区域融通的政策举措，共建粤港澳大湾区大数据中心和国际化创新平台。②加快国家自主创新示范区与国家双创示范基地、众创空间建设，支持其与香港、澳门建立创新创业交流机制，共享创新创业资源，共同完善创新创业生态，为港澳青年创新创业提供更多机遇和更好条件。③鼓励粤港澳企业和科研机构参与国际科技创新合作，共同举办科技创新活动，支持企业到海外设立研发机构和创新孵化基地，鼓励境内外投资者在粤港澳设立研发机构和创新平台。④支持依托深圳国家基因库发起设立"一带一路"生命科技促进联盟。⑤鼓励其他地区的高校、科研机构和企业参与大湾区科技创新活动。

不仅如此，粤港澳大湾区还需要从形成创新链，形成有效的创新传递、创新链带动与优化产业链的结构升级入手，进行科技创新合作。《粤港澳大湾区发展规划纲要》提出支持粤港澳在创业孵化、科技金融、成果转化、国际技术转让、科技服务业等领域开展深度合作，共建国家级科技成果孵化基地和粤港澳青年创业就业基地等成果转化平台。在珠江三角洲九市建设一批面向港澳的科技企业孵化器，为港澳高校、科研机构的先进技术成果转移转化提供便利条件，支持珠江三角洲九市建设国家科技成果转移转化示范区。

（四）基于创新网络构建的城市创新互动

一般来说，区域创新网络是由结点（城市、企业、组织、个体）、结点之间的链接（基础组织、关系网络）、要素流动（人才、物质、信息、资本）和网点所构成的。在湾区创新网络内，企业作为技术创新主体，与高校、科研机构、中介机构和政府等创新行为主体，通过交互作用和协同效应构成技术链、知识链、价值链和创新链，以此形成长期稳定的协同关系，具有聚集优势和大量知识溢出、技术转移和学习特征开放的创新模式。

产学研合作能够促进知识溢出。《粤港澳大湾区发展规划纲要》提出建立以企业为主体、市场为导向、产学研深度融合的技术创新体系，支持粤港澳企业、高校、科研院所共建高水平的协同创新平台，推动科技成果转化。实施粤港澳科技创新合作发展计划和粤港联合创新资助计划，支持设立粤港澳产学研创新联盟。以上措施将有效促进粤港澳大湾区区域产学研合作网络的不断完善，增强知识转移和知识溢出，促进湾区城市间创新互动，最终实现湾区创新协同发展。

第四节 粤港澳大湾区科技创新走廊建设

科技创新走廊是围绕城际间交通主轴形成的科技创新要素的集聚，并在城际间自由流动，空间形态上呈廊带状的科技创新经济带（刘潇逸和王承云，2019）。纵观国际科技创新的发展经验，全球创新要素呈现向一些经济条件、产业基础、人居环境较好区域集聚的趋势，且依托交通要道呈"廊带"形式分布，创新走廊正日益成为科技创新要素及产业集聚的新空间组织方式，是跨行政区合作与协同发展的一种重要形式（杨振山，2018）。科技创新走廊通过交通基础设施的发展，串联各类创新空间，通过创新空间的协同，推动各类创新要素的集聚与扩散，促进创新网络的形成，实现创新要素和创新主体的协同，最终实现区域创新协同和创新发展。

一、国际科技创新走廊建设经验借鉴

（一）美国波士顿 128 号公路

美国 128 号公路是马萨诸塞州波士顿市的一条长 90 km 的半封闭环形高速公路，距市区 16 km，毗邻麻省理工学院、哈佛大学等 65 所高校。公路沿线两侧聚集了大量研发机构和高技术企业，曾创造举世闻名的"麻州奇迹"，被称为"美国的技术公路"。128 号公路的成功可归因于以下四个方面（王子丹，2018）：一是产业结构多元化，在经历过 20 世纪 70 至 80 年代的小型电脑市场冲击后，20 世纪 90 年代 128 号公路开始调整产业结构，降低对特定产业部门的依赖程度，大力发展信息技术、生物技术等高新技术产业和金融业、医疗保健等服务业；二是企业与高校合作紧密，企业与高校自 20 世纪初就开始了合作，波士顿地区高校数量多达 65 所，占马萨诸塞州高校数的一半，麻省理工学院、哈佛大学、波士顿大学、马萨诸塞大学等一流高校为当地企业提供了丰富的智力资源、科研成果，有力地促进了企业发展；三是政府对高新技术产业的扶持，联邦政府加大科技研发资金拨款力度，马萨诸塞州政府和波士顿市政府设立专项研发扶持资金和新技术产业发展基金，支持高新技术企业低息贷款，制定税收缴纳优惠政策等；四是基础设施完善，银行、科教、医疗、购物等设施齐全，交通网络发达，居住环境良好。

（二）美国加州 101 号公路

从旧金山湾南端沿 101 号公路，经门罗公园、帕拉托、桑尼维尔到圣克拉拉，再经坎贝尔直达圣何赛的这条近 50 km 的狭长地带，就是著名的硅谷。加州 101 号公路的成功可归因于以下因素（段艳红，2018）：一是依托世界著名城市群或大湾区，具有良好的经济基础和开放式产业体系。加州 101 号公路科技创新走廊（硅谷）位于旧金山湾区，周边产业发达，有择业、就业等多种机会。二是集聚创新型大学、研发机构、知名创新企业等创新要素。加州 101 号公路科技创新走廊的科研资源丰富，工作环境好，有多样且丰富的交流空间，拥有

斯坦福大学、国家加速器实验室、劳伦斯伯克利国家实验室、谷歌、苹果、甲骨文等，创新机构密度居全球前列。三是拥有高效的金融体系和活跃的创投资本等创新支撑体系。加州101号公路创新走廊拥有红杉资本等众多全球知名的创投基金，超过366家风险投资机构管理着高达798亿美元的风险投资资本。四是拥有便捷完善的交通基础设施。加州101号公路创新走廊具有复合型的交通通道，通勤时间成本低，拥有旧金山国际机场、圣荷西机场、奥克兰机场（周边），以及旧金山港、101号公路和辅助洲际高速公路。五是具有宜居宜业的环境品质。加州101号公路创新走廊的教育、医疗、文娱、体育等公共资源集中布局，拥有优美的国家公园、红杉树国家公园，城镇国际化程度高，人居环境达到国际水准。

二、粤港澳大湾区科技创新走廊的发展与挑战

（一）"广州—深圳—香港—澳门"科技创新走廊的发展演变

"广州—深圳—香港—澳门"科技创新走廊的前身是"广深科技创新走廊"。2017年，广东省提出要借鉴美国128号公路创新廊道的经验，对标美国硅谷、波士顿地区，以广深沿线为主轴整合创新资源，打造穗莞深科技创新走廊，为全省创新发展提供有力支撑，辐射带动周边地区加快发展，打造中国"硅谷"，形成全国创新发展的重要一极，为全国实施创新驱动发展战略提供支撑。2017年底，广东省印发《广深科技创新走廊规划》，广深科技创新走廊依托"一廊、十核、多节点"的空间格局。"一廊"为沿广深轴线区域（具体为北起广佛交界处，经广州主城区、东莞松山湖、深圳主城区，南至深圳大鹏，沿广深高速、广深沿江高速、珠三环高速东段、穗莞深城际、广九铁路等复合型交通要道所形成的创新要素集聚区域，长度约180 km），串起了以企业创新驱动为主要特征的广莞深城市群。该城市群既是珠江三角洲国家自主创新示范区的核心腹地，也是目前国内规模较大、在世界具有重要影响的创新企业集群。"多节点"包括37个具有一定创新基础的园区、合作区或总部基地等，发挥示范效应，推动区域发展，创新节点总面积约462 km^2，其中规划建设用地总面积约349 km^2。

随后，广深科技创新走廊的范围扩大。2018年8月，粤港澳大湾区建设领导小组全体会议提出，建设"广州—深圳—香港—澳门"科技创新走廊，打造

大湾区国际科技创新中心,意味着广深科技创新走廊延伸至港澳,"广州—深圳—香港—澳门"科技创新走廊由此成型。

2019年,《粤港澳大湾区发展规划纲要》发布,指出将推进"广州—深圳—香港—澳门"科技创新走廊建设,探索有利于人才、资本、信息、技术等创新要素跨境流动和区域融通的政策举措,共建粤港澳大湾区大数据中心和国际化创新平台。

(二)"广州—深圳—香港—澳门"科技创新走廊的建设模式与特色

1. 多中心的创新空间结构

"广州—深圳—香港—澳门"科技创新走廊的建设为"一廊多核"的形态布局,呈现多中心带动态势,取代了单个中心带动的传统模式。在科技创新走廊上,四个中心城市各自有其优势。广州作为省会城市,是人才中心、基础技术研发中心;深圳作为创新之都,是创新中心和应用技术研发中心;香港作为国际金融中心和国际城市,是应用技术研发中心和融资基地;澳门则是国际化的旅游休闲中心。除了这些创新核心外,科技创新走廊还串联起众多创新节点,这些在"流的空间"形成的创新节点,是知识转移和知识溢出的发生地,包括科技园区、产业集群、大学城等。创新中心和节点区域之间的联系不断加强,创新要素在彼此之间加速流动,最终发展成为"等级体系"与"城市网络"复合的多中心网络化的创新空间结构。

2. 开放性的国际化创新区域

对于发展中区域,仅依靠本地资源将导致知识和技术的缺乏和低水平的锁定风险。来自先进区域新颖和多样化的外部知识的流入对于促进本地创新过程十分必要。"广州—深圳—香港—澳门"科技创新走廊最大的特征是开放性和国际化,该廊道拥有香港和澳门两个国际化大都市,尤其是香港,在全球创新网络中占据着重要位置。通过发挥港澳作为国际城市的重要作用,能够实现珠江三角洲高新科技产业资源的国际化配置。

3. 区域间科技创新优势互补

广深港澳四地在科技创新方面有着各自的优势与短板。香港拥有大量的创新机构和众多创新人才,但是制造业已基本腾空了,科技创新成果转化受到很大的局限;深圳高新技术企业集聚、市场化程度高,具有较强的转换能力,但其原创能力不够突出;广州高校、科研院所集聚,市场优势明显,但在机制体制上面临局限；而澳门的体量比较小。可以看出，"广州—深圳—香港—澳门"科技创新走廊不同核心和节点在科技创新优势上具有较高的互补性，利用优势互补，加强创新整合，实现区域创新协同，必将推动科技创新走廊释放出更强大的创新能量。

（三）"广州—深圳—香港—澳门"科技创新走廊的创新平台与载体

粤港澳大湾区建设要围绕国际科技创新中心建设，构建高水平科技创新平台，形成有利于区域价值链升级的制度安排，增强大湾区在全球竞争中对研发、设计、品牌和总部管理的能力。通过这些创新载体和平台的建设，既能够构建一个创新生态系统，又能够培育一条创新产业链，将技术研发和科技成果转化紧密地结合在一起，推动科技创新和产业创新的融合，进而促进经济实现高质量发展。

当前，"广州—深圳—香港—澳门"科技创新走廊已有较多的创新载体和平台。广东省委省政府发布的《广深科技创新走廊规划》在综合考虑相关区块的创新机构现状、产业基础、交通、配套设施、生态环境等影响创新要素集聚的重要因素的基础上，建立区域创新空间综合能力和潜力评价体系，根据评价结果识别出一批创新空间综合能力和潜力较为突出的地区，研究确定了十大核心创新平台，并明确各自的战略定位和主导产业（图8-6）。

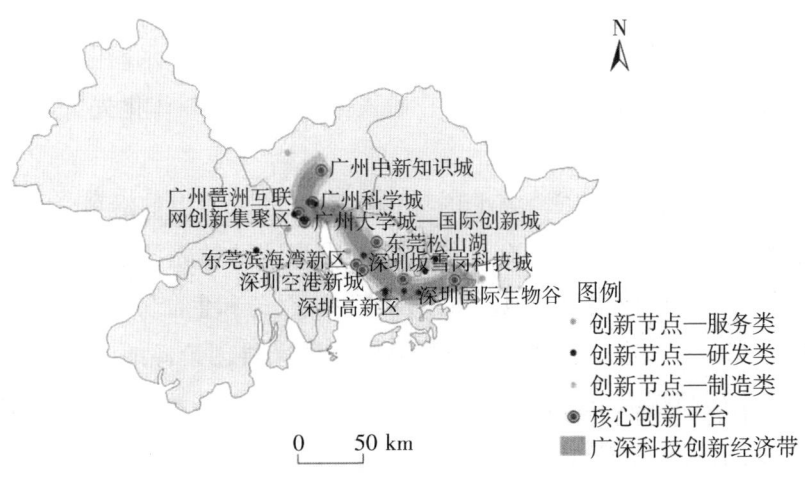

图8-6 "广州—深圳—香港—澳门"科技创新走廊的创新平台和载体空间结构

资料来源：《广深科技创新走廊规划》。

（1）广州大学城—国际创新城。以广州大学城教育科研创新为支撑，建设粤港澳大湾区科技创新高地，华南科技合作之窗、高科技人才创新创业基地。重点发展新一代信息技术、新材料与高端制造、文化创意和生命健康产业。

（2）广州中新知识城。建设知识经济产业集聚区，推动国家知识产权运用和保护综合改革试验，成为广州建设国家科技创新枢纽的核心组团。重点发展生物医药、电子信息、新材料、知识经济产业。

（3）广州科学城。以战略性产业为主导，突出创新创业生态建设，提升创新要素密度，扩大对外辐射带动影响力，把科学城建设成为区域性科技创新创业中心。重点发展电子信息、新材料、生物医药产业。

（4）广州琶洲互联网创新集聚区。打造广州经济重要引擎、亚太地区互联网总部基地、全球互联网投资首选地及国际高端人才汇集地。重点发展"互联网+"产业。

（5）深圳空港新城。打造技术标准领先、市场前景广阔的未来产业集群，大力发展国际会展贸易、现代服务等功能，建设成为粤港澳大湾区新城、国际一流空港都市区。重点发展智能装备、航天航空产业。

（6）深圳高新区。增加创新要素密度，建设成为世界一流高新科技园区、国家知识产权示范区、国家高新技术产业标准示范区。重点发展新材料、电子通信、数字视听、生物医药产业。

（7）深圳坂雪岗科技城。放大华为等龙头企业的带动作用，发挥技术溢出和人才溢出效应，培育打造国际科技研发高地和特区一体化先行示范区。重点发展通信设备、5G产业。

（8）深圳国际生物谷。瞄准国计民生重大需求，以前沿科学发现为引领，发挥生物技术与信息技术融合优势，建设成为国际领先的生物科技创新中心、全球知名的生物产业集聚基地。重点发展生物医药和生命健康产业。

（9）东莞松山湖。打造全球科技园区、国家科创策源地、生态文明示范城区。重点发展高端电子信息、机器人、生物技术、新能源、现代服务业。

（10）东莞滨海湾新区。打造海洋产业与先进制造业创新集聚区、广深科技创新走廊重要空间平台、粤港现代服务业融合发展试验区。重点发展现代服务业、海洋生物医药、智能装备、新一代信息技术产业。

除了这10个核心创新平台外，还明确了37个创新节点。其中，广州发展

13个节点，包括广州市国际生物岛园区、天河智慧城、中大国际创新谷和南中轴创新带园区、国际健康城、天河·公园智谷片区、增城经济技术开发区核心区、黄埔·云埔片区、增城·太平洋夏埔片区、黄埔临港经济区、空港经济区、白鹅潭现代服务业集聚区、广州南站商务区、增城·珠江国际智能科技产业园片区。深圳拟发展15个节点，包括留仙洞总部基地、坪山高新区、梅林—彩田片区、大梧桐新兴产业带、凤凰文旅科技小镇、盐田河临港产业带、前海深港现代服务业合作区、深港科技创新特别合作区、深圳湾超级总部基地、宝安中心区、光明凤凰城、龙华中心区、坪山中心区、大运新城、国际低碳城。东莞发展9个节点，包括中子科学城、长安科技商务区、石鼓片区、粤海银瓶合作创新区、东莞生态园、水乡新城、东部工业园、虎门北站片区、沙田临港现代产业带。

在加快既有平台建设的同时，还应建立和培育一批新的创新载体和平台。《粤港澳大湾区发展规划纲要》指出，加快推进大湾区重大科技基础设施、交叉研究平台和前沿学科建设，着力提升基础研究水平。优化创新资源配置，建设培育一批产业技术创新平台、制造业创新中心和企业技术中心。推进国家自主创新示范区建设，有序开展国家高新区扩容，将高新区建设成为区域创新的重要节点和产业高端化发展的重要基地。推动珠江三角洲九市军民融合创新发展，支持创建军民融合创新示范区。支持港深创新及科技园、中新广州知识城、南沙庆盛科技创新产业基地、横琴粤澳合作中医药科技产业园等重大创新载体建设。支持香港物流及供应链管理应用技术、纺织及成衣、资讯及通信技术、汽车零部件、纳米及先进材料等五大研发中心以及香港科学园、香港数码港建设。支持澳门中医药科技产业发展平台建设。推进香港、澳门国家重点实验室伙伴实验室建设。

（四）"广州—深圳—香港—澳门"科技创新走廊建设的挑战

"广州—深圳—香港—澳门"科技创新走廊中的四个中心城市，各具优势，但制度方面的差异比较大，也决定了广深港澳科技创新走廊建设面临其他科创走廊所没有的制度和体制机制难题。

1. 科技要素资源流通渠道尚未打通，科技创新合作不够紧密

首先，粤港澳三地的科研经费无法跨境使用，研发设备出入境承受的关税较重，对三地联合研究项目的顺利实施形成直接的障碍，严重阻碍了粤港澳三

地的科研合作进程。其次，粤港澳三地不能互认专业资格和共享教育资源，专业人才的流动难以真正实现，阻碍了三地科技合作的进程。目前科技创新走廊内只有深圳与香港开展了合作办学项目，设立了香港中文大学深圳校区。在人才培养、科教资源共享、教育理念相融、学科借鉴（引进）、信息互通等方面，未能发挥协同发展的作用。另外，与港澳税制相比，内地仍属于高税区，严重影响了港澳人才北上内地进行创新活动的积极性。目前出入境通关流程也不够便利，给各类人才往返粤港澳造成了不便。

2. 原始创新能力不足，科技成果转化率低

在科技创新发展方面，"广州—深圳—香港—澳门"科技创新走廊的原始创新能力不强。与全球知名的科创走廊相比，广深港澳科技创新走廊在创新性科学研究的深度与广度、革命性技术的独创与转化上都还存在明显差距。据统计，广深港澳科技创新走廊对产业发展贡献支持相对不足，以技术市场合同交易为例，据火炬中心统计，2016年广东省技术合同项目数为42 011项，低于北京（130 463项）、江苏（56 800项）、山东（45 189项）、上海（43 432项）；技术的输出与吸纳能力均存在明显不足，如输出技术的合同数和成交金额分别仅占北京的22.9%和19.1%，吸纳技术的合同数和成交金额分别占北京的44.8%和45.2%。科技创新对产业发展的推动作用未能充分发挥，科技成果转化仍面临成果输出方和技术需求方信息不对称、第三方权威评估机构缺乏、专业人才欠缺等障碍，湾区的科技创新成果转化率并不高。

3. 产学研协同创新有待加强

当前受制于基本经济制度、法律体系和行政体系的天然差异，导致在科技企业税收、科研财政资金流动、科研项目行政审批、创新人才流动等方面面临的行政壁垒明显，穗莞深与香港、澳门的科技创新合作仍不够密切，目前的科技合作大多基于委托的方式，多层面多主体间的协同创新不足，创新要素跨境流动面临诸多问题。2018年底，中国与全球化智库（CCG）在香港发布的《粤港澳大湾区人才发展报告》指出，在产学研合作方面，湾区还未能形成活跃的创新科技生态圈。目前，香港的高校及科技服务机构与湾区内地合作互动较少，与湾区内地企业，特别是珠江三角洲地区企业的联系不够紧密，产学研协同创新能力有待加强。

三、粤港澳大湾区科技创新走廊建设建议

（一）构建知识产权统一协调机制

知识产权制度是保障粤港澳大湾区科技创新走廊打造优良营商环境的重要环节。大湾区存在不同的制度，由此产生的知识产权不协调严重阻碍着粤港澳三地的创新要素流动。第一，不同法律制度引发知识产权法律规范的不一致。知识产品在湾区内需满足不同的制度要求，导致知识产品流转成本增加，同时由于知识产权行政管理机构过于分散，更加大了湾区内部知识产权的合作难度。第二，知识产权创新能力不平衡。由于历史条件、发展阶段和法律传统的不同，湾区内不同城市的知识产权发展水平参差不齐，未能将知识产权协同效应充分发挥出来。第三，知识产权运营服务水平有待提升。近年来，粤港澳已经联手打造了多个知识产权服务和运营中心，但仍不能满足粤港澳大湾区科技创新走廊现有的知识产权产量。

面对当前粤港澳大湾区科技创新走廊在知识产权合作中存在的挑战和问题，需尽快构建知识产权统一协调机制，以利于形成创新联动格局。一是探索构建粤港澳大湾区知识产权政策互认机制，在国家知识产权局的指导下，粤港澳三地通过专利、商标权利申请注册费用减免、知识产权执业资格开放等制度，加强大湾区城际间的知识产权交流合作，减少由于制度政策差异带来的矛盾。二是尝试创新粤港澳大湾区知识产权运营服务机制。建设大湾区知识产权服务资源共享平台，共建共享知识产权服务资源，同时打造国家级粤港澳知识产权运营平台和知识产权商业化联盟，提升湾区内科研成果的转化效率。三是建立粤港澳大湾区知识产权保护联动机制。推动粤港澳三地海关保持长期且密切的知识产权保护合作关系，开展常态化信息交流和联合执法行动，有效遏制粤港澳的进出口侵权违法活动。

（二）建立人才协同培养机制，为湾区建设培养创新型人才

粤港澳大湾区科技创新走廊内拥有大量优质教育资源，对湾区创新发展具有重要意义。因此，要建立人才协同培养机制，发挥科技创新走廊内人才资源的聚合效应，进而促进湾区创新发展。一是建设区域高等教育中心。围绕湾区经济社会发展和战略性新兴产业等领域的人才需求来统筹布局，促进粤港澳大湾区三地办学、教师学生流动、实验室开放合用等。二是协同培养创新型人才。

借鉴欧盟的高等教育经验，建立资历架构质量保障体系，打通学习结果互认通道，完善学分累计与转化机制，建立政府参与主导的多元协同参与机制，促进人才交流。

（三）推进湾区科技创新走廊内技术创新与合作，构建新的发展格局

当前，以信息技术为代表的新技术革命和产业变革正在深刻影响生产生活方式，改变经济发展格局。粤港澳大湾区科技创新走廊地区聚集了华为、腾讯、中兴等诸多先进技术企业，拥有强大的技术实力，加强大企业之间、大中小企业之间的技术交流，对重塑粤港澳大湾区新的发展格局具有重要意义。一是搭建企业技术交流平台，定期举办技术交流领域会议、论坛，深入探索企业技术合作发展新模式。二是打造创新平台，有效利用香港、广州、深圳三大中心区和其他城市各自在科研基础能力、科教创新能力、科技应用孵化、科技企业创设等方面的优势，打造创新平台，夯实创新基地，转化创新成果，促进新能源、新材料、新制造、新业态等新兴产业的蓬勃发展，形成区域发展新动力。

（四）推动湾区科技创新走廊产学研合作，打造开放性的创新生态系统

创新并不是一个线性的过程，而是一个系统过程。在创新系统中，产、学、研是最重要的创新主体，产学研合作对创新的重要性已得到学者们的广泛认同。产学研合作形成的网络构成了知识溢出通道，能够有效传递隐性知识，最终促进知识和技术的创新。粤港澳大湾区科技创新走廊不仅要根植于区域环境，更应该依托香港在全球创新网络中的位置，链接到全球创新网络，打造开放性的创新生态系统，定位全球创新网络坐标，以获取全球创新资源，吸收国际领先的知识和技术，实现自身的创新发展。

第五节　粤港澳大湾区科技创新中心建设的空间体系策略

一、加强科技创新中心的顶层设计并制定中长期创新空间规划

日本科技政策学工程推进委员会对东京城市群科技创新中心的建设起了良好的推动作用。因此，建议粤港澳大湾区制定10～30年粤港澳大湾区科技创新中心的发展战略，并围绕粤港澳大湾区建设具有全球影响力的科技创新中心这一总战略目标，系统设计不同空间尺度的创新型空间规划、创新发展愿景、路

线图和实施策略。

二、加强城市创新空间载体建设，构建城市创新生态系统

在城市内部，根据不同类型的创新空间的区位特征，积极发展多样化创新空间，包括创新创业社区、科技园区、大学城、科学城、创新城区等，通过创新节点的建设，积极营造创新氛围，通过信息和交通基础设施建设，串联不同创新空间，形成城市创新走廊，继而形成浓密的城市内部创新网络，促进城市创新生态系统的形成和发展，激发城市创新活力，提升城市创新能力，推动城市创新与经济发展。

三、形成以各城市优势产业创新为主导的多核心空间布局

明确粤港澳大湾区分工与协作体系，定位各城市产业创新重点，各城市协作发展。此外，建立区域科技创新技术交易中心，以区域特色创新集群整合为着眼点，突破行政区划限制，变"行政区经济"为"湾区经济"。组建湾区企业研发联盟，推动重大共性技术研发。东京城市群科技创新中心的产官学"一体化战略思想"，有效推进了创新企业上、中、下游的对接与耦合。建议由政府引导、企业牵头组织开展粤港澳大湾区内重点产业共性技术的遴选和研发攻关，研发资金、创新人才、科研设施等创新资源以行业内龙头企业为主要提供方。同时，制定并实施跨区域共性技术重大科技计划，促进共性技术的研发和成果转化，满足粤港澳大湾区各产业转型升级对共性技术的需求。

四、以粤港澳大湾区科技创新走廊建设为抓手，促进创新空间协同

立足于粤港澳大湾区科技创新走廊建设，实现科创走廊内不同创新空间、创新主体间的联动发展，推动创新要素的充分流动，促进跨区域的产学研网络和创新合作网络的形成，加强知识和技术转移，增强知识溢出，实现产业链、创新链的跨城市空间布局，从而实现创新协同发展。

五、建设创新资源数据库与联网服务平台以推动信息共享

巴黎城市群科技创新中心建设的跨国界数据中心取得了明显成效。建议将粤港澳大湾区现有科技创新平台联网，基于粤港澳大湾区已建成的各类科技创新相关平台，实现粤港澳大湾区科技创新平台的整体联网。此外，通过建设粤

港澳大湾区分布式大数据库，利用该服务中心或支撑平台组织专家和服务商开展面向科技创新的服务，形成一批互联互通、信息资源共享的专业数据库。

本章小结

从不同尺度看城市形成了不同的创新空间，如全球创新型城市、国家创新型城市、创新都市圈及城市内部诸如创新区、科学园、开发区、大学城、科技孵化器等创新空间载体。这些载体在空间上是相互联系并有规律分布的，粤港澳大湾区作为全球城市区域，这些创新空间载体对大湾区的科技创新起有力的支撑作用。

粤港澳大湾区科技创新发展的空间分布格局随着时间的推移不断变化，其变化与粤港澳大湾区的经济发展、全球化发展程度等相关。目前，粤港澳大湾区的科技中心空间支撑体系为"一核、一廊、多节点"。其中，"一核"为深圳、香港组成的深港创新核，"一廊"为"广州—深圳—香港—澳门"科技创新走廊，其余城市作为重要的创新节点，构成一个"点—轴—面"联动的科技创新空间支撑体系。

未来大湾区的创新空间发展策略要加强科技创新中心的顶层设计并制定中长期创新空间规划；加强城市创新空间载体建设，构建城市创新生态系统；形成以各城市优势产业创新为主导的多核心空间布局；以粤港澳大湾区科技创新走廊建设为抓手，促进创新空间协同发展；建设创新资源数据库与联网服务平台以推动信息共享与联系。

第九章 粤港澳大湾区科技中心建设的区域协同

"协同"的概念最早出现在经济学领域,指两个企业在资源共享的基础上产生的共生互长关系。协同学认为,子系统的结构、行为和特征受相同原理和规律支配,产生影响整个系统的联动作用,促使系统由无序向有序发展。协同效应、伺服原理和自组织原理是协同理论的三大核心。区域协同是指由城市及城市之间的人流、物流和信息流等构成的开放系统,突破行政区划制约,与外界进行物质、能量交换,发挥初始禀赋与比较优势,实现发展要素和资源的优化配置,自发形成时间、空间和功能上的有序结构,进而实现区域整体利益最大化,推动共同发展。

第一节 粤港澳大湾区科技发展区域协同的基础与条件

改革开放以来,粤港澳三地在科技合作方面已有良好的合作基础。粤港澳大湾区建设需要在新的时期将其打造成为全球创新高地、协同创新的共同体,这是粤港澳大湾区高质量发展的重要内涵之一。需要把握科技进步和产业发展方向,集聚全球优质人才、技术、资金等创新要素,形成具有引领性的、发挥全球经济主导作用的、区域协同发展的城市群中心,是粤港澳大湾区构建全球科技创新中心的内涵要求。

一、顶层规划引领科技发展区域协同

20世纪90年代初,学术界曾对标旧金山湾区和东京湾区提出建设"深港湾区"。21世纪初,粤港澳三地政府有关部门在澳门联合发布《大珠江三角洲城镇群协调发展规划研究》,提出构建珠江口湾区,致力于共建粤港澳世界级城市群。2014年8月,国家工信部和广东省政府签署合作协议,决定启动省部合作机制,共同推进珠江西岸先进装备制造产业带发展,把珠江西岸打造成为国内领先、具备国际竞争力的先进装备制造基地。2014年底,国务院决定设立中

国（广东）自由贸易试验区，涵盖广州南沙新区、深圳前海蛇口、珠海横琴新区三个片区，总面积 116.2 km²，目前，广东自贸区已成为世界自由贸易区联合会荣誉会员。2015 年底，国务院正式批复同意建设珠江三角洲国家自主创新示范区。这是全国第二个以城市群为单位的国家自主创新示范区，以广州、深圳为龙头，广东全省"1+1+7"的自主创新示范区建设格局已经形成。2016 年 3 月，《中华人民共和国国民经济和社会发展第十三个五年规划纲要》正式发布，明确提出支持港澳在泛珠三角区域合作中发挥重要作用，推动粤港澳大湾区和跨省区重大合作平台建设。同月，国务院印发《关于深化泛珠三角区域合作的指导意见》，明确要求广州、深圳携手港澳，共同打造粤港澳大湾区，建设世界级城市群。2017 年港深共同启动"港深创新及科技园"建设，是大湾区打造国际科创中心的重要组成部分，香港未来将发挥港深"超级联系人"和创新合作中心的作用，这是落实粤港澳大湾区发展规划的有力抓手和重要载体（张舰，2019）。在 2017 年签署的《深化粤港澳合作 推进大湾区建设框架协议》中指出，粤港澳大湾区要建立和完善创新合作体制机制，形成以创新为主要引领和支撑的经济体系和发展模式，构建国际化、开放型区域创新体系，将粤港澳大湾区打造成国际科技创新中心。2017 年 3 月 5 日，十二届全国人大五次会议在人民大会堂开幕，李克强总理做政府工作报告，明确提出要推动内地与港澳深化合作，研究制定粤港澳大湾区城市群发展规划，发挥港澳独特优势，提升其在国家经济发展和对外开放中的地位与功能。2017 年 10 月 18 日，习近平总书记在中国共产党第十九次全国代表大会上做报告，明确提出要支持香港、澳门融入国家发展大局，以粤港澳大湾区建设、粤港澳合作、泛珠三角区域合作等为重点，全面推进内地同香港、澳门互利合作，制定完善便利香港、澳门居民在内地发展的政策措施。2017 年 12 月，广东对外发布《广深科技创新走廊规划》，提出构建"一廊十核多节点"的空间格局，并提出打造中国硅谷的响亮口号。根据规划，到 2050 年，广深科技创新走廊将全面建成具有全球影响力的科技创新区域，成为世界主要科学中心和创新高地，科技创新能力达到世界领先水平。为贯彻落实省委省政府促进粤东西北地区振兴发展精神，优化粤东西北地区科技资源配置，完善区域创新体系，广东省科技厅出台了《科技创新促进粤东西北地区振兴发展专项实施方案（2014—2020 年）》，建立珠江三角洲高新区与粤东西北高新区对口帮扶机制，制定高新区对口帮扶方案。为实现广东国家自主创新示范区建设目标、促进区域创新协同发展，《"十三五"广东省科技创新规划（2016—2020年）》中对建设国家自主创新示范区、促进区域创新协同发展提出要求。规划提出构建珠江三角洲科技创新共同体，强化广州和深圳的创新中心城市作用，支持珠江三角洲各市创建创新型城市。

2019年2月《粤港澳大湾区发展规划纲要》正式发布，该纲要对粤港澳大湾区的战略地位、发展目标、空间布局等方面进行了全面的规划。作为全国改革开放的先行地，广东从百花齐放的民营科技园、专业镇等经济板块起步，逐步形成以珠江三角洲为龙头、粤东西北为两翼，由省内多行政区域甚至跨省际区域协同合力谱写的创新合奏曲，正成为全国区域协同创新的崭新样本。

二、核心城市创新能力强，具备创新外溢的条件

珠江三角洲作为中国重要的对外开放门户和经济发展的龙头区域，在经济发展速度、城市群规模、区域创新能力等方面在中国均居前列，拥有较强的经济基础和创新基础。城市作为区域创新的主要载体，粤港澳大湾区拥有广州、深圳、珠海等创新能力较强的核心城市，为推动区域协同创新和产业联动、促进协同发展提供了强大动力。雄厚的经济基础、高素质的人力资源、完善的知识产权体系为该地区的区域创新注入了活力，极大地提高了区域创新的竞争力。

粤港澳大湾区拥有以香港为核心的大珠江三角洲的金融、航运、贸易中心圈，以深圳为核心的"硅谷"创业创新高端产业中心圈，以及以广州为核心的贸易、教育、文化旅游产业圈，使湾区发展兼顾经贸、科技、教育、文化和生态环保等各类领域，推动了城市群的可持续发展。在核心城市的引领下，粤港澳大湾区将珠江三角洲的制造业与港澳两地的服务业有机结合，逐渐形成三大都市圈，分别是以深圳和香港为核心城市，以现代服务业、金融业、创新科技为主导的港深莞惠都市圈；以珠海与澳门为核心城市，以旅游业、绿色经济、现代制造业为主导的澳珠中江都市圈；以广州为核心城市，以现代制造业与工商服务为主导的广佛肇都市圈。

作为改革开放先行地，经过数十年的发展，深圳已经发展成为国际性大都市，是享誉全球的创新之都，与广州一起成为珠江三角洲的发展极、创新极，对区域发展发挥着强大的辐射作用。而珠江东岸其他几个城市也各有特色，在产业发展等方面同样创造了奇迹，比如"东莞制造"蜚声海内外。粤港澳大湾

区具有天然的区域协同创新基础,深圳与其他几个城市一起,自然地形成了产业互补、协同分工的格局。将会形成以粤港澳大湾区为核心,以珠江—西江区域为经济腹地的经济支撑带,加强带动中南、西南地区的经济社会发展,并进一步辐射东南亚和南亚区域。

三、拥有较为完善的创新基础设施体系

创新基础设施作为国家创新体系和区域创新体系的重要组成部分,对于推动国家与区域创新能力的提升具有重要作用(王稼琼,1999)。在创新驱动发展战略的引领下,粤港澳大湾区内各类研发机构的研发和创新投入持续稳定增长,研发和创新活动的活跃程度不断增加,同时,新型研发机构建设的步伐也逐渐加快。此外,粤港澳大湾区持续推动科技创新的发展方式,不断加大创新投入。同时,拥有丰富的教育与科研资源、一大批创新性的国际化领军人才以及充满活力的创新创业网,构建了支撑"大众创业、万众创新"的基础设施环境。通过科技企业孵化器、科技企业加速器、众创空间、科技金融专营机构等创新支撑条件和创新服务条件的建设,不断推进科技创业孵化链条化发展、各类创业服务机构向集群化发展,逐渐形成创业服务机构的集聚效应和大众创新创业的规模优势。近年来,粤港澳大湾区大力推进信息化建设,为区域创新活动提供了日益完善、先进、高水平的信息化基础设施支撑条件,信息化的发展成为支撑区域创新发展的强大动力。

四、互联互通的经济流带动科技流

粤港澳大湾区具有良好的区位条件,南接东南亚、南亚,东接海峡西岸经济区,北接长江经济带,西接北部湾经济区,区位优势突出,在"一带一路"建设中将发挥内外联动、海陆统筹的重要支点和枢纽作用,在经济与科技交流中起重要的纽带作用,为科技与产业发展提供了广阔的空间。

粤港澳大湾区拥有世界级海港群、空港群及高效物流体系,为产业与科技发展提供有力的基础设施支撑,粤港澳大湾区的港口群与航空市场规模领先全球,有国际化综合枢纽的重要地位。2016 年大湾区航空客运量达到 1.85 亿人次,货运量达 736 万吨,均超过其他三大湾区。2017 年底港珠澳大桥主体工程如期具备通车条件,香港至珠海的交通时间缩短至 20~30 分钟,有利于形成粤

港澳大湾区"1小时经济圈"。随着港珠澳大桥等一系列基建项目的实施，湾区将构建起海陆空通达的交通网络，营造更加高效便捷、互联互通的物流体系，为打造内联外通的科技与产业发展格局奠定基础。

第二节　区域科技协同创新发展历程

粤港澳三地凭藉地域邻近、历史同源与资源禀赋各具优势等因素，三地合作历史悠久，区域一体化趋势明显，科技合作日益加深。粤港澳大湾区概念的提出，使三地合作站在一个新的战略起点，在知识经济的大潮下，区域科技合作呈现出新的态势。从总体上来看，粤港澳大湾区科技协同系统演化经历了独立发展、技术扩散、共生与融合三个发展阶段，各个发展阶段都有丰富的内容，作为一个区域科技协同系统，组织结构不断调整，协同度不断提高，协同的功能不断完善。

一、港澳作为科技通道，相对独立发展阶段（1949—1978年）

中华人民共和国成立后，到改革开放前，港澳作为内地的科技通道，发展相对独立，协同系统尚未成型，协同度较低。在此期间，西方对中国实施经济封锁，内地坚持自给自足的经济战略，广东作为国防前沿，经济相对落后，广东与港澳联系较少，处于较为封闭的状态。香港20世纪50—60年代伴随国际新劳动地域分工，凭借港湾优势及西方国家的资本转移，贸易、航运、金融和工商业得以发展，实现经济的腾飞，成为区域经济增长极。此时，港澳也成为对内地技术输入的唯一的通道，但技术输出有限，三地合作交流较少，是较为独立的发展阶段。

二、经贸活跃，经贸带动技术扩散（1979—2003年）

中国实施改革开放政策后，港澳在当时较为先进的技术产品通过贸易进入广东，推动了技术的扩散与交流。由于港澳从国际交流与分工中掌握了一些较先进的技术，如包括电视机、收录机、音响、计算器在内的电子产品，玩具、化妆品等。从内地流向香港、澳门的除矿产品、食品、纺织品、化工产品、土畜产品等之外，也包括内地特有的机电产品、成套设备、化妆品等。这种贸易不仅达到贸易互补的目的，也无形中带来了技术的交流。

另一个技术交流层次主要为投资建厂，实行"三来一补"，香港接单，珠江三角洲加工生产，形成"前店后厂"模式。这一时期，一方面由于港澳劳动力、土地成本上升以及环境问题等，迫切需要转移劳动密集型的产业。另一方面，我国的改革开放政策，使珠江三角洲成为港澳企业理想的投资热土，港澳企业在轻工产品如轻纺、印刷、小型机械加工、食品生产、制鞋、家具制造、广告、饭店、建材等领域进行投资，这种投资大多以设备及技术的形式来促进劳动密集型产业的技术转移与扩散。

三、在CEPA推动下，直接的科技交流与合作（2004—2008年）

进入20世纪中后期，特别是亚洲金融危机之后，粤港澳三地纷纷踏入经济结构转型阶段，科技合作被提上议事日程，科技合作成为粤港澳三地深化合作的重要内容。CEPA的签订与实施，标志着粤港澳科技合作进入了一个新的阶段，利用这一平台，粤港澳三方都采取了一系列措施，加强粤港澳三地科技合作，力促粤港澳区域科技交流（蓝锐彬，2005）。

这一时期，三地的科技交流机制发生了重要的变化。CEPA协议、《珠三角地区改革发展规划纲要》、"自由行""资金自由行"等一系列政策规划的出台，降低了粤港澳区域内生产要素流动的障碍，建立起开放的贸易与技术交流市场，促进粤港澳合作从"非制度性"向"制度性"过渡，推动力逐渐从市场驱动转向政府规划、制度引导。三地产业技术协作从以出口导向的制造业为主转变为以拓展内陆市场的服务业为主，跨境消费、度假、医疗和养老等社会联系明显加强，呈现出更为紧密的生产、生活协作特征。

粤港澳三地的科技交流相当活跃。主要表现在：①签署合作协议。广东省与港澳三地的主管部门签署了科技合作协议，确立了科技合作框架，并且分别成立了高科技合作专责小组。②举办科技培训班及研讨会。在香港举办粤港澳中小企业技术服务体系培训班，共同推动建立粤港澳中小企业技术服务体系，加强专业人员的培训合作，为广大的港澳资企业以及广东省中小企业提供更好的技术支援与服务。广东省与澳门签订了"粤澳中药人才培训协议"，举办了多种研讨会，推动区域科技交流，如珠江三角洲工业生产信息化循环研讨会、香港科技成果推介会、粤港科技合作专题研讨会等。③开展科研合作机制探索。

粤港澳三地都在积极考虑、酝酿、探索新的科技合作机制，比如建立粤港澳联合申报和资助科技合作项目，设立科技研究开发基金或科技产业合作基金等。广东省与香港的联合招标为三地科技合作机制的创新迈出了重要一步。2004年粤港两地通过首次联合招标，广东省政府与香港特别行政区政府各出资1.7亿元，进行了电子信息等六个关键领域的攻关合作，以期在高新技术产业的重点领域取得突破性进展。广东省中医院通过香港医药管理局的正式渠道，向香港的公立医院选派专家，分阶段成立了中医门诊，开创了中医药进入香港公立医院的先河。④在一些技术领域展开合作。南方医科大学珠江医院在香港大学的技术支持下，完成了国际上首个被批准上市的针对病毒血清抗原的检测试剂产品。华南农业大学与香港有机生物认证中心合作开展的"无公害优质稻米生产全程监控技术合作研究"项目在第六届深圳中国国际高新技术成果交易会上引起广大客商的极大兴趣。汕头大学医学院与香港大学医学院在流感病毒研究方面的研究论文在国际顶级杂志 *Nature* 上发表。此阶段，粤港澳三地在加强区域科技合作上已达成共识，并积极推进粤港澳区域科技合作，区域科技合作活动不断增多，而且层次不断提高，领域不断拓宽，并取得了一系列的成果。

四、珠江三角洲改革与发展纲要推动下的科技共生发展（2009—2018年）

2008年全球金融危机给大湾区的经济发展带来重大影响，粤港澳大湾区科技合作进一步加强。《珠江三角洲地区改革发展规划纲要（2008—2020年）》，提出要加强区域合作与国际合作，完善区域创新布局，加强创新能力建设，构建开放融合、布局合理、支撑有力的区域创新体系。这一时期最大的特点是由要素交流升级到共建平台，全面提升科技发展。

（1）规划建设深港创新圈，加强穗港产学研合作，建立港深、港穗、珠澳创新合作机制等方式推进重大基础设施对接，加强产业之间的合作，充分发挥彼此优势，推进与港澳更紧密合作。

（2）建立粤港澳科技合作新模式，支持广东与香港联合建立一批高水平的创新平台，引进国际高层次科技人才，共建国际化高科技社区和产业化基地等。该政策推动了粤港科技合作模式创新，提高了广东科技产业创新能力。

（3）促进粤港澳科技服务要素流动与共享；突出服务重点，大力推进科技服务业重点领域发展；拓展服务范围，强化科技服务业发展支撑；加快产业聚集，大力提升科技服务业协同创新能力；加强交流合作，提高科技服务业国际竞争力等，该政策的实施推动了粤港澳在科技服务领域的深度合作。

五、大湾区协同发展国家战略下的科技融合发展（2019年至今）

这一阶段三地科技发展的主要特点是融合发展，共同建设粤港澳大湾区。2019年2月18日，中共中央、国务院印发了《粤港澳大湾区发展规划纲要》，这份纲领性文件对粤港澳大湾区的战略定位、发展目标、空间布局等方面作了全面规划，明确了粤港澳大湾区的城市定位。在科技协同方面提出通过构建开放型区域协同创新共同体、打造高水平科技创新载体和平台、优化区域创新环境等来集聚国际创新资源，着力提升科技成果转化能力，建设全球科技创新高地和新兴产业重要策源地，标志三地科技发展进入融合发展的新时期。据冯海波等报道，一些新的合作机制与合作平台正在建立，一个新的跨界区域创新体系正在逐步形成。

（1）建立合作机制出台政策措施。2017年11月18日，广东省与香港特区创新及科技局共同签署了《粤港科技创新交流合作安排》。同时，把粤港高技术合作专责小组升级为粤港科技创新合作专责小组。2018年3月，《广东省科学技术厅与澳门科学技术发展基金科技创新交流合作的安排》在广州签署，成立粤澳科技合作专责小组，并明确未来五年将在生物医药（中医药）、电子信息、节能环保、智慧城市、海洋等领域开展科技创新交流与合作，目前正在着手启动科技研发合作联合资助计划。此外，广东省科技厅联合省财政厅出台了《关于香港特别行政区、澳门特别行政区高等院校和科研机构参与广东省财政科技计划（专项、基金等）组织实施的若干规定（试行）》，围绕资金流，率先从省级财政科研资金跨境流通层面突破，推动湾区内科研经费便利使用，鼓励港澳高等院校和科研机构承担广东省级科技计划项目，促进湾区科技创新资源高效协同。

（2）搭建跨区域创新平台，引进港澳机构建立成果转化基地。广东积极搭建面向"两岸四地"的创新创业服务平台，建设一批高水平科技企业孵化器和众创空间，吸引粤港澳大湾区内"商二代"和大学生创新创业。目前广东省建有广州粤港澳（国际）青年创新工场、澳门青年横琴创业谷、前海深港青年梦工场、红鸟创业苗圃、粤港澳（国际）大学生实习基地等创新创业平台20多个。

在推动成果转化方面,广州市香港科大霍英东研究院在物联网、先进制造与自动化、先进材料及绿色建筑与环境等专业领域转移转化了一批科技成果,孵化培育了一批高新技术企业。香港大学、香港中文大学、香港科技大学、香港理工大学均在深圳和广州南沙设立科技成果转化基地。香港科技大学在深圳创办企业 23 家,包括幻音科技、固高科技、大疆创新、万音达科技等。其中,幻音科技(深圳)有限公司已在香港主板成功上市,大疆创新 2016 年产值突破 100 亿元。香港中文大学等 6 所院校在深圳设立了 72 个科研机构。依托澳门大学国家中医药重点实验室、澳门科技大学国家中医药重点实验室,建设了粤澳中医药科技产业园。

(3)打造高层次研究平台,推动港澳团队申报科研项目。粤港澳合作建立了一系列国家重点实验室以及科技公共平台,并建立了一系列创新创业平台,进一步在发展统一的技术市场、创新机制、创新要素流动等方面进行探索与实践,向形成一体化、协同发展的粤港澳创新生态系统迈进。携手港澳建设广东省实验室。广东省实验室建设引进了多个港澳科学家和团队,有力提升了省实验室的原始创新能力和国际影响力。截至 2019 年 2 月,广东省 7 家在建省实验室共有 23 位香港科学家、2 位澳门科学家以及 8 家香港科研机构参与建设。这些高水平的科学家和团队带来了国际水平的研究理论、方法和管理经验,以及广泛的国际科技合作渠道和网络,对广东省实验室建设起到重要的推动作用。同时,推动香港高校在粤机构积极承担和参与国家重大科研项目。近年来,香港高校在粤机构积极承担参与了国家研发计划、国家自然科学基金重大研究计划以及广东省重大产业技术攻关等项目,并深入联系企业开展关键技术攻关,累计承担项目约 808 项,获得支持资金约 5.8 亿元,申请专利 530 件,发表高水平论文 3 000 多篇。

(4)粤港启动重点创新技术的联合攻关工作。粤港围绕两地产业和社会发展的共同需求,开展重点领域关键技术联合公关工作,建立了粤港科技合作联合资助机制,资助的力度和范围逐年扩大。在推动原始创新、集成创新和引进消化吸收再创新、加强市场竞争力、占领技术制高点等方面起到了重要的作用。项目吸引和培养了大批人才,同时引导了大量社会资金投入科技自主创新领域,使粤港科技合作进入了实质性合作阶段。

第三节　粤港澳大湾区科技协同的目标与原则

一、科技协同目标

（一）总体目标

粤港澳大湾区科技协同发展的总体目标是通过创新主体的企业与政府、高校、研究院所、中介服务结构等的合作共享和交互协同、正式与非正式的交流网络以及政府、市场、中介等的多动力作用，逐步形成大湾区技术链、知识链、价值链和产业链，构建长期稳定的合作关系，形成优势互补、资源共享和知识溢出的开放式创新合作模式。

（二）近期目标

构建全球区域科技共同体。粤港澳大湾区建设全球科技中心需要区域的合力，近期要围绕共同的科技目标，努力形成大湾区资源共享机制、科技信息服务共享机制、科技基础设施共享机制，建立科技人才自由流动制度，建立公共服务资源联动发展机制，促进大湾区各城市科技发展协同一致，互补余缺；利益均等，风险共担；联合攻关，共同发展，在科技的创新链协同、政策链协同、资金链协同、资源开放共享等方面共同努力，打造一套完善高效的体制机制，形成共同发展的态势。

（三）远期目标

建设具有全球影响力的创新生态系统。形成企业、社会、政府、大学、科研机构、中介组织、社区组织等各类主体的协同链式发展机制；形成全域系统的高度开放能力；形成自整合机制，具有整合世界科技资源的强大吸收力，使创新要素在湾区具有较为自由的流动能力、组合能力、聚合能力；形成包容开放的创新文化氛围。建设成为风险投资的全球中心之一。法律与保护产权健全，形成创新基础完善的高效服务体系与环境，形成创新要素之间、创新要素与系统和环境之间动态互相作用与优化的可持续创新生态系统。

二、科技发展区域协同的原则

（一）坚持开放合作的原则

粤港澳大湾区要加强与国内外的开放合作，充分利用好国内国外的科技资源，切实提高创新资源的利用和运行效率，建立全球引智引技的体制机制，形成科技发展的开放合作体系，鼓励区内区外联合研发与创新，把握创新核心环节的主动权，不断通过科技创新提升竞争力。

（二）发挥比较优势的原则

粤港澳大湾区科技创新要素集聚度高，科技研发能力强，但各市比较优势有所不同，发挥比较优势的原则强调要整合科技创新资源，避免科技研发项目重复建设、产业技术恶性竞争，从而实现各市科技创新优势的错位发挥，提升科技创新能级。

（三）多主体共同推进的原则

粤港澳大湾区区域科技协同，政府的推动是基础，政府主要通过政策、资金、科技基础设施的建设推进区域科技共同合作，主要作用是引导者、统筹者和服务者。近年来，国家和地方相继出台多项政策文件来促进大湾区区域协同创新和发展，但大湾区的科技协同不仅依赖自上而下的政策文件支持，还要充分调动高校、科研院所、企业研发机构等科技创新载体的积极性，以应用为导向，通过市场化手段使各种主体通过协同创新获得实际利益，激发科创多元主体的活力。

（四）多机制推进原则

粤港澳大湾区区域科技合作要多机制推进，目的是相互联系互动，形成共同发展的态势。一是契约式科技创新协同，即参与研发的各单位或企业通过签订合同的形式对研发投入、利益分配、决策、知识产权归属等事项进行约定，共同开发或进行研究。二是各市共建研发基地或研发平台，针对某基础科学或关键核心产业技术进行联合长久的跟踪和持续研究，通过平台式协同，推进大湾区科技创新的进一步深化。

第四节　区域创新协同的问题与对策

一、问题

(一) 区域创新政策协同性有待提高

区域创新政策的协同能有效提高创新资源利用率。粤港澳大湾区政策的协同性仍有提高的空间。主要表现在：①受以往"中央决策、地方执行"的制度安排与区域竞争模式影响，一些制约区域协同发展和要素流动体制障碍及瓶颈性问题仍待破解，政策的实效性、系统性和前瞻性等有待提升。②创新政策均以单部门发文为主、多部门联合发文为辅，需进一步提高主体间协同的广度和深度，以充分发挥各职能部门优势，实施多种配套措施来实现政策目标，跨部门和跨区域合作有助于完善区域创新网络，推进协同发展。③跨境政策与制度有一定差别，对接与协调中仍有许多矛盾与问题。④以往实施的创新政策随环境的变化已不能很好地协同创新，需要检视政策的有效性，提出更有针对性的政策。政策主体在制定和执行政策时须有机协调各政策以实现功能互补和相互配套。

(二) 区域协同创新机制不够完善

良好的协同创新机制，是保证区域内创新要素合理流动和区域创新体系良性运转的基础。基于粤港澳大湾区的实际情况，从协同创新机制的角度分析粤港澳大湾区协同创新仍面临的问题。①区域内协同创新的动力机制不够完善。第一，缺乏协同创新理念的引领，科研及学术领域管理模式有"行政化"的趋势，条块分割的传统管理模式与学科领域的交叉融合的契机不适应。第二，利益驱动机制尚未形成。协同创新的各主体均是利益主体，在协同创新合作中各方的利益关系一旦处理不好，就会影响合作的进行，特别是在知识产权的权属认定方面和科技成果转化收益分配方面，仍没有完善的机制。②区域协同创新的运行机制不够完善。一是创新主体的协调机制不健全。政府层面的区域协同机构还没建立，协商也限于部分地区。一些协同创新主体联合成立的学会、联盟、中心等组织，相对来说管理松散，在组织产学研的真正合作方面效果不显著。二是产学研合作机制不完善。大湾区的各地区大都囿于本地的产学研合作，各创新主体仍然是"各自为政",跨境、跨区、跨行业的结合与交流仍较少。三是政府力图主导创新,市场机制的作用还远远没有发挥出来。在科技研发活动中,科技创新资源的配置还未能真正体现市场的决定性作用,在一定程度上影响了企业的科技创新积极性。③区域协同创新的监督制约机制不够健全,多数的协同创新组织(平台)并没有设置专门的管理机构,也没有固定的办公场所,对协同创新活动缺乏统筹组织和规划。缺乏创新平台的自我监督,缺乏协同创新平台的整体绩效考评,也缺乏完善的准入和退出管理机制,没有形成对协同创新过程、创新成效进行评估的有效机制。

(三) 创新资源与能力分布不均衡

粤港澳大湾区的创新资源比较丰富,创新能力在全国乃至全球均处于前列,但是湾区内创新能力不均衡。湾区内三大龙头城市中,深圳、广州作为全国创新型城市,具有集聚的创新要素、丰富的创新资源和引领性的创新能力,是中国最重要的自主创新高地和技术辐射源头;香港拥有4所世界一流大学,使其具有较强的创新能力。大湾区的其他城市无论创新能力,还是创新资源都较为薄弱。

珠江口两岸的创新资源与能力也表现出不均衡。广深科技走廊基础研究力量逐渐壮大,形成了以高水平大学、大院大所为骨干,国家级和省级重点实验室、大科学装置为载体的基础研究体系,建成了中国(东莞)散裂中子源、广州超算中心等8个大科学装置。广深科技走廊拥有的重点实验室超过274个,占总数的82.5%,其中广州223个,占总数的67.2%;深圳40个,占总数的12%。但处于珠江西岸的珠海、中山和江门的创新能力相对比较落后,创新资源相对匮乏,存在高层次人才比较缺乏、研发经费投入偏少、专利申请授权量偏低、技术合同成交额偏小等问题。创新资源与创新能力分布不均对区域的创新协同及整体区域科技发展水平产生一定的影响。

(四) 创新要素流动受阻

区域内创新合作的制度安排是创新要素自由流动、各创新主体协同共进的重要保障。由于粤港澳三地法律体系、行政制度存在明显差异,且跨境协调机制尚不完善,推高了创新要素流动的成本。首先,粤港澳三地分属不同的关税区,且城市间、地区间发展不平衡,诉求、利益也不尽相同,一定程度上阻碍了三地协同创新。其次,粤港澳三地在立法、司法、执法方面存在较大差异,市场主体在三地开展创新合作存在法律不确定性（辜胜阻等，2018）。这些都影响到创新要素的流动。

二、区域创新协同的对策

（一）形成大湾区科技协同的双动力

大湾区的科技协同发展动力来自两方面，一方面是国际创新资源的协同与整合；另一方面是国内以及区内创新资源的协同与整合，两个动力共同推动大湾区的协同发展。首先，要形成全球科技要素资源配置和要素资源利用模式，充分利用开放及政策的优势，吸收国际优质的知识、人才及创新资源，积极支持大湾区企业在境外设立研发中心，鼓励支持跨国公司、国际研究机构在深圳设立研发中心、科技服务机构，搭建联合研究平台等。其次，重视基础性创新，兼顾体系性创新，在政府与市场之间的中间地带搭建包括智能制造、生物医药、集成电路在内的共性技术研发和转化平台，构建高校、研究机构、国企、民企等之间的协同研发创新和产业化网络。再次，推动建设创新集聚区的发展模式，增强粤港澳大湾区内核心城市的辐射带动能力，发挥带动粤港澳大湾区创新集群发展的自主创新引擎和全国创新网络关键节点作用。最后，发挥粤港澳大湾区在经济、金融、贸易和航运领域的国际化优势，发挥珠江三角洲创新集聚区的辐射带动作用，注重与国内以及国外主要创新区域及科技中心的技术、产业协同创新。

（二）促进区域创新政策协同

科技政策的协同对于粤港澳大湾区创新资源协调与创新能力的提升有重要作用，因此，从政策制定、运行及实施方面要保证政策的协同性。第一，要加强粤港澳大湾区各级政府制定创新政策的协同。地方政府作为区域创新政策体系的主要制定者，应加强对大湾区总体发展目标、地区发展水平、科技目标与定位、资源优势的整体认识，制定出符合自身地区发展特点的创新政策，保持与大湾区整体区域及其他区域的协同，突破行政壁垒，充分利用大湾区协同带来的机遇，整合各部门、各地区的创新资源，促进区域政策主体协同与优化。第二，提高大湾区各区域创新目标的协同性。区域创新政策的核心目标是全面提高区域自主创新能力，要集聚创新要素，分门别类，加以组织与利用，形成各类型、各层次的特色鲜明的区域创新特色，形成与总目标协同一致的分目标，建设区域创新协同一体化格局。第三，加强创新需求导向型政策，制定大湾区内政府采购统一的政策，在大湾区内进行统一的协同，实施湾区内政府采购的政策，通过需求导向促进湾区企业创新，为创新活动营造优越环境。

（三）完善区域科技创新的协同机制

完善区域科技创新的协同机制，是区域科技协同的根本保证。

第一，建立和完善粤港澳大湾区科技创新的协同组织机制（覃艳华等，2019）。要根据《深化粤港澳合作 推进大湾区建设框架协议》的科技协同创新要求，从顶层设计入手，建立大湾区政府间的科技合作协同小组，并设联席会议制度，由科技部相关部门牵头，大湾区各城市分管科技的领导参与，并轮流担任科技联席会议的召集人，定期召开包括各地方政府科技管理部门负责人、高新技术产业园区的负责人、高新技术企业的代表、高校与科研机构的代表在内的主题会议。共同协商探讨大湾区科技协同创新的发展规划、区域科技合作政策、合作机制和科技资源平台的共享共建等重大问题。

第二，加强高新区科技发展的协同机制建设。高新技术园区是科技创新资源的主要载体，对科技创新资源共享平台建设具有重要作用。需要推进高新区差异化发展，明确香港、澳门以及珠江三角洲科技创新园区发展的方向与目标，实现优势互补、协同发展。建立粤港澳大湾区高新区战略联盟是完善大湾区高新科技园发展的重要路径，通过联盟建设协调科技园的创新资源、公共平台等问题，形成协同一致的发展。

第三，清理阻碍科技协同发展的地方法规和政策，建立和逐步完善一体化的科技要素市场（覃艳华等，2019）。针对粤港澳大湾区创新要素流通不畅、科技创新资源开放共享不足这一问题现状，全面清理大湾区各政府阻碍科技协同发展的地方法规和政策，实施科技创新政策在大湾区内的普适化，打通区域内部阻碍创新要素合理流动、创新资源合理配置、创新功能互补协作的瓶颈，形成有利于技术、资金、人才、成果等各类科技要素自由流动的政策法规体系，建立和逐步完善一体化的科技要素市场。

第四，建立重大项目联合攻关制度。首先，粤港澳大湾区高等院校和企业应建立产学研协同攻关联盟，加强广东省各城市与香港和澳门的科技合作，共同承担国家重大科技项目，积极争取国家科技创新计划的立项支持，对国家重大科技创新项目的共同组织与实施，形成大湾区内以项目带动的合作交流机制。

其次，建立粤港澳专项科技创新经费，以保障各地区的合作与交流。针对地区关键性科研瓶颈问题，有针对性地开展大湾区联合创新的行动，集中力量联合攻关大湾区科技协同创新所遇到的问题，同时，共同协商、共同制定区域性的产业联合技术攻关规划；统筹区域内高校、科技机构和企业组成相关项目攻关团队，实施重大项目联合攻关。最后，实施科技机构共建和科学研究成果共享，加大粤港澳大湾区城市间的合作和部门间的联合，促进粤港澳大湾区建立起更多、更强的国家级科技创新平台，实现地区科技创新产业化发展。

（四）建设粤港澳大湾区创新资源共享平台

创新资源共享平台是实现创新资源充分利用的重要手段，也是提高创新资源利用效率、提升创新能力的重要方面。粤港澳大湾区科技资源相对比较分散，利用效率也不高，因此需要建设创新资源共享平台。第一，建议在大湾区科技协调领导小组下设专门的委员会，负责创新平台的建设与运营。共享平台集中政府、企业、高校、科技机构等创新主体，发挥区域内大学、科研院所以及企业的技术优势和人才优势，联合共建科技资源共享平台。平台的功能在于：①推进创新资源的优化资源配置，提高资源利用效率。鼓励企业、高校以及其他科技机构利用平台实现科技资源共享，提高科技资源开放共享的力度，向社会提供科技创新资源共享服务，例如国家重点实验室、重大科学仪器等的联合使用。②共享平台担当区域内科技服务中心，提供城市间、部门间科技创新研发、科技信息沟通、科技成果转化等一系列服务。③利用平台建立区域科技信息数据库与科技创新成果数据库，并建立起相关科技创新成果的标准体系，例如论文、专利、技术等数据信息共享平台。加快推进从科技信息资源到科技创新成果的数据库共享建设。④利用平台以区域内的高校、企业和科研机构为基础，按照现代战略性新兴产业分类整合人才、技术、装备等主要创新资源，提供专题的服务与对接。

（五）建立科技"绿道"，加强科技创新要素的对流与合作

科技创新要素的自由流动是提高大湾区创新系统效能的关键之一。要建立科技"绿道"解决科技创新要素流动的障碍。可借鉴欧盟早期煤钢共同体模式，推动形成科技创新领域的共同市场，科技企业、人员、货物、资本、信息、技术等要素率先实现自由流动（谭慧芳等，2019）。如对大湾区内的科研工作人员实行 VIP 双向通行，无须办理出入境手续；按港澳税制纳税，并允许港澳科研

人员在香港和澳门的社会福利体系在大湾区内的指定医疗机构使用；对科研物资免税并开辟通关"绿色通道"；用于科研的资金，无论是来自中央财政，还是来自地方政府、企业、风险投资基金、科研院所等，均采用特殊的资金使用安排，涉及外汇结算的，在限额内实行外汇自由结算；为科研人员工作、生活等提供可达性高、便利、安全有效的国际通信服务。基于风险可控的考量，可以依托有限独特空间，如落马洲河套地区、广东省三个自贸片区等，开展科技制度创新"压力测试"，做"小范围安全改革试验、大范围高效推广示范"的探索推广。

加强粤港澳大湾区各区域的产学研协同创新。大湾区有众多的产学研机构，要加强这些机构的战略合作，构建区域创新协同发展体系，合力打造出具有创新活力的世界级城市群。协同创新依靠政府、企业、研究机构、孵化平台、风险投资五位一体，通过建设粤港澳协同创新基地、协同创新平台，坚持市场导向和政府引导相统一的原则，建立协调可持续的创新生态环境，各方共享创新成果（钟嘉毅，2018）。

（六）推进大湾区科技金融协同，促进创新与创业

科技需要投入，离不开金融的支持，企业发展的各阶段都需要金融的支持。首先，充分利用好香港国际金融中心的优势资源，促进大湾区共同发展新型科技金融机构，发挥中心城市广州、深圳在科技信贷方面的领先优势，强化香港、广州、深圳对周边城市科技金融发展的辐射带动作用。其次，实施科技与金融的全域整合，形成科技发展的强大动力。鼓励各市建立并发展政策性种子基金，调动各协同创新主体参与到国家创业投资计划，全力支持创业活动；利用社会资本创立科技孵化器等科技资源共享平台；鼓励有条件的地区或行业推进科技创新产品金融化试点工作；鼓励各市以多种形式联合共建风险投资机构，为区域创业投资提供更为具体的保障和支持；各市政府应设立科技专项贷款风险补偿金，促进各市新型科研机构的发展。第三，依托例如深圳高交会、金融博览会等大型会展平台，逐步实现科技金融服务产业的集聚，加快创建粤港澳大湾区科技金融服务集聚区，增强大湾区科技金融服务的协同效应，强化科技金融共享平台的地区辐射功能，形成粤港澳大湾区高水平的科技金融服务体系。

跨区域组织科技专项，除了政府部门提供的粤港澳大湾区产学研科技创新项目以外，要提升粤港澳大湾区科技协同创新绩效水平，还应当对泛珠江三角

洲区域的城市提供相关机会，积极参与粤港澳联合科技攻关及产业化工作，充分拓展和加深与粤港澳大湾区内香港、澳门两地的高校及科研院所、企业等机构的合作，充分利用粤港澳大湾区三地两制的制度优势、资源优势、科技优势等，最大限度地实现跨区域组织交流与合作。在区域内，鼓励支持和引导各市联合组织具有地区竞争力和社会效益的关键性科技创新项目；同时在具有重大影响或关键性领域推进港珠澳联合科技攻关，或在整个泛珠江三角洲区域设立科研专项，开展有针对性的专项技术攻关项目，有突破性地进行地区产业技术研究与创新。抓住产业共性，实现关键性技术联合攻关。在技术发展和科研水平提升的过程中，加强顶层设计和科学规划至关重要，尤其是对区域内重点产业和重大技术的攻克研究更为关键。对区域内的高端技术产业，如高新技术与新能源等产业，有步骤地进行科技协同创新，对重点领域的关键性技术开展联合研究，组织攻克一批对产业发展具有重大带动作用的核心技术，以区域发展带动周边城市的发展，以重点项目和关键技术的发展带动关键性产业协同发展。

本章小结

本章首先总结了粤港澳大湾区协同创新的发展历程，主要包括早期相对独立的发展阶段，港澳作为内地对外交流的主要科技通道，到改革开放之后，大量的港澳轻工业产品贸易以及"前店后厂"推动了技术扩散；CEPA推动了制度性的科技合作与交流以及民间科技直接交流；大湾区提升到国家发展战略之后，打造了一体化发展的创新生态系统。

粤港澳大湾区区域科技协同仍存在一些问题，主要表现在：区域创新政策协同性有待提高、协同创新机制不够完善、创新资源与创新能力分布不均衡、创新资源和要素流动受阻。为此，本章提出了促进粤港澳大湾区区域协同的对策，包括形成大湾区科技协同的双动力；促进区域创新政策协同；完善区域协同创新机制；建设粤港澳大湾区创新资源共享平台；建立科技"绿道"，加强科技创新要素的对流与合作；推进大湾区科技金融协同，促进创新与创业。

第十章 粤港澳大湾区科技中心建设的政策与对策

科技政策是政府为了提高国家科技发展、科技创新能力与创新速度，引导科技创新的方向和规模而制定的一系列政策的总称。在知识经济时代，科学技术对于经济社会发展的作用日益显著，科技政策越来越受到社会各界的关注，许多国家或地区纷纷意识到科技政策对提高国家综合实力和国际竞争力的重要作用，制定了一系列政策和措施，整合本地区的资源优势，加强与国际和区外的交流，以促进科技发展。近些年来，中国已相继出台了《关于进一步增强原始性创新能力的意见》《2004—2010年国家科技基础条件平台建设纲要》《国家中长期科学和技术发展规划纲要（2006—2020年）》和《关于实施科技规划纲要 增强自主创新能力的决定》等一系列科技发展规划，为中国科技发展指明了方向，对于促进经济和社会的发展具有重要意义。粤港澳大湾区建设全球科技中心，同样离不开相应的政策支撑体系。本章首先论述大湾区建设的政策背景与成效，再分析粤港澳大湾区科技建设的政策与对策。

第一节 粤港澳大湾区科技中心建设的政策背景和成效

改革开放后，粤港澳三地凭借地域临近和政策等优势，形成了紧密的合作关系，在市场与政府力的共同作用下，粤港澳形成了"前店后厂"的合作发展模式。进入20世纪90年代中后期，伴随广东省经济的迅速发展，粤港澳经济结构发生了转型，三地的合作关系发生了重大变化，以创新合作、服务业深度合作，形成新的创新链、价值链与产业链，粤港澳形成了一种新的联动机制与模式，需要相应政策的配套，为粤港澳大湾区的合作提供有力的保障与支持。

一、粤港澳大湾区科技中心建设的政策背景

粤港澳的科技合作伴随着粤港澳经济贸易的合作而展开。中华人民共和国成立后，内地面临着严峻的外部发展环境，港澳成为内地和国际联系的重要通

道，由于广东的地域条件，其成为内地与港澳往来的重要枢纽。改革开放后，凭借政策、制度、地域优势，广东与港澳合作扩大，资源流动与优化，形成了新的合作与发展关系。

2003年，中央政府和香港特区政府签订了《内地与香港关于建立更紧密经贸关系的安排》，其主要内容是通过逐步减少或取消双方之间实质上所有货物贸易的关税和非关税壁垒，逐步实现服务贸易自由化，减少或取消双方之间实质上所有歧视性措施，促进贸易投资便利化，加强内地与香港之间的贸易和投资合作，促进双方的共同发展。该政策的实施减少了内地与香港在经贸交流中的体制性障碍，加速了科技、资本、货物、人员等创新要素的流动，促进了内地与港澳之间的经贸合作水平，也带动了粤港澳的科技与经济合作，为三地的深化合作奠定了政策基础。

2004年，在《内地与香港关于建立更紧密经贸关系的安排》的基础上，广东省政府为了推动泛珠江三角洲区域与港澳合作，泛珠江三角洲区域9个省、自治区与港澳特别行政区共同签署了《泛珠江三角洲区域框架协议》，广东省政府也出台了《中共广东省委广东省人民政府关于加快建设科技强省的决定》《广东省、教育部、科技部产学研结合发展规划（2007—2011年）》等政策文件，从制度层面为进一步加深粤港澳科技合作提供了平台，鼓励港澳地区高校、科研机构与广东省有关单位联合建立实验室，联合申报重大科研项目，建立泛珠三角区域科技发展协作机制等。粤港澳地区在政策引导下，科技相关领域通过加大科技投入、共建科技创新平台等方式开展科技交流合作，粤港科技合作内容得到进一步完善。

2007年，广东省人民政府发布《珠江三角洲地区改革发展规划纲要（2008—2020年）》，规划了2008—2020年珠江三角洲地区的改革与发展，规划纲要以广东省的广州、深圳、珠海、佛山、江门、东莞、中山、惠州和肇庆为主体，辐射泛珠江三角洲区域，提出通过联合开展科技攻关和共建创新平台，规划建设深港创新圈，加强穗港产学研合作，建立港深、港穗、珠澳创新合作机制等方式推进重大基础设施对接，加强产业之间的合作，充分发挥彼此优势，推进与港澳更紧密合作。

2008年，为了应对全球性金融危机带来的挑战，广东省政府不断加深与香港、澳门的合作。2008年9月24日，广东省人民政府、科技部、教育部联合制定了《广东自主创新规划纲要》,主要内容包括建立粤港澳科技合作新模式,支持广东与香港联合建立一批高水平创新平台,引进国际高层次科技人才、共建国际化高科技社区和产业化基地等。该政策推动了粤港澳科技合作模式创新,提高了广东科技产业创新能力。

2010年4月,广东省政府与香港特别行政区政府签署了《粤港合作协议框架》,主要内容包括联合推动科技创新、支持广东与香港科技机构合作对接、推动粤港科技项目经费跨境流动,该政策的实施打通了粤港合作通道,推动了粤港科技创新要素的流动。

2012年,广东省审议通过了《推动率先基本实现粤港澳服务贸易自由化行动计划》,主要内容包括粤港澳共同推动金融服务贸易发展,加强科技文化服务等方面的合作。该政策为深化粤港澳服务贸易合作提出了总体方针与行动指南,有利于促进粤港澳科技金融融合发展,推动了粤港澳在科技领域的合作。2012年12月3日,广东省政府发布《广东省人民政府办公厅关于促进科技服务业发展的若干意见》,主要内容包括促进粤港澳台科技服务要素流动与共享;突出服务重点,大力推进科技服务业重点领域发展;拓展服务范围,强化科技服务业发展支撑;加快产业聚集,大力提升科技服务业协同创新能力;加强交流合作,提高科技服务业国际竞争力等,该政策的实施推动了粤港澳在科技服务领域的深度合作。

2015年3月,国家发改委、外交部、商务部在《推动共建丝绸之路经济带和21世纪海上丝绸之路的愿景与行动》中提出要"充分发挥深圳前海、广州南沙、珠海横琴、福建平潭等开放合作区的作用,深化与港澳台合作,打造粤港澳大湾区"。2015年3月11日,广东省人民政府印发《实施〈粤港合作框架协议〉2015年重点工作》,主要包括推动粤港跨界基础设施、服务业、制造业、科技创新合作发展,继续实施粤港科技合作资助计划,推动广东高新园区与香港科研机构合作,加强两地高等院校合作等内容,明确了粤港2015年科技合作的主要任务及重点。

2015年9月,国家发改委发布《关于在部分区域系统推进全面创新改革试验的总体方案》,其中广东被列入省级行政区之中,着眼于深化粤港澳创新合作。该次广东改革试验区提出的粤港澳合作,明确加入"创新"两字,表明"创新"将是这次广东改革试验区最核心的命题。

2016年3月,《中华人民共和国国民经济和社会发展第十三个五年规划纲要》正式发布,提出"支持港澳在泛珠三角区域合作中发挥重要作用,推动粤港澳大湾区和跨省区重大合作平台建设"。同月,国务院印发《关于深化泛珠三角区域合作的指导意见》,提出广州、深圳携手港澳,共同打造粤港澳大湾区,建设世界级城市群。

2017年3月5日召开的十二届全国人大五次会议上,国务院总理李克强在政府工作报告中提出:"要推动内地与港澳深化合作,研究制定粤港澳大湾区城市群发展规划,发挥港澳独特优势,提升在国家经济发展和对外开放中的地位与功能。对内承接供给侧结构改革,推动创新、加强区域合作,带动整个国家经济的发展。对外作为'一带一路'建设的重要枢纽,成为中国参与世界经济竞争的主力军和经济'名片'",粤港澳大湾区从一个区域概念正式上升为国家战略。

2017年4月7日,国家发改委制定印发了《2017年国家级新区体制机制创新工作要点》,其中,广州南沙新区的工作要点为深化粤港澳深度合作探索,推动建设粤港澳专业服务集聚区、港澳科技成果产业化平台和人才合作示范区,引领区域开放合作模式创新与发展动能转换。7月1日,《深化粤港澳合作 推进大湾区建设框架协议》在香港签署,国家主席习近平出席签署仪式。10月11日,香港特区行政长官林郑月娥在特区立法会发表上任后首份施政报告,指出国家"一带一路"倡议和"粤港澳大湾区"建设将为香港经济发展带来重大机遇,香港须用好特区的独特优势和中央对香港的支持,加强与内地合作,继续尊重经济规律、奉行市场运作和推动自由贸易。10月18日,习近平总书记在中国共产党第十九次全国代表大会上做报告,明确提出"要支持香港、澳门融入国家发展大局,以粤港澳大湾区建设、粤港澳合作、泛珠三角区域合作等为重点,全面推进内地同香港、澳门互利合作,制定完善便利香港、澳门居民在内地发展的政策措施"。

2018年11月,《中共中央 国务院关于建立更加有效的区域协调发展新机制的意见》明确指出,以香港、澳门、广州、深圳为中心引领粤港澳大湾区建设,带动珠江—西江经济带创新绿色发展。

2019年2月18日,中共中央、国务院印发了《粤港澳大湾区发展规划纲要》,这份纲领性文件对粤港澳大湾区的战略定位、发展目标、空间布局等方面作了全面规划，明确了粤港澳大湾区的城市定位，提出推进"广州—深圳—香港—澳门"科技创新走廊建设，探索有利于人才、资本、信息、技术等创新要素跨境流动和区域融通的政策举措，共建粤港澳大湾区大数据中心和国际化创新平台等要求，这一纲领性文件的出台确立了粤港澳大湾区的战略地位，有利于促进粤港澳地区利用独特的区位优势，集聚粤港澳的创新要素，推动粤港澳科技产业创新发展。

2019年7月5日，为深入贯彻落实《粤港澳大湾区发展规划纲要》（以下简称《规划纲要》），有序推进粤港澳大湾区建设，广东省委、省政府印发了《中共广东省委　广东省人民政府关于贯彻落实〈粤港澳大湾区发展规划纲要〉的实施意见》（以下简称《实施意见》），包括重大意义和总体要求、重点工作任务及保障措施等三个部分。按照"三步走"的安排，明确了广东省推进大湾区建设的目标：第一步到2020年，大湾区建设打下坚实基础，构建起协调联动、运作高效的大湾区建设工作机制，在政策衔接和资源要素便捷有序流动等方面取得重大突破；第二步到2022年，大湾区基本形成活力充沛、创新能力突出、产业结构优化、要素流动顺畅、生态环境优美的国际一流湾区和世界级城市群框架；第三步到2035年，大湾区全面建成宜居、宜业、宜游的国际一流湾区。明确了包括优化提升空间发展格局、强化大湾区辐射带动作用、建设国际科技创新中心、构建现代化基础设施体系、协同构建具有国际竞争力的现代产业体系、推进生态文明建设、建设宜居宜业宜游的优质生活圈、加快形成全面开放新格局、共建粤港澳合作发展平台等九大方面共66项的重点工作任务。作为广东省层面贯彻落实《规划纲要》的具体举措，《实施意见》主要着眼长远发展，是《规划纲要》明确重点任务的进一步细化和实化。

同时，为了深入推进《规划纲要》和《实施意见》的贯彻实施，广东省推进粤港澳大湾区建设领导小组印发了《广东省推进粤港澳大湾区建设三年行动计划（2018—2020年）》（以下简称《行动计划》）。《行动计划》主要着眼中期安排，在《规划纲要》和《实施意见》的基础上，把近中期看得比较准的、可以加快实施的重点工作进行分工部署，明确广东省近三年粤港澳大湾区建设重点任务和责任分工。基于优化提升空间发展格局、建设国家科技创新中心、构建现代化基础设施体系、协同构建具有国际竞争力的现代产业体系、推进生态文明建设、建设宜居宜业宜游的优质生活圈、加快形成全面开放新格局、共建粤港澳合作发展平台、保障措施等九大重点任务，确定100条重要具体行动举措，进一步量化了阶段性目标。

二、粤港澳科技合作的成效

改革开放40年多来，粤港澳科技经济与科技合作取得了显著的成效。截至2018年，粤港澳大湾区拥有20家世界五百强企业，全球五百强企业中超过50%在香港设立大中华区总部；拥有一批国家重点实验室以及国家工程实验室、企业技术中心等各类国家级创新平台，总数超过200家。

广东得益于先行一步的改革开放和依靠香港较早发展转口贸易、加工贸易的优势成为全国改革开放的排头兵，经济社会与科技发展取得一系列成就。2018年，广东研发经费支出达到2 600亿元，占生产总值的比重为2.65%，区域创新综合能力排名全国第一，新经济增加值占生产总值的比重为25%；国家级高新技术企业数量超过40 000家；科技企业孵化器900家（国家级110家）、众创空间785家（国家级104家），居全国第一；商标注册申请量100多万件、专利申请量67万多件、专利授权量43万多件、有效发明专利量24万多件、PCT国际专利申请量为21 300多件，均居全国首位。广东全省约60 000家港澳资企业，占外资企业总数的近60%。

粤港澳科技创新合作在政策引导下，从民间自发合作走向全面合作与共同发展，在合作领域、发展模式、制度创新等方面都取得重要进展，对于推动粤港澳地区经济社会与科技发展具有积极的促进作用。

（一）科技合作政策体系逐渐成形

改革开放以前，粤港澳基于政府间的合作较少，科技创新合作处于市场驱动作用下的自发合作阶段。改革开放后，为了深化粤港澳科技合作，中央政府及广东政府相继出台了《内地与香港关于建立更紧密经贸关系的安排》《泛珠三角区域框架协议》《珠江三角洲地区改革发展规划纲要（2008—2020年）》《粤港合作协议框架》《粤港澳大湾区发展规划纲要》等一系列政策文件，凭借政策、制度、地缘优势，广东与港澳合作扩大，粤港澳科技创新合作实现了从民间自发合作向政府、政策与市场推动的合作发展，粤港澳大湾区科技创新合作政策体系逐渐成形。粤港澳科技合作在政府政策引导下，逐步明确了合作内容和具体方式，确定了合作的发展方向和重点，减少了内地和港澳在科技合作交流中的体制性障碍，加速了科技、资本、资源、人员等创新要素的流动，推动了粤港澳科技产业的创新发展。

（二）科技合作内容模式多样化发展

粤港澳地区科技合作的初期，在内地局部开放的背景下，基于市场驱动作用，主要表现为港澳地区技术、资金、人才等创新要素随着产业转移单向地流入，合作内容较为单一。从20世纪90年代开始，为促进粤港澳科技创新合作，推动粤港澳经济发展，相关政府政策文件的出台对于引领广东科技创新能力提高和促进经济发展起到了重要作用，粤港澳科技创新资源的流动实现了单向流动向双向互动发展，合作内容和层次也从单一的科技创新要素流动向科技创新平台与载体共建、高科技产业集聚、项目联合资助等多维度、多层次合作发展。

粤港澳大湾区拥有8个国家级高新园区、1个国家级自主创新示范区、3个国家创新型城市、43个国家重点实验室、近200所国际或国内高等院校，具有较强的科技创新能力，对整个大湾区创新发展具有重大的支撑意义。粤港澳科技合作模式多样化，粤港澳联合共建创新平台和高新区、联合招标打破技术壁垒、教育科研协作，建成了粤港自动化科学与工程联合研究中心、再生医学联合重点实验室等多家科技创新平台，涉及环境、机械自动化、信息产业、中医药等诸多领域；搭建了面向"两岸四地"的创新创业服务平台，广东省建设有广州粤港澳（国际）青年创新工场、澳门青年横琴创业谷、前海深港青年梦工场、红鸟创业苗圃、粤港澳（国际）大学生实习基地等创新创业平台20多个；在公共创新服务平台建设、全球招商引资和企业孵化发展方面取得一定进展；积极推动了两地人才的交流合作，密切了科技人才协作关系。

（三）高等教育合作，进一步强化了大湾区的产学研关系

随着粤港澳地区经济社会发展，20世纪80年代开始，高等教育间的交流合作逐步展开，主要合作形式包括学术交流、相互招生、合作办学、合作科研、建立校际交流关系及签订合作协议等。香港知名高校、科研院所以及广东科研机构联合搭建创新平台，建成粤港自动化科学与工程联合研究中心、再生医学联合重点实验室等科技创新平台；香港大学、香港中文大学等多家高校在广东合作办学；10所广东高校、9所香港高校和7所澳门高校组成了"粤港澳高校联盟"，高校合作取得丰富成果，本科合作项目接近190个，并首批立项建设5家粤港澳联合实验室；广东省还引进了港澳机构建立成果转化基地。香港大学、

香港中文大学、香港科技大学、香港理工大学均在深圳和广州南沙设立了科技成果转化基地；依托澳门大学、澳门科技大学国家中医药重点实验室，建设了粤澳中医药科技产业园；粤港澳三地携手建设广东省实验室，广东省实验室建设引入了多位港澳科学家和多个团队，截至2019年2月，广东省7家在建省实验室共有23位香港科学家、2位澳门科学家和8家香港科研机构参与建设。

粤港澳大湾区高等教育资源丰富且各具优势，香港高等教育国际化程度高，科技创新资源丰富，国家化创新人才多；广东高等院校政府支持力度大，高新技术产业链相对完备，高科技企业高度聚集。粤港澳高等教育的融合发展，实现了粤港澳三地合作办学、合作科研、实验室共享、科技人才流动和产学研平台的共建，实现了大湾区资源的优势互补，密切了科技人才的协作关系，促进了人才、知识等科技创新要素的顺畅流动，实现了人力资源的互补和共享，加快了科技成果转化，进一步加强了粤港澳大湾区的产学研关系。

（四）科技合作领域多元化发展

中华人民共和国成立后，广东凭借着毗邻港澳地区的地域优势，成为内地与港澳往来的重要枢纽。粤港澳地区最初合作主要体现在商品贸易方面，随着创新驱动发展战略的深入实施和广东科技创新能力的快速发展，粤港澳经济结构发生转型，粤港澳合作模式从港澳对广东的辐射带动转为粤港澳协同发展，在创新资源共享、资金引入、科技成果转化等方面展开深入合作。广东与香港、澳门共建产业园区，涉及文化产业、医药产业、科技教育等方面，珠海与澳门建立了第一个跨境工业园——珠澳中医药产业园，深港合作建设基础设施，合作完成龙华铁路等交通设施项目。科技合作领域开始从最初的传统制造业领域向基础设施、投资贸易、金融服务、科技教育、休闲旅游、生态环保、社会服务等多领域发展，并取得显著成效，在创新产业、完善市场、创新科技方面形成了多层次、多方位的合作格局。

第二节 科技政策的优化方向

粤港澳大湾区是国家建设世界级城市群和参与全球竞争的重要空间载体，对于深化港澳地区与内地地区的交流合作、推动港澳地区参与国家发展战略、提升竞争力、促进合作共赢具有重要意义。中华人民共和国成立以来，国家和广东省人民政府制定了一系列政策以加强广东、香港、澳门三地的合作。粤港澳科技合作取得了一定的进展，但仍存在一些问题，对粤港澳科技合作发展具有阻碍作用。主要表现在以下四方面。

第一，粤港澳地区各城市都有自己的短板，如香港、澳门人力资源和土地空间不足，广州和深圳等高校资源和科研机构研究力量有待进一步加强。创新要素流通对于加强合作尤为重要，但是粤港澳大湾区人才、物流、资金流、信息流等科技创新要素跨境自由流动仍不顺畅，限制了科技人员跨区域活动的开展和创新要素最大价值的充分发挥。

第二，粤港澳大湾区科技创新产业升级虽然取得了一定的进展，但是创新能力较强的多数企业主要集中在传统制造业，在新兴产业领域没有形成规模化发展。

第三，粤港澳大湾区产学研合作取得了一定进展，初步具备了研发、转化、生产所需的产业体系，但高校和科研机构参与市场化作用较低，城市间缺乏科学分工合作，企业、高校和研发机构之间缺乏高效合作机制，造成科技成果转化不足，限制了产学研作用的充分发挥。

第四，粤港澳大湾区行政制度存在差异，城市地区间科技发展不均衡，且城市科技创新发展规划不统一，科技合作协同发展机制不完善，一定程度上阻碍了粤港澳大湾区城市科技创新的协同发展。

根据粤港澳科技合作中的瓶颈与问题，为促进粤港澳地区共同发展，提出如下科技政策的优化方向。

一、优化粤港澳科技创新交流环境

为粤港澳大湾区营造良好的科技创新交流环境，有助于促进科技创新主体的互动，吸引、集聚创新资源，提高创新创业氛围。一是形成通畅的科技创新互动环境。鼓励粤港澳大湾区城市之间、人才之间、科研之间的交流互动，将粤港澳的人才教育、科研合作、企业生产相结合，加速科技创新成果转化。支持粤港澳大湾区内科技创新资金跨界使用流动，通过拓宽融资渠道、支持金融贷款等方式开展金融创新，为香港、澳门在广东的企业、研究机构等提供政策支持，为科技创新提供多元渠道的金融环境。二是形成产学研合作创新的积极环境。强化高等院校、科研机构和创新企业的互动合作，紧密产学研合作的利益共同体,加速高等院校和科研机构具有高科技含量和市场需求的科技研究成果转化,企业投入产业化,形成系统的科技合作氛围。三是形成宽容开放的创新创业氛围,鼓励科技创新主体积极开展科技创新活动。政府可以制定"鼓励成功,宽容失败"的具体措施,通过创业补贴等方式扶持粤港澳青年人和高层次人才创新创业,激发创新热情和活力。

二、加速科技创新要素流通

香港地区在科研、金融、人才等方面资源丰富,但在产业化上存在短板;而珠江三角洲地区虽然在制造业基础和产业化能力上较强,却缺乏高质量的研究型大学以及世界级的基础性、前沿性研究平台支撑,加速科技创新要素流通对于粤港澳大湾区优势互补和科技创新合作具有重要作用。

优化粤港澳科技创新政策,需要加快推动创新要素合理流动和科技资源开放共享,实现创新主体的互动融合和创新要素的自由流动。一是在"一国两制"制度前提下,通过粤港澳三地的制度衔接,完善跨区域政府间的协商机制,打破资金、人才、信息、技术等创新资源流通的体制性障碍,实现创新主体的合作互动和创新要素的自由流动。二是在资金流通方面,可以出台相关政策,通过加大政府科技投入力度,鼓励社会资本设立科技孵化资金,推动粤港澳科技成果转化等方式加速资金要素流通。三是要通过鼓励校企联合培育科技人才,依托科技合作项目实现人才共享,建立健全灵活多样的人才引进机制,大力引进科技创新创业团队和领军人才,让精英人才融入粤港澳大湾区发展,完善生活、居住、医疗、交通等一系列相关基础设施配套,减少优秀人才流通壁垒等,实现人才要素流通。四是通过鼓励合作建设科技协作平台、合作建设基础设施、加快建设高水平科技孵化体系、加大力度培养创新企业等措施,推动信息、技术资源等要素的合理流动,提升创新驱动发展能力。通过实现粤港澳大湾区科技创新成果的交流与对接,加速科技创新要素流通,为粤港澳大湾区的发展提供新动能。

三、加强科技服务体系建设

加强科技服务体系建设,一是要根据粤港澳科技创新产业发展需求,完善科技创新平台建设,支持重大科技基础设施、重要科研机构和重大创新平台在大湾区的布局建设，提升科技创新平台的转化速度和效益，加强科技服务的各项能力；二是建立以企业为主体、市场为导向的技术创新体系，在服务的过程中探索合适的高新技术，创建适合自身发展的高新技术产业，培养一批高素质的技术核心人才，加深产学研合作，推动科技成果转化，不断深化粤港澳大湾区科技合作的方式及合作模式，将粤港澳大湾区科技产业做强做大；三是要加强科技创新团队的建设和发展，提高团队的科学管理水平，制订一套可行的科学化管理方案，完善各方面的资源配置，依托粤港澳大湾区区域知识产权合作机制，加强粤港澳大湾区在知识产权保护、专业人才培养等领域的合作。

四、建立粤港澳大湾区科技发展的区域协同机制

根据《粤港澳大湾区发展规划纲要》，加快构建粤港澳大湾区科技合作协同机制，通过统筹湾区城市发展格局、完善市场相关机制、深化湾区区域合作，加快形成有利于科技创新的区域协同机制，推动区域一体化发展。一是建立区域战略统筹机制，确立分工合理、功能互补、错位发展的城市群发展格局。以香港、澳门、广州、深圳四大中心城市为区域发展核心引擎，发挥比较优势加快自身发展；支持珠海、佛山、惠州、东莞等城市充分发挥自身优势，形成特色鲜明、功能互补、具有竞争力的重要节点城市，发展特色城镇和智慧小镇；发挥粤港澳大湾区辐射作用，引领带动周边地区城市发展，构建大中小城市和小城镇协调发展的城镇化格局。二是完善区域市场协同发展机制，加强城市间科技建设的互动合作能力，实现粤港澳大湾区科技整体协同发展。建设统一、开放、竞争、有序的市场一体化发展机制，消除区域市场壁垒，优化市场环境，促进湾区内资金、人才等科技创新要素充分、自由地流动，推进投资的便利化、贸易的自由化和人员货物往来的便利化，采用开放机制引入更多企业、社会资源共同建设，发挥湾区内科技大企业、互联网企业在科技创新中的引领作用，带动大中小企业协同创新。三是深化粤港澳大湾区区域合作，加强城市间科技建设的互动合作能力，推动湾区内产业分工、基础设施、公共服务、环境治理等协调联动，充分发挥粤港澳大湾区合作发展平台促进合作的作用，推动公共服务合作共享，引领带动粤港澳全面协同合作发展。

第三节　完善科技政策的关键环节与主要内容

在当今信息时代背景下，科技创新能力成为增强国家或地区综合实力和国际竞争力的关键要素，对于推动经济社会发展具有重要作用。粤港澳大湾区作为国家建设世界级城市群和参与全球竞争的重要空间载体，为其科技创新发展提供良好的政策环境具有重要的意义。科技政策的关键环节主要体现在以下五方面。

一、聚集科技创新资源，推进区域创新体系建设

充分利用粤港澳的科技和产业优势，吸引全球及国内外资本、人才、信息、技术等科技创新资源，出台相关政策实现科技创新资源跨境流动和区域融合，加强创新粤港澳大湾区内外合作，为粤港澳大湾区的科技合作提供发展空间，建设开放互通、布局合理的区域创新体系。一是推进"广州—深圳—香港—澳门"科技创新走廊建设，使得人流、物流、资金流的流动更加便捷，促进香港、澳门与广州、深圳等城市开展科技项目合作，共同提高科技创新成果产出水平。二是促进粤港澳大湾区科技创新合作，加快实现产业转型升级。通过加快国家自主创新示范区与国家双创示范基地、众创空间建设，支持粤港澳建立产业升级试验区，共享科技创新创业资源，推进粤港澳大湾区协同发展。三是共同建立粤港澳大湾区大数据中心和国际化创新平台，将粤港澳大湾区的政府部门、企业、科研院所等主体纳入科技创新平台，鼓励粤港澳地区的企业、高校、科研机构参与国内国际科技创新合作，共同举办科技创新活动，支持企业设立研发机构和创新孵化基地，鼓励境内外投资者在粤港澳设立创新平台和研发机构，实现科技创新主体在科技政策、科技成果、科技制度等方面的交流与对接，创新科技合作模式，密切科技合作。

二、加强产学研合作，提高科技创新能力

粤港澳大湾区内汇聚了包括香港大学在内的5所世界百强大学和中山大学等一批重点高校，拥有多个国家重点实验室，是中国科技创新资源最集中、经济活力最强劲、新兴产业发展最活跃的区域之一。深化产学研合作，把智力优

势转化为产业优势,对于提高粤港澳大湾区的科技创新能力具有重要的推动作用。一是要建立以企业为主体、市场为导向、产学研深度融合的技术创新体系,鼓励粤港澳大湾区的高等学校、企业与科研院所等主体联合承担重大科技项目,共同建立高水平的协同创新平台,实现人才、技术和管理的全面融合,为大湾区的科技创新提供强大的人才和技术支撑,有效地推进科研成果产业化。二是实施粤港澳科技创新合作发展计划和粤港联合创新资助计划,为科技和学术人才交往交流提供便利的政策环境,支持内地与港澳智库加强合作,加强内地和港澳科研人才的交流,为大湾区发展提供智力支持。鼓励内地科研人员赴港澳学习,邀请港澳高科技人才到内地交流工作,支持设立粤港澳产学研创新联盟,为大湾区的科技创新提供人才和技术支撑。三是加强科技前沿学科建设,培养科技创新人才,鼓励粤港澳大湾区内各高校联合办校,加强科技前沿学科建设,支持学生到粤港澳大湾区科技企业、科研机构、国家重点实验室学习工作,推动粤港澳大湾区人才资源的共享和互动。四是强化粤港澳大湾区知识产权的保护和运用,依托粤港、粤澳及泛珠三角区域知识产权合作机制,全面加强粤港澳大湾区在知识产权保护、专业人才培养等领域的合作,不断丰富、发展和完善有利于激励创新的知识产权保护制度,建立大湾区知识产权信息交换机制和信息共享平台。

三、加速科技成果转化,探索合作转化模式

加速科技成果转移转化,对于支撑粤港澳大湾区建设、提升粤港澳大湾区国际竞争力具有重要作用。要将粤港澳大湾区建设成为具有国际竞争力的科技成果转化基地,一是要探索有利于粤港澳大湾区的科技成果转化的机制和模式,支持粤港澳地区在科技金融、成果转化、科技服务业等领域展开深度合作,共同建立国家级科技成果孵化基地和粤港澳青年创业就业基地等成果转化平台。二是建设国家科技成果转移转化示范区,按照先行先试原则,由中心城市带动粤港澳大湾区中小城市科技的发展。面对港澳地区,建立一批科技企业孵化器,支持港澳科技成果转移转化,为港澳高校和科研机构的先进技术成果在内地的转移转化提供便利条件。三是建设产业技术创新平台,完善粤港澳科技创新中心建设,为科技创新产业打造高水平的科技创新载体和平台,支撑科技创新产业发展。

四、推进科技合作体制创新，完善科技服务保障工作

在"一国两制"的制度背景下，政治、经济制度等方面的不同导致粤港澳科技合作存在制度性障碍，限制了粤港澳大湾区科技的深入合作与发展。因此，加强粤港澳大湾区建设应该推进粤港澳大湾区合作体制的创新。一是研究并实施便于粤港澳大湾区科技人才工作、居住、出入境等方面的措施，在现有制度环境下，三方政府共同协商制定有利于为粤港澳大湾区科技合作提供便利的政策，促使粤港澳大湾区科技合作落到实处。二是支持粤港澳科技合作，香港、澳门在广东设立的科技研发机构、科技企业可与内地享受同等待遇，享受国家和广东省各项支持创新的政策，鼓励和支持他们参与广东的科技计划。三是允许港澳符合条件的高校、科研机构申请内地科技项目，并按规定在内地及港澳使用相关资金。支持粤港澳设立联合创新专项资金，就重大科研项目开展合作，允许相关资金在大湾区内跨境使用，减少科技资金流动的障碍。

五、营造科技创新环境，促进科技创新产业发展

为粤港澳大湾区营造良好的科技创新环境有利于促进粤港澳大湾区科技创新发展。一是为科技创新营造良好的金融环境。充分发挥香港、澳门、深圳、广州等资本市场和金融服务功能，合作构建多元化、国际化、跨区域的科技创新投融资体系。通过大力拓展直接融资渠道，建设科技创新金融支持平台，支持香港私募基金参与大湾区创新型科技企业融资，允许符合条件的创新型科技企业进入香港上市集资平台，将香港发展成为大湾区高新技术产业融资中心。二是要为科技创新营造良好的交通环境，在现有交通网络的基础上，对粤港澳大湾区的交通网络进行更新完善，为粤港澳大湾区内部区域之间的交流合作、科技创新要素的流动创造良好的交通环境。三是为科技人员提供便利的生活环境，拓展港澳居民的就业创业空间，积极探索有利于人才发展的政策和机制，构建休闲健康湾区，提升社会服务水平，为科技人才生活娱乐提供更加便利的条件。四是为科技创新营造良好的服务环境，充分发挥粤港澳大湾区政府部门的作用，统筹安排组织粤港澳大湾区的科技创新往来，协调保障区域产业的融合发展。五是为科技创新营造良好的发展环境，充分发挥粤港澳大湾区各市政府部门的作用，统筹安排组织粤港澳大湾区的科技创新往来，协调保障区域产

业的融合发展，邀请多主体参与粤港澳大湾区建设。建立行政咨询体系，邀请粤港澳专业人士为大湾区发展提供意见建议；支持粤港澳三地按照市场化原则，探索成立联合投资开发机构和发展基金，共同参与大湾区建设；支持粤港澳工商企业界、劳工界、专业服务界、学术界等建立联系机制，加强交流与合作；扩大大湾区建设中的公众参与，畅通公众意见反馈渠道，支持各类市场主体共同参与大湾区建设发展。

第四节 粤港澳大湾区科技中心建设在空间上的重大举措

2019年2月18日，中共中央、国务院印发了《粤港澳大湾区发展规划纲要》，《规划纲要》的出台为加快大湾区的科技建设提供了切实可行的顶层设计。大湾区的科技中心建设需要落实到空间上，因此在空间上需要一系列的举措进行支撑。

一、建设完善的粤港澳大湾区创新生态系统

粤港澳大湾区要以科技创新企业为主体，以政府、科研机构、高等院校、金融等系统要素为载体，整合科技创新技术、人才、资本、信息等要素，汇聚湾区内科技创新因子，实现从技术研发到运用整个创新链条中系统各主体的协同"发力"，实现资源配置的最优化，实现湾区内各城市产业的优势互补和协同发展，构建高质量一体化的湾区创新生态系统。

建设完善的粤港澳大湾区创新生态系统，需从以下五方面着手。①要完善科技创新的政策体系，借鉴其他湾区成功的科技创新经验，充分发挥政策引领作用，完善政府引导基金、金融和产业等相关科技创新的政策体系，激发市场创新创业的动力与活力。②强化创新要素市场对于创新资源自主聚合的促进作用，通过湾区科技创新合作网络实现湾区内知识、技术、资本、人才等创新要素的自由流动和优化配置，通过推进湾区内各地要素市场建设规划对接，健全创新要素市场管理的各项法规和制度，增强创新生态系统的活力。③建设高度融合的系统协同创新链条，围绕产业链发展科技创新，建立健全产学研合作机制，加快科技创新成果转化。④营造鼓励创新、大众创新的社会文化氛围，支持自主创新，激发企业和个人的创新热情和创新意识。⑤推进大湾区重大科技

基础设施、交叉研究平台和科技创新产业基地、科技产业园、科技产业发展平台以及国家重点实验室伙伴实验室建设。建设完善的粤港澳大湾区创新系统，在政府支持、市场促进、资源配置、环境营造、基础设施条件等各个环节共同发力，实现湾区创新生态系统的高速度高质量发展。

二、建设分工明确、相互协调的创新空间分工体系

由于粤港澳大湾区各城市所基于的自然条件、经济水平、政策导向不同，因而城市发展定位不同，粤港澳大湾区的发展应依托粤港澳良好合作基础，明确各城市在创新生态系统中的分工和定位，建设优势互补、协同发展、互利共赢、共同繁荣的创新空间体系。

以香港、澳门、广州、深圳四大中心城市作为区域发展的核心引擎，充分发挥中心城市引领发展的作用。①充分发挥香港丰富的科技创新资源优势和金融服务功能，支持香港私募基金参与粤港澳大湾区创新型科技企业融资，允许符合条件的创新型科技企业进入香港上市集资平台，将香港发展成为大湾区高新技术产业融资中心，支持建设世界级服务业中心，吸引内地科研机构企业入驻，巩固提升香港国际金融、航运、贸易中心和国际航空枢纽的地位，推动粤港澳金融、商贸、物流、专业服务等向高端高增值方向发展。②促进澳门经济适度多元发展，建设世界旅游休闲中心、中国与葡语国家商贸合作服务平台，打造以中华文化为主流、多元文化共存的交流合作基地，深化珠澳合作，协同推进特色金融、休闲旅游、生物医药、文化创业产业发展，推动珠海横琴新区开发建设。③充分发挥广州国家中心城市引领作用，全面增强国际商贸中心、综合交通枢纽和科技教育文化中心功能，聚集国内外高端资源，建设创新型城市和国家科技产业创新中心，培育发展新一代信息技术、生物医药、人工智能、新能源等新支柱产业，培育国际化创新企业集群，发挥广州在重大创新载体建设方面的积极作用。④深圳主要是发挥作为经济特区、全国性经济中心城市和国家创新型城市的引领作用，打造深港科技创新合作区、光明科学城、西丽湖国际科教城等创新平台，增强创新辐射带动作用，支持深圳引进世界高端创意设计资源，大力发展时尚文化产业，努力建成具有世界影响力的创新创意之都。⑤发挥佛山、惠州、东莞、中山、江门、肇庆六个城市的产业优势，共同培育分工合作的区域创新体系。

三、建设好深港创新圈

"深港创新圈"凭借着香港和深圳陆海相连的先天优势，在深港两地政府与民间力量共同促成和市场驱动作用下，以科技创新为核心，通过优势互补、创新资源的集聚整合，引领支撑深港地区产业集聚发展。建设好深港创新圈，共同打造具有国际影响力的创新中心，有助于粤港澳大湾区的科技建设，提升区域竞争合力，促进湾区经济发展。

以现代服务业、科技创新合作为重点，优化提升前海深港现代服务业合作区功能，完善前海发展模式，推进深港科技创新合作区建设，共建粤港澳大湾区创新发展重要引擎。加强在制度层面上的合作，探索实施"境内关外"的科技创新管理制度和国际科技合作机制，深入开展科技创新要素自由流动等体制改革，建立有利于科技产业创新的国际化营商环境；推动深港科技融合发展，合理融合配置创新资源，加快深港教育融通，完善深港学校、学术交流中心等项目建设，构建共建共享的开放型科研体系；推进深港现代服务业合作发展，在CEPA框架下争取国家支持，放宽港澳投资者在深圳设立银行、证券、保险等机构的准入门槛、业务开展等方面的限制。通过推动基础设施互联、科技资源共享、协同创新提升、新兴产业培育、国际创新拓展以及创新服务优化，构建开放的创新体系，推动深港创新圈建设，推动粤港澳大湾区科技创新发展。

四、构建具有国际竞争力的创新产业集群

粤港澳大湾区建设需要完善产业建设，加快先进制造业和现代服务业发展，培育壮大战略性新兴产业，构建以创新为战略支撑、具有国际竞争力的现代产业体系。

加快先进制造业发展速度，优化制造业空间布局，提升大湾区产业对接的质量，提高大湾区的协作发展水平。打造电子信息、汽车、智能家电、绿色石化五个世界级先进制造业产业集群，建设具有国际核心竞争力的先进制造业基地。在珠江东岸打造以深圳、东莞为核心的具有全球影响力和竞争力的最高端的先进制造业产业集群，提升珠江东岸电子信息产业集群的国际竞争力；支持珠江西岸集聚攻坚先进装备制造产业，建设一批珠江西岸先进装备制造产业带，提高国家新型工业化产业示范基地发展水平。以珠海、佛山为重点，协同深圳、

中山、江门、肇庆等市参与，建设智能家电产业集群。支持广州、深圳、珠海、佛山、惠州、东莞发挥各自细分领域优势，协同推进机器人产业集群建设。以广州、惠州等市为重点，强化石油化工产业空间集聚，延伸和完善石化深加工、精细化工产业链，培育壮大绿色石化产业集群。

推动现代服务业的发展，构建现代服务业体系。聚焦服务业重点领域和发展短板，建立国际金融枢纽，形成错位发展、优势互补、协作配套的现代服务业体系。发展具有国际化特色的金融产业，有序推进金融市场互联互通，构建高效联动的金融网络。发挥香港在金融领域的引领作用，巩固和提升香港国际金融中心的地位，打造服务"一带一路"建设的投融资平台；支持广州完善现代金融服务体系，建设绿色金融改革创新试验区；支持深圳依规发展以深圳证券交易所为核心的资本市场，建设保险创新发展试验区，推进深港金融市场互联互通和深澳特色金融合作，开展科技金融试点，加强金融科技载体建设，加快推进金融开放创新；支持澳门打造中国—葡语国家金融服务平台，建立出口信用保险制度，建设成为葡语国家人民币清算中心，发挥中葡基金总部落户澳门的优势，承接中国与葡语国家的金融合作服务。

培育壮大战略性新兴产业，依托粤港澳地区的高新技术产业基础和科研资源优势，发挥国家级新区、国家自主示范区、国家高新区等高端要素集聚平台作用，推动新一代信息技术、高端装备制造、绿色低碳、生物医药、数字经济、新材料、海洋经济等战略性新兴产业发展壮大，围绕信息消费、新型健康技术、海洋工程装备、电子专用设备、高技术服务业、高性能集成电路等重点领域及其关键环节，实施一批战略性新兴产业重大工程，推动新一代战略性产业集群发展，增强经济发展新动能。

五、加强粤港澳大湾区与"一带一路"战略的对接

粤港澳大湾区具有对接"一带一路"战略的制度、地缘、语言等方面的明显优势，充分发挥粤港澳大湾区各方面优势，加强粤港澳大湾区与"一带一路"战略对接，有利于促进中国与沿线各国的共同发展，实现共同繁荣。

"一带一路"沿线国家处于不同的发展阶段，"一国两制"的制度多元化优势和发展阶段跨度大的双重优势有利于实现"一带一路"国家发展理念的共融。全面加强与沿线城市的交流合作，促进政策沟通，以香港、澳门为节点联

通葡萄牙、英国等沿线欧洲国家，以广东、深圳等内陆地区城市联通东南亚、南亚等沿线国家，结合多元化制度优势推进政治互信，推进政策交流。

粤港澳大湾区聚集了大量"一带一路"国家来华工作、留学人员，加上香港大学、中山大学等高校雄厚的语言教学资源，人才和语言储备优势明显。粤港澳地区要依托已有的人才和语言优势，建设常态化交流合作机制，全面加强与沿线城市的交流合作。加强与沿线国家高校合作，发挥粤港澳大湾区跨区域人才培养优势，加强专业人才的培养和交流，以人才为"藤蔓"助力沿线各国发展。

粤港澳大湾区是距离东南亚等21世纪海上丝绸之路沿线区域最近的中国发达地区，地缘优势有利于区域合作，对接"一带一路"发展战略。提升湾区经济综合实力，支持与沿线国家互设科研机构，构建开放共享的创新网络，推动创新成果产业化，鼓励在沿线国家设立产业园区，深化与沿线国家在基础设施方面的互通互联，将粤港澳大湾区打造成"一带一路"的经济贸易合作平台和重要枢纽。

本章小结

本章首先介绍了粤港澳大湾区科技合作政策背景，对科技政策的成效进行了分析，指出粤港澳大湾区科技合作政策体系逐渐成形；科技合作模式多样化；高等教育合作进一步强化了湾区的产学研关系；科技合作领域多元化发展。

针对粤港澳科技合作中的瓶颈与问题，为促进粤港澳地区共同发展，提出如下科技政策的优化方向：①优化粤港澳科技创新交流环境；②加速科技创新要素流通；③加强科技服务体系建设；④建立粤港澳大湾区科技发展的区域协同机制。科技政策的关键环节主要体现在：①在科技资源供给上，集聚科技创新资源、推进区域创新体系建设。②在科技成果产出上，加强产学研合作，提高科技创新成果转化能力。③在科技创新环境上，完善粤港澳科技合作体制建设，营造科技创新环境。

针对大湾区科技中心建设，在空间上政策的着力点应放在以下五方面：①建设完善的粤港澳大湾区创新生态系统；②建设分工明确、相互协调的创新空间分工体系；③建设好深港创新圈；④构建具有国际竞争力的创新产业集群；⑤加强粤港澳大湾区与"一带一路"战略的对接。

参考文献

[1] 许庆瑞,王伟强. 技术创新、环境与发展[J]. 科学管理研究,1993(10):64-66.

[2] 张自巧. 第一次科技革命社会经济根源管窥[J]. 产业与科技论坛,2007(4):115-116.

[3] 贾根良. 第三次工业革命与工业智能化[J]. 中国社会科学,2016(6):87-106.

[4] 李丹. 韩国科技创新体制机制的发展与启示[J]. 世界科技发展与研究,2018(4):399-413.

[5] 郭滕达. 韩国第四期科学技术基本计划及其政策启示[J]. 世界科技发展与研究,2018(4):414-421.

[6] 张晋. 日本科技创新模式的发展及借鉴[J]. 中国高校科技,2018(7):38-40.

[7] 杜德斌. 建设全球科技创新中心,上海与长三角联动发展[J]. 张江科技评论,2019(1):16-19.

[8] 王萌迪. 粤港澳大湾区与旧金山湾区科技创新能力国际比较研究[D]. 兰州:兰州财经大学,2019.

[9] 朱烨丹. 东京湾区发展对杭州湾区建设的启示[J]. 东北亚经济研究,2018(6):67-77.

[10] 吴唯佳,唐燕,向俊波,等. 特大型城市发展和功能演进规律研究:伦敦、东京、纽约的国际案例比较[J]. 上海城市规划,2014(6):25-36.

[11] 陈可石,杨瑞,钱云,等. 国内外比较视角下的我国城市中长期发展战略规划探索:以深圳2030、香港2030、纽约2030、悉尼2030为例[J]. 城市发展研究,2013,20(11):32-40.

[12] 邬江兴. 完善创新生态链 培育创新型科技人才[J]. 科学咨询,2007(3):26-27.

[13] 辜胜阻,曹冬梅,杨嵋. 构建粤港澳大湾区创新生态系统的战略思考[J]. 中国软科学,2018(4):1-9.

[14] 中创产业研究院. 2019年粤港澳大湾区创新发展能力研究[J]. 科技与金融,2019(7):66-75.

[15] 李楠,王周谊,杨阳. 创新驱动发展战略背景下全球四大湾区发展模式的比较研究[J]. 智库理论与实践,2019,4(3):80-93.

[16] 程雁,李平. 创新基础设施对中国区域技术创新能力影响的实证分析[J]. 经济问题探索,2007(9):51-54.

[17] 李天柱,吕健露,侯锡林,等. 互联网大数据创新的基础设施及其建设思路[J]. 技术经济,2015,34(7):33-40,50.

[18] 郑江锋. 从公共物品角度对科技基础设施的相关界定分析[J]. 科技进步与对策,2004(10):9-11.

[19] 彭洁,涂勇. 基于系统论的科技基础设施概念模型研究［J］. 科学学与科学技术管理,2008（9）：10-13,23.

[20] 奥古斯托·洛佩兹-克拉罗斯,迈克尔·E. 波特,克劳斯·施瓦布. 全球竞争力报告2005—2006［M］. 杨世伟,锁箭,毛剑梅,译. 北京：经济管理出版社,2006.

[21] 王稼琼,绳丽惠,陈鹏飞. 区域创新体系的功能与特征分析［J］. 中国软科学,1999（2）：54-56,64.

[22] 刘薇. 北京知识创新基础能力建设思路研究［J］. 中国市场,2014（24）：29-31,39.

[23] 蔡晓慧,茹玉骢. 地方政府基础设施投资会抑制企业技术创新吗：基于中国制造业企业数据的经验研究［J］. 管理世界,2016（11）：32-52.

[24] 邱成利. 创新环境及其对新产业成长的作用机制［J］. 数量经济技术经济研究,2002（4）：5-7.

[25] 郑茜. 广东区域科技创新环境建设研究［D］. 广州：广东省社会科学院,2015.

[26] 刘红光,刘科伟,张继飞. 国外推进自主创新的政策模式及其对中国建设创新型城市的启示［J］. 科学学与科学技术管理,2006（11）：16-21.

[27] 李佳洺,张文忠,马仁锋,等. 城市创新空间潜力分析框架及应用：以杭州为例［J］. 经济地理,2016,36（12）：224-232.

[28] 常红锦,杨有振. 地理临近性与企业创新绩效［J］. 中国科技论,2015（6）：106-111.

[29] 韩先锋,惠宁,宋文飞. 信息化能提高中国工业部门技术创新效率吗［J］. 中国工业经济,2014（12）：70-82.

[30] 黄鲁成. 关于区域创新系统研究内容的探讨［J］. 科研管理,2000（3）：43-49.

[31] 柳御林. 中国区域创新能力报告2016［M］. 北京：科学出版社,2017.

[32] 张永凯,杜德斌. 上海城市科技创新能力的指标体系及分析评价［J］. 科技与经济,2010,23（5）：21-24.

[33] 柳卸林,高太山. 中国区域创新能力报告2014［M］. 北京：知识产权出版社,2015.

[34] 曹勇,曹轩祯,罗楚珺,等. 我国四大直辖市创新能力及其影响因素的比较研究［J］. 中国软科学,2013（6）：162-170.

[35] 谢守红,甘晨,于海影. 长三角城市群创新能力评价及其空间差异分析［J］. 城市问题,2017（8）：94-97,105.

[36] 顾朝林. 城市群研究进展与展望［J］. 地理研究,2011,30（5）：771-784.

[37] 方创琳,姚士谋,刘盛和,等. 2010中国城市群发展报告［M］. 北京：科学出版社,2011.

[38] 杜娟,霍佳震. 基于数据包络分析的中国城市创新能力评价［J］. 中国管理科学,2014,22（6）：85-93.

[39] 张铁山,肖皓文. 中国制造业技术创新能力和效率评价研究：基于因子分析法和数据包络

法 [J]. 工业技术经济, 2015, 34 (10): 99 - 106.

[40] 刘明广. 国内外城市创新能力评价研究综述 [J]. 当代经济, 2015 (32): 6 - 9.

[41] 侯润秀, 官建成. 外商直接投资对我国区域创新能力的影响 [J]. 中国软科学, 2006 (5): 104 - 111.

[42] 王家庭, 贾晨蕊. 中国区域创新能力及影响因素的空间计量分析 [J]. 中国科技论坛, 2009 (12): 73 - 78.

[43] 宋大勇. 国际直接投资对区域创新能力的提升效应研究: 微观机制与实证分析 [J]. 软科学, 2009 (6): 62 - 65.

[44] 范承泽, 胡一帆, 郑红亮. FDI 对国内企业技术创新影响的理论与实证研究 [J]. 经济研究, 2008 (1): 89 - 102.

[45] 王缉慈. 知识创新和区域创新环境 [J]. 经济地理, 1999 (1): 12 - 16.

[46] 王缉慈, 王可. 区域创新环境和企业根植性: 兼论我国高新技术企业开发区的发展 [J]. 地理研究, 1999 (4): 357 - 362.

[47] 周会祥. 充分发挥深圳在粤港澳大湾区城市群中的作用 [J]. 特区实践与理论, 2018 (1): 52 - 55.

[48] 许长青. 广州建设国际创新枢纽的发展战略与路径选择思考: 基于粤港澳大湾区高水平大学科技合作的视角 [J]. 广东经济, 2018 (1): 80 - 84.

[49] 吴兆春. 借势粤港澳大湾区加速广州创新驱动发展研究 [J]. 特区经济, 2017 (9): 14 - 17.

[50] 林贡钦, 徐广林. 国外著名湾区发展经验及对我国的启示 [J]. 深圳大学学报 (人文社会科学版), 2017, 34 (5): 25 - 31.

[51] 刘艳霞. 国内外湾区经济发展研究与启示 [J]. 城市观察, 2014 (3): 155 - 163.

[52] 赵胜奇. 粤港澳大湾区创新系统协同效应的研究 [D]. 广州: 暨南大学, 2018.

[53] 黄琦, 万磊. 粤港澳大湾区城市群建设中的产业创新与融合研究: 以华为入莞为例 [J]. 科技管理研究, 2018, 38 (10): 107 - 114.

[54] 李志坚, 叶茂桂. 粤港澳大湾区推进协同创新发展的问题与对策 [J]. 科技中国, 2019 (10): 30 - 34.

[55] 向晓梅, 杨娟. 粤港澳大湾区产业协同发展的机制和模式 [J]. 华南师范大学学报 (社会科学版), 2018 (2): 17 - 20.

[56] 郭文伟, 王文启. 粤港澳大湾区金融集聚对科技创新的空间溢出效应及行业异质性 [J]. 广东财经大学学报, 2018, 33 (2): 12 - 21.

[57] 钟韵, 胡晓华. 粤港澳大湾区的构建与制度创新: 理论基础与实施机制 [J]. 经济学家, 2017 (12): 50 - 57.

[58] 王立平. 我国高校 R&D 知识溢出的实证研究: 以高技术产业为例 [J]. 中国软科学, 2005

(12)：54-59.

[59] 吴延兵. R&D 与生产率：基于中国制造业的实证研究［J］. 经济研究，2006（11）：60-71.

[60] 严成樑，周铭山，龚六堂. 知识生产、创新与研发投资回报［J］. 经济学（季刊），2010，9（3）：1051-1070.

[61] 芮雪琴，李环耐，牛冲槐，等. 科技人才聚集与区域创新能力互动关系实证研究：基于2001—2010 年省际面板数据［J］. 科技进步与对策，2014，（31）6：23-28.

[62] 刘佳骏. 发挥香港优势，推进粤港澳大湾区建设［J］. 中国发展观察，2019（9）：20-23，32.

[63] 陈侨予，郑天祥. 粤港澳大湾区建设背景下澳门发展的瓶颈与出路［J］. 特区经济，2019（9）：33-38.

[64] 庞前聪. 大湾区城市群空间协同策略研究：基于珠海与粤港澳大湾区互动的视角［J］. 城市发展研究，2019，26（7）：50-58.

[65] 王小春. 肇庆融入粤港澳大湾区的路径研究：基于知识溢出角度的分析［J］. 中国经贸导刊（中），2019（10）：43-46.

[66] 马忠新. 我国湾区经济对外开放度的比较研究［D］. 深圳：深圳大学，2017.

[67] 张胜磊. 粤港澳大湾区发展路径和建设战略探讨：基于世界三大湾区的对比分析［J］. 中国发展，2018，18（3）：53-59.

[68] 李蓬实. 粤港澳大湾区背景下深圳创新能力研究［J］. 城市观察，2019（4）：41-50.

[69] 陈非，蒲惠荧，陈阁芝. 粤港澳大湾区科技金融创新协同发展路径分析［J］. 城市观察，2019（4）：51-56，65.

[70] 王盟迪. 粤港澳大湾区科技创新能力空间结构演变与影响因素探究［J］. 科技管理研究，2019，39（18）：1-10.

[71] 高爽，王少剑，王泽宾. 粤港澳大湾区知识网络空间结构演化特征与影响机制［J］. 热带地理，2019，39（5）：678-688.

[72] 林先扬，谈华丽. 粤港澳大湾区聚合全球创新资源建设国家创新体系模式探析［J］. 岭南学刊，2019（5）：49-55.

[73] 蔡莉丽，马学广，陈伟劲，等. 基于客运交通流的珠三角城市区域功能多中心特征研究［J］. 经济地理，2013，33（11）：52-57.

[74] 胡罡，罗剑平. 粤港高校科技合作的主要障碍及对策：香港高校深圳研究院的视角［J］. 中国高校科技，2016（8）：37-39.

[75] 李立勋. 关于"粤港澳大湾区"的若干思考［J］. 热带地理，2017，37（6）：757-761.

[76] 林初昇. "粤港澳大湾区"城市群发展规划之可为与不可为［J］. 热带地理，2017，37（6）：755-756.

[77] 马海涛. 基于人才流动的城市网络关系构建 [J]. 地理研究, 2017, 36 (1): 161-170.

[78] 姚士谋, 朱英明, 陈振光. 中国城市群 [M]. 合肥: 中国科学技术大学出版社, 2001.

[79] 周春山, 罗利佳, 史晨怡, 等. 粤港澳大湾区经济发展时空演变特征及其影响因素 [J]. 热带地理, 2017, 37 (6): 802-813.

[80] 杜德斌. 全球科技创新中心: 世界趋势与中国的实践 [J]. 科学, 2018, 70 (6): 4, 19-22.

[81] 刘涛, 仝德, 李贵才. 基于城市功能网络视角的城市联系研究: 以珠江三角洲为例 [J]. 地理科学, 2015, 35 (3): 306-313.

[82] 刘云刚, 侯璐璐, 许志桦. 粤港澳大湾区跨境区域协调: 现状、问题与展望 [J]. 城市观察, 2018 (1): 7-25.

[83] 吕拉昌, 孙飞翔, 黄茹. 基于创新的城市化: 中国270个地级及以上城市数据的实证分析 [J]. 地理学报, 2018, 73 (10): 86-98.

[84] 吕拉昌, 黄茹, 韩丽, 等. 新经济背景下的城市地理学研究的新趋势 [J]. 经济地理, 2010 (8): 1288-1293.

[85] 吕拉昌, 黄茹. 广东区域发展重大问题研究 [M]. 广州: 华南理工大学出版社, 2015.

[86] 吕拉昌, 李勇. 基于城市创新职能的中国创新城市空间体系 [J]. 地理学报, 2010, 65 (2): 177-190.

[87] 马化腾. 粤港澳大湾区 [M]. 北京: 中信出版社, 2018.

[88] 苗长虹, 魏也华, 吕拉昌. 新经济地理学 [M]. 北京: 科学出版社, 2011.

[89] 魏也华, 吕拉昌, 冯雨锋. 国际城市区域中二级城市的功能: 以波士顿为例 [J]. 世界地理研究, 2005, 14 (2): 32-37.

[90] 魏宗财, 陈婷婷, 李郇, 等. 多层级治理视角下跨界地区合作模式探究: 以广佛为例 [J]. 地理科学, 2016, 36 (9): 1418-1425.

[91] 叶育成. 全球城市区域视角下的次区域协调规划探索: 以珠三角之次区域为例 [J]. 中国名城, 2012 (7): 9-16.

[92] 广东省社会科学院. 粤港澳大湾区建设报告 [M]. 北京: 社会科学文献出版社, 2018.

[93] 陈广汉, 谭颖. 构建粤港澳大湾区产业科技协调创新体系研究 [J]. 亚太经济, 2018 (6): 127-134, 149.

[94] 黄群慧, 王健. 粤港澳大湾区: 对接"一带一路"的全球科技创新中心 [J]. 经济体制改革, 2019 (1): 53-60.

[95] 钟韵. 粤港合作新阶段香港服务业发展前景分析 [J]. 广东社会科学, 2008 (2): 107-112.

[96] 李晓莉, 申明浩. 新一轮对外开放背景下粤港澳大湾区发展战略和建设路径探讨 [J]. 国际经贸探索, 2017, 33 (9): 4-13.

[97] 刘伟. 中国高新技术产业研发创新效率测算:基于三阶段 DEA 模型[J]. 数理统计与管理, 2015, 34 (2): 17-28.

[98] 段艳红, 何悦, 胡品平. 基于广深港科技创新走廊的区域创新协同发展新探索[J]. 广东科技, 2018 (8): 70-72.

[99] 国世平. 粤港澳大湾区规划和全球定位[M]. 广州: 广东人民出版社, 2018.

[100] 王兴平. 创新型都市圈的基本特征与发展机制初探[J]. 南京社会科学, 2014 (4): 9-17.

[101] 王子丹, 袁永. 国际科技创新走廊研究及对广东发展的启示[J]. 科技管理研究, 2018, 38 (12): 35-40.

[102] 熊鸿儒. 全球科技创新中心的形成与发展[J]. 学习与探索, 2015 (9): 112-116.

[103] 尹稚. 科技创新功能空间规划规律研究[M]. 北京: 清华大学出版社, 2018.

[104] 周春山, 邓鸿鹄, 史晨怡. 粤港澳大湾区协同发展特征及机制[J]. 规划师, 2018 (4): 5-12.

[105] 张舰, 程楠. 港深共建创新及科技园: 粤港澳大湾区协同发展的排头兵[J]. 中国工业和信息化, 2019 (5): 74-75.

[106] 覃艳华, 曹细玉. 粤港澳大湾区城市群科技协同创新研究[J]. 华中师范大学学报(自然科学版), 2019 (2): 255-262.

[107] 韩永辉, 张帆. 粤港澳大湾区的区域协同发展研究:基于供给侧结构性改革视角的分析[J]. 治理现代化研究, 2018 (6): 51-56.

[108] 申勇, 马忠新. 构筑湾区经济引领的对外开放新格局:基于粤港澳大湾区开放度的实证分析[J]. 上海行政学院学报, 2017 (1): 83-91.

[109] 毛艳华, 荣健欣. 粤港澳大湾区的战略定位与协同发展[J]. 华南师范大学学报(社会科学版), 2018 (4): 104-109.

[110] 高山. 以科技创新引领粤港澳大湾区发展[J]. 新经济, 2017 (10): 24-28.

[111] 谭慧芳, 谢来风. 粤港澳大湾区: 国际科创中心的建设[J]. 开放导报, 2019 (2): 61-66.

[112] 郭楚, 丘杉, 刘毅, 等. 探索创新驱动新路 提升粤港澳科技创新能力[J]. 广东经济, 2013 (5): 16-19.

[113] 蓝锐彬. 粤港澳区域科技一体化发展战略研究[D]. 广州: 广东工业大学, 2005.

[114] 程华, 等. 中国技术创新政策演变、测量和绩效实证研究:基于政策工具的研究[M]. 北京: 经济科学出版社, 2014.

[115] 拓晓瑞, 商惠敏, 陈相. 粤港科技合作的发展历程和成效研究[J]. 科技管理研究, 2016 (12): 77-82.

[116] 林先扬. 粤港澳大湾区科技创新发展特征、瓶颈与策略探讨[J]. 岭南学刊, 2018 (4):

27-32.

[117] 黎江韵. "一带一路"建设背景下,粤港澳大湾区的发展与挑战 [J]. 特区经济, 2018 (10): 41-46.

[118] 蒋玉涛,杨勇,李朝庭,等. "深港创新圈"发展及其推动珠三角产业转型升级研究 [J]. 科技管理研究, 2013 (12): 80-84.

[119] 郭鸿海. 粤港澳服务业合作发展的现状和对策思考 [J]. 中央财经大学学报, 2009 (2): 71-75.

[120] 艾德洲. 服务"一带一路"政策沟通的粤港澳湾区联动发展研究 [J]. 当代经济管理, 2016 (11): 6-8.

[121] AGRAWAL A, COCKBURN I, MCHALE J. Gone but not forgotten: knowledge flows, labor mobility, and enduring social relationships [J]. Journal of economic geography, 2006, 6 (5): 571-591.

[122] ALMEIDA P, KOGUT B. Localization of knowledge and the mobility of engineers in regional networks [J]. Management science, 1999, 45 (7): 905-917.

[123] AMIDON D M. Innovation strategy for the knowledge economy: the Ken Awakening [M]. London: Routledge, 1997.

[124] ANDERSSON D E, GUNESSEE S, MATTHIESSEN C W, et al. The geography of Chinese Science [J]. Environment & planning A, 2014, 46 (12): 2950-2971.

[125] ANTTIROIKO A V, LAINE M, LÖNNQVIST H. Metropolitan strategies for global innovation networking: the case of Helsinki [J]. International journal of innovation and regional development, 2016, 7 (1): 20-35.

[126] BATHELT H, LI P F. Global cluster networks—foreign direct investment flows from Canada to China [J]. Journal of economic geography, 2013, 14 (1): 45-71.

[127] BATHELT H, MALMBERG A, MASKELL P. Clusters and knowledge: local buzz, global pipelines and the process of knowledge creation [J]. Progress in human geography, 2004, 28 (1): 31-56.

[128] BIKTIMIROV M R, SYUNTYURENKO O V. Information systems as an institutional component of the innovation infrastructure [J]. Scientific and technical information processing, 2016, 43 (3): 154-161.

[129] BOSCHMA R. Relatedness as driver of regional diversification: A research agenda [J]. Regional studies, 2017, 51 (3): 351-364.

[130] CASTELLS M, HALL P G. Technopoles of the world: the making of twenty-first-century industrial complexes [J]. Geografiska annaler, 2009, 78 (1): 242-245.

[131] CHAMINADE C, PLECHERO M. Do regions make a difference? Regional innovation systems and

global innovation networks in the ICT industry [J]. European planning studies, 2015, 23 (2): 215-237.

[132] COOKE P, SCHIENSTOCK G. Structural competitiveness and learning regions [J]. Enterprise & innovation management studies, 2000, 1 (3): 265-280.

[133] COOKE P. Regional innovation systems: Competitive regulation in the new Europe [J]. Geoforum, 1992, 23 (3): 365-382.

[134] DAVOUDI S. Polycentricity in European spatial planning from an analytical tool to a normative agenda [J]. European planning studies, 2003, 11 (8): 979-999.

[135] DIEZ J R, BERGER M. The role of multinational corporations in metropolitan innovation systems: Empirical evidence from Europe and Southeast Asia [J]. Environment and planning A, 2005, 37 (10): 1813-1835.

[136] DIEZ J R. Metropolitan innovation systems: A comparison between Barcelona, Stockholm, and Vienna [J]. International regional science review, 2002, 25 (1): 63-85.

[137] ENRIGHT M J, CHANG K, SCOTT E E, et al. Hong Kong and the Pearl River Delta: The economic interaction [J]. Hong Kong: The 2022 Foundation, 2003: 26.

[138] FAGERBERG J, VERSPAGEN B, CANIELS M. Technology, growth and unemployment across European regions [J]. Regional studies, 1997, 31 (5): 457-466.

[139] FELDMAN M P, FLORIDA R. The geographic sources of innovation: Technological infrastructure and product innovation in the United States [J]. Annals of the association of American geographers 1994, 84 (2): 210-229.

[140] FISCHER M, REVILLA D J, SNICKARS F, et al. Metropolitan innovation systems: Theory and evidence from three metropolitan regions in Europe [M]. Berlin: Springer, 2001.

[141] FLORIDA R, IRENE T. Europe in the creative age [M]. London: Demos, 2004.

[142] FLORIDA R. The rise of the creative class [M]. New York: Basic Books, 2002.

[143] FRENKEN K, VAN OORT F, VERBURG T. Related variety, unrelated variety and regional economic growth [J]. Regional studies, 2007, 41 (5): 685-697.

[144] FURMAN J L, PORTER M E, STERN S. The determinants of national innovative capacity [J]. Research policy, 2000, 31 (6): 899-933.

[145] GLAESER E L, GOTTLIEB J D. Urban resurgence and the consumer city [J]. Urban studies, 2006, 43 (8): 1275-1299.

[146] GRIES T, GRUNDMANN R, PALNAU I, et al. Innovations, growth and participation in advanced economies - a review of major concepts and findings [J]. International economics and economic Policy, 2017, 14 (2): 293-351.

[147] GRILICHES Z. Issues in assessing the contribution of research and development to productivity

growth [J]. The bell journal of economics, 1979: 92 – 116.

[148] GRILLITSCH M, TRIPPL M. Combining knowledge from different sources, channels and geographical scales [J]. European planning studies, 2014, 22 (11): 2305 – 2325.

[149] HALL P G, PAIN K. The polycentric metropolis: Learning from mega-city regions in Europe [M]. London: Routledge, 2006.

[150] HALL P. The world cities [M]. London: Weidenfield and Nicolson, 1966.

[151] HANSSENS H, DERUDDER B, VAN AELST S, et al. Assessing the functional polycentricity of the mega – city – region of central belgium based on advanced producer service transaction links [J]. Regional studies, 2014, 48 (12): 1939 – 1953.

[152] HEKKERT M P, NEGRO S O. Functions of innovation systems as a framework to understand sustainable technological change: Empirical evidence for earlier claims [J]. Technological forecasting and social change, 2009, 76 (4): 584 – 594.

[153] KEEBLE D, WILKINSON F. Collective learning and knowledge development in the evolution of regional clusters of high technology SMEs in Europe [J]. Regional studies, 1999, 33 (4): 295 – 303.

[154] KEELEY J. Balancing technological innovation and environmental regulation: An analysis of Chinese agricultural biotechnology governance [J]. Environmental politics, 2006, 15 (2): 293 – 309.

[155] LANDRY C. The creative city: A toolkit for urban innovators [M]. London: Earthscan, 2012.

[156] LI Y C, PHELPS N. Knowledge polycentricity and the evolving Yangtze River Delta megalopolis [J]. Regional studies, 2017, 51 (7): 1035 – 1047.

[157] LI Y C, PHELPS N. Megalopolis unbound: Knowledge collaboration and functional polycentricity within and beyond the Yangtze River Delta Region in China, 2014 [J]. Urban studies, 2018, 55 (2): 443 – 460.

[158] MA H, FANG C, PANG B. Structure of Chinese city network as driven by technological knowledge flows [J]. Chinese geographical science, 2015, 25 (4): 498 – 510.

[159] MANSFIELD, E J. Academic research and industrial innovation [J]. Research policy, 1991, 20: 1 – 12.

[160] MARTIN R, MOODYSSON J. Comparing knowledge bases: On the geography and organization of knowledge sourcing in the regional innovation system of Scania, Sweden [J]. European urban and regional studies, 2013, 20 (2): 170 – 187.

[161] MATTHIESSEN C W, SCHWARZ A W, FIND S. World cities of scientific knowledge: Systems, networks and potential dynamics, An analysis based on bibliometric indicators [J]. Urban studies, 2010, 47 (9): 1879 – 1897.

[162] MEYER S, SCHILLER D, DIEZ J R. The localization of electronics manufacturing in the Greater Pearl River Delta, China: Do global implants put down local roots? [J]. Applied geography, 2012, 32 (1): 119 – 129.

[163] NELSON, R. Institutions supporting technical advance in industry [J]. American economic review, 1986, 76: 186 – 189.

[164] PARRILLI M. (Ed.), DAHL FITJAR R. (Ed.), RODRIGUEZ-POSE A. (Ed.). Innovation drivers and regional innovation strategies [M]. New York: Routledge, 2016.

[165] PETER HALL. Cities in civilization [M]. New York: Harper Collins Press, 1998.

[166] RALLET A, ANDRÉ TORRE. Is geographical proximity necessary in the innovation networks in the era of global economy? [J]. GeoJournal, 1999, 49 (4): 373 – 380.

[167] REN S, ROUSSEAU R. International visibility of Chinese scientific journals [J]. Scientometrics, 2002, 53 (3): 389 – 405.

[168] ROMER P M. Endogenous technological change [J]. Nber working papers, 1989, 98 (98): 71 – 102.

[169] SCOTT A J. Global city regions: trends, theory, policy [J]. Area, 2003, 35 (3): 326 – 327.

[170] SILVESTRE B D S, DALCOL P R T. Geographical proximity and innovation: Evidences from the Campos Basin oil & gas industrial agglomeration—Brazil [J]. Technovation, 2009, 29 (8): 0 – 561.

[171] STERLACCHINI A. R&D, higher education and regional growth: Uneven linkages among European regions [J]. Research policy, 2008, 37 (6 – 7): 0 – 1107.

[172] STUCK J, BROEKEL T, REVILLA DIEZ J. Network structures in regional innovation systems [J]. European planning studies, 2016, 24 (3): 423 – 442.

[173] TASSEY, G. The functions of technology infrastructure in a competitive economy [J]. Research policy, 1991, 20: 329 – 343.

[174] TAYLOR P J, CATALANO G, WALKER D R F. Measurement of the world city network [J]. Urban studies, 2002, 39 (13): 2367 – 2376.

[175] TÖDTLING F, LENGAUER L, HÖGLINGER C. Knowledge sourcing and innovation in "thick" and "thin" regional innovation systems—comparing ICT Firms in two Austrian regions [J]. European planning studies, 2011, 19 (7): 1245 – 1276.

[176] TRIPPL M, BERGMAN E M. Clusters, local districts, and innovative milieu [J]. Handbook of regional science, Berlin: Springer, 2014: 439 – 456.

[177] WEI Y H D, LIEFNER I, MIAO C H. Network configurations and R&D activities of the ICT industry in Suzhou municipality, China [J]. Geoforum, 2011, 42 (4): 484 – 495.

[178] WU W. Cultivating research universities and industrial linkages in China: The case of Shanghai [J]. World development, 2007, 35 (6): 1075 – 1093.

[179] YANG C, LI S M. Transformation of cross – boundary governance in the Greater Pearl River Delta, China: contested geopolitics and emerging conflicts [J]. Habitat international, 2013, 40 (3): 25 – 34.

[180] YANG C. Multilevel governance in the cross – boundary region of Hong Kong – Pearl River Delta, China [J]. Environment and planning A, 2005, 37 (12): 2147 – 2168.

[181] ZHANG X, KLOOSTERMAN R C. Connecting the "workshop of the world": intra – and extra – service networks of the Pearl River Delta City – Region [J]. Regional studies, 2016, 50 (6): 1069 – 1081.

[182] ZHAO M, DERUDDER B, HUANG J. Examining the transition processes in the Pearl River Delta polycentric mega – city region through the lens of corporate networks [J]. Cities, 2017, 60: 147 – 155.

[183] ZHOU P, LEYDESDORFF L. The emergence of China as a leading nation in science [J]. Research policy, 2006, 35 (1): 83 – 104.

[184] ZUCKER L G, DARBY M R, Brewer M B. Intellectual human capital and the birth of U. S. biotechnology enterprises [J]. American economic review, 1998, 88 (1): 290 – 306.